清涼國師華嚴經疏鈔

청량국사 화엄경소초 17

― 세주묘엄품 ⑦ ―

청량징관 찬술 · 관허수진 현토역주

운주사

서언

천이백 년 침묵의 역사를 깨고

오늘도 나는 여전히 거제만을 바라본다.
겹겹이 조종하는 산들
산자락 사이 실가닥 저잣길을 지나 낙동강의 시린 눈빛
그 너머 미동도 없는 평온의 물결 저 거제만을 바라본다.
십오 년 전 그날 아침을 그리며 말이다.
나는 2006년 1월 10일 은해사 운부암을 다녀왔다.
그리고 그날 밤 열한 시 대적광전에서 평소에 꿈꾸어 왔던 『청량국사 화엄경소초』 완역의 무장무애를 지심으로 발원하고 번역에 착수하였다.
나의 가냘픈 지혜와 미약한 지견으로 부처님의 비단과도 같은 화장세계에 청량국사의 화려하게 수놓은 소초의 꽃을 피워내는 긴 여정을 시작한 것이다.
화엄은 바다였고 수미산이었다.
그 바다에는 부처님의 용이 살고 있었고
그 산에는 부처님의 코끼리가 노닐고 있었다.
예쁘게 단장한 청량국사 소초의 꽃잎에는 부처님의 생명이 태동하고 있었고,
겁외의 연꽃 밭에는 영원히 지지 않는 일승의 꽃이 향기를 뿜어내고

있었다.
그 바다 그 산 그리고 그 꽃밭에서 10년 7개월(구체적으로는 2006년 1월 10일부터 2016년 8월 1일까지) 동안 자유롭게 노닐었다.
때로는 산 넘고 강 건너 협곡을 지나고
때로는 은하수 별빛 따라 오작교도 다니었다.
삼경 오경의 그 영롱한 밤
숨쉬기조차 미안한 고요의 숭고함
그 시공은 영원한 나의 역경의 놀이터였다.

애시당초 이 작업은 세계 인문학의 자존심
내가 살아 숨쉬는 이 나라 대한민국 그리고 불교의 자존심에 기인한 것이다.
일찍이 그 누가 이 청량국사의 『화엄경소초』를 완역하였다면 나는 이 작업을 하지 않았을 것이다.
지금도 여전히 완역자는 없다.
더욱이 이 『청량국사화엄경소초』의 유일한 안내자 인악스님의 『잡화기』와 연담스님의 『유망기』도 그 누가 번역한 사실이 없다.
그러나 내 손안에 있는 두 분의 『사기』는 모두 다 번역하여 주석으로 정리하였다.

이 청량국사 화엄경의 소는 초를 판독하지 않으면 알 수가 없다. 그래서 그 이름을 구체적으로 대방광불화엄경수소연의초大方廣佛華嚴經隨疏演義鈔라 한 것이다.

즉 대방광불화엄경의 소문을 따라 그 뜻을 강연한 초안의 글이라는 것이다.

청량국사는 『화엄경』의 소문을 4년(혹은 5년) 쓰시되 2년차부터는 소문과 초문을 함께 써서 완성하시고 5년차부터 8년 동안 초문을 쓰셨다.

따라서 그 소문의 양은 초문에 비하면 겨우 삼분의 일에 지나지 않는다 할 것이다.

나는 1976년 해인사 강원에서 처음 『청량국사화엄경소초 현담』 여덟 권을 독파하였고,

1981년부터 3년간 금산사 화엄학림에서 『청량국사화엄경소초』를 독파하였다.

그때 이미 현토와 역주까지 최초 번역의 도면을 완성하였고,

당시에 아쉽게 독파하지 못한 십정품에서 입법계품까지의 소초는 1984년 이후 수선 안거시절 해제 때마다 독파하여 모두 정리하였다.

그러나 번역의 기연이 맞지 않아 미루다가 해인사 강주시절 잠시 번역에 착수하였으나 역시 기연이 맞지 않아 미루었다.

그리고 드디어 2006년 1월 10일 번역에 착수하여 2016년 8월 1일 십만 매 원고로 완역 탈고하고, 2020년 봄날 시공을 초월한 사상 초유 『청량국사화엄경소초』가 1,200년 침묵의 역사를 깨고 이 세상에 처음 눈을 뜨게 된 것이다.

번역의 순서는 먼저 입법계품의 소초, 다음에는 세주묘엄품 소초에서 이세간품 소초까지, 마지막으로 소초 현담을 번역하였다.
번역의 형식은 직역으로 한 글자도 빠뜨리지 않고 번역하였다. 따라서 어색하게 느껴지는 곳도 있을 것이다.
예를 들면 소所 자를 "바"라 하고, 지之 자를 지시대명사로 "이것, 저것"이라 하고, 이而 자를 "그러나"로 번역한 등이 그렇다.
판본은 징광사로부터 태동한 영각사본을 뿌리로 하였고, 대만에서 나온 본과 인악스님의 『잡화기』와 연담스님의 『유망기』와 또 다른 사기 『잡화부』(잡화부는 검자권부터 광자권까지 8권만 있다)를 대조하여 번역하였다.

앞에서 이미 말한 것처럼, 그 누가 청량국사의 『화엄경소초』를 완역한 적이 있었다면 나는 이 번역에 착수하지 않았을 것이다. 지금까지 이 황금보옥黃金寶玉의 『청량국사화엄경소초』가 번역되지 아니한 것은 나에게 주어진 시대적 사명이고 역사적 명령이라 생각한다.
나는 이 『청량국사화엄경소초』의 완역으로 불조의 은혜를 갚고 청량국사와 은사이신 문성노사 그리고 나를 낳아준 부모의 은혜를 일분 갚는다 여길 것이다.

끝으로 이 『청량국사화엄경소초』가 1,200년의 시간을 지나 이 세상에 눈뜨기까지 나와 인연한 모든 사람들 그리고 영산거사 가족과 김시열 거사님께 원력의 보살이라 찬언讚言하며, 나의 미약한 번역으로 선지자의 안목을 의심케 할까 염려한다.
마지막 희망이 있다면 이 『청량국사화엄경소초』의 완역 출판으로 청량국사에 대한 더욱 깊고 넓은 연구와 『화엄경』에 대한 더욱 다양한 연구가 이루어지기를 바라는 것뿐이다.
장세토록 구안자의 자비와 질책을 기다리며 고개 들어 다시 저 멀리 거제만을 바라본다.
여전히 변함없는 저 거제만을.
2016년 8월 1일 절필시에 게송을 그리며

長廣大說無一字 장광대설무일자
無碍眞理亦無義 무애진리역무의
能所兩詮雙忘時 능소양전쌍망시
劫外一經常放光 겁외일경상방광

화엄경의 장대한 광장설에는 한 글자도 없고
화엄경의 걸림없는 진리에는 또한 한 뜻도 없다.
능전의 문자와 소전의 뜻을 함께 잊은 때에
시공을 초월한 경전 하나 영원히 광명을 놓누나.

불기 2565년 음력 1월 10일 최초 완역장
승학산 해인정사 관허 수진

● 화엄경소초현담華嚴經疏鈔玄談(1~8)

● 화엄경소초華嚴經疏鈔
  1. 세주묘엄품世主妙嚴品
  2. 여래현상품如來現相品
  3. 보현삼매품普賢三昧品
  4. 세계성취품世界成就品
  5. 화장세계품華藏世界品
  6. 비로자나품毘盧遮那品
  7. 여래명호품如來名號品
  8. 사성제품四聖諦品
  9. 광명각품光明覺品
  10. 보살문명품菩薩問明品
  11. 정행품淨行品
  12. 현수품賢首品
  13. 승수미산정품昇須彌山頂品
  14. 수미정상게찬품須彌頂上偈讚品
  15. 십주품十住品
  16. 범행품梵行品
  17. 초발심공덕품初發心功德品
  18. 명법품明法品

• 청량국사화엄경소초 •

19. 승야마천궁품昇夜摩天宮品
20. 야마천궁게찬품夜摩天宮偈讚品
21. 십행품十行品
22. 십무진장품十無盡藏品
23. 승도솔천궁품昇兜率天宮品
24. 도솔천궁게찬품兜率天宮偈讚品
25. 십회향품十廻向品
26. 십지품十地品
27. 십정품十定品
28. 십통품十通品
29. 십인품十忍品
30. 아승지품阿僧祇品
31. 여래수량품如來壽量品
32. 보살주처품菩薩住處品
33. 불부사의법품佛不思議法品
34. 여래십신상해품如來十身相海品
35. 여래수호광명공덕품如來隨好光明功德品
36. 보현행품普賢行品
37. 여래출현품如來出現品
38. 이세간품離世間品
39. 입법계품入法界品

영인본 3책 辰字卷之一

대방광불화엄경수소연의초 제오권의 일권
大方廣佛華嚴經隨疏演義鈔 第五卷之一卷

우진국 삼장사문 실차난타 번역
청량산 대화엄사 사문 징관 찬술
대한민국 조계종 사문 수진 현토역주

세주묘엄품 제일의 오권
世主妙嚴品 第一之五卷

> 經

復次 普賢菩薩摩訶薩이 入不思議解脫門方便海로

다시 보현보살[1]마하살이 사의할 수 없는 해탈문의 방편 바다에 들어감으로[2]

---

1 다시 보현보살 운운은, 이 단과 아래 단(영인본 화엄 3책, p.244에 제 세 번째 이명보살異名菩薩)은 첫 번째 발심주에 속한다. 만약 차례대로 말한다면 해월 등 이명보살이 마땅히 이 지위(발심주)에 있어야 할 것이어늘(그 이유는 해월 등 십이명보살은 십주중이고 보현 등 십동명보살은 십신중이니까), 중간에 보현과 문수의 이중단二衆段이 이 발심주에 들어 있는 것은 인과와 이지理智가 원융한 까닭이며, 초발심주에서 문득 이것을 깨닫는 까닭이며, 내지 구경에 이것을 수행함을 밝힌 까닭이다. 또 십신을 따로 거론하지 않는 것은 처음에 신신은 마지막에 과보로써 신신을 삼는 까닭이니, 묘엄품으로부터 비로자나품까지 육품의 경이 이 과덕을 표한 까닭이며, 또 부처님의 과거에 인행因行이 곧 이 신위信位인 까닭이다.

2 사의할 수 없는 해탈문의 방편 바다에 들어간다고 한 것은, 여기에 두 가지 해석이 있나니 또 다른 해석은 사의할 수 없는 해탈문에 들어가는 방편의 바다라고 해석한다. 사의할 수 없는 해탈문 운운은 사람과 법을 상대하여

疏

自下는 第二에 同生衆이니 文分爲三호리라 初는 明普賢菩薩이 得一切法門이요 次는 十普菩薩이 各得一門이요 後는 十異名菩薩이 各一法門이라 此三에 各有長行及頌하니라 就初普賢의 長行中二니 初는 總標所入이요 二는 別顯十門이라 今初二句는 先은 指陳法體요 次는 辯法功能이라 今初니 言不思議者는 謂數過圖度하고 理絶言思故라 言方便海者는 謂不動眞而成事하며 巧以因門으로 契果일새 故云方便이라하니라

이 아래부터는 제 두 번째 동생同生 대중이니
문장을 나누어 세 가지로 하겠다.
처음에는[3] 보현보살이 일체 법문을 얻은 것을 밝힌 것이요,
다음에는 십보十普보살[4]이 각각 한 법문을 얻은 것을 밝힌 것이요,
뒤에는 십이명十異名보살이 각각 한 법문을 얻은 것을 밝힌 것이다.
이 세 가지에 각각 장행문과 그리고 게송문이 있다.

능입能入과 소입所入을 밝힌 것이니, 보살은 능입이 되고 해탈은 소입이 된다. 따라서 과목에 한꺼번에 소입을 표한 것이라고 말하였다. 바로 아래 경문에 여래의 공덕 바다에 들어간다고 한 것은 원인과 과보를 상대하여 능입과 소입을 밝힌 것이니, 위에 해탈이 도리어 능입이 되고 여기 과해(여래의 공덕 바다)가 소입이 된다. 따라서 소문에 다시 능입에 칭합함으로 방편의 바다를 삼는다고 말하였다(영인본 화엄 3책, p.228, 말행). 이상은 『잡화기』의 말이다.

3 원문에 초명初明이라 한 명明은 아래 두 가지에도 통한다 하겠다.
4 십보보살은 십동명보살十同名菩薩이니 영인본 화엄 3책, p.237, 말행에 있다.

처음 보현보살의 장행문 가운데 나아가 두 가지가 있나니,

처음에는 한꺼번에 소입所入을 표한 것이요,

두 번째는 따로 십문[5]을 나타낸 것이다.

지금에 처음 두 구절은 먼저는 법문의 자체를 지시하여 진술한 것이요,

다음은 법의 공능功能을 분별한 것이다.

지금은 처음으로 사의할 수 없다고 말한 것은, 말하자면 사실(數)로는 헤아림[6]을 지났고[7] 진리(理)로는 말과 생각이 끊어진 까닭이다. 방편의 바다라고 말한 것은,[8] 말하자면 진리(眞)를 움직이지 않고 사실(事)을 이루며 교묘하게 인문因門으로써 과보(果)에 계합하기에 그런 까닭으로 방편이라 말한 것이다.

鈔

謂不動眞而成事者는 卽理事無礙로 爲方便이니 如涉有不迷於空이요 巧以因門契果者는 卽事事無礙之方便이니 因果交徹故니라

---

5 십문은 십해탈문이다.

6 圖는 헤아릴 도이다.

7 수數로는 헤아림을 지났다고 한 등은, 다만 아래 열거한 십법이 다함이 없음을 나타내는 것이다. 수數는 곧 사事이다.

8 방편의 바다라고 말한 것은, 이 가운데 진리와 사실이 걸림이 없고 사실과 사실이 걸림이 없는 것이 이 방편의 뜻이다. 그러나 어떤 사람이 말하기를 이 과보의 바다에 들어가는 원인인 까닭으로 방편이라 이름한다고 한 것은 그 뜻을 얻지 못한 것이 아닐까 염려한다. 역시 『잡화기』의 말이다.

말하자면 진리를 움직이지 않고 사실을 이룬다고 한 것은 곧 이사무애로 방편을 삼은 것이니

유有를 관계(涉)하지만 공空에 미혹하지 않는 것과 같은 것이요, 교묘하게 인문으로써 과보(果)에 계합한다고 한 것은 곧 사사무애의 방편이니

인과가 서로 사무치는 까닭이다.

經

入如來功德海하니라

여래의 공덕 바다에 들어갔습니다.

疏

後에 入如來下는 辯法功能이니 謂證入因圓으로 趣入果海故니라 然이나 前後에 但明以別入總일새 故로 各得一解脫門호미 猶如百川에 一一入海어니와 今明以總入總호미 如海入海일새 故得難思解脫門이라 復稱能入으로 爲方便海니 以普賢이 是同異二衆之上首故니라

뒤에 여래의 공덕 바다에 들어간다고 한 아래는 법의 공능을 분별한 것이니,
말하자면 인원因圓에 증득하여 들어감으로[9] 과해果海에 향하여 들어

---

[9] 인원因圓에 증득하여 들어간다고 한 등은, 이 말을 보면 해탈문의 방편 바다에 들어감으로 여래의 공덕 바다에 들어간다고 해석할 것이다. 인원에 증득하여 들어간다고 한 것은 앞에 입부사의해탈방편문入不思議解脫方便門이고, 과해에 향하여 들어간다고 한 것은 여기에 입여래공덕해入如來功德海이다. 인원은 보살이니 여기서는 보현이고, 과해는 여래이다. 『잡화기』는 인원에 증득하여 들어간다고 한 것은 곧 앞에 두 구절이고, 과해에 향하여 들어간다고 한 것은 곧 여기에 한 구절이다 하였다.

가는 까닭이다.

그러나 앞과[10] 뒤에 다만 별別[11]로써 총總에 들어감을 밝혔기에 그런 까닭으로 각각 한 해탈문을 얻는 것이, 비유하자면 백천百川에 낱낱 물이 바다에[12] 들어가는 것과 같거니와, 지금에는 총總으로써 총總에 들어감을[13] 밝히는 것이 마치 바다로써 바다에 들어가는 것과 같기에 그런 까닭으로 사의하기 어려운 해탈문을 얻는 것이다.

다시 능입能入에 칭합함으로 방편의 바다를 삼나니,[14] 보현보살이 동생同生과 이생異生의 두 대중에 상수上首인 까닭이다.

---

10 앞과 뒤라고 한 것은 앞은 곧 이생중異生衆이고, 뒤는 곧 십보동명十普同名 보살과 그리고 십이명十異名 등이다. 역시 『잡화기』의 말이다.

11 별別이라고 한 것은 동명同名・이명異名의 모든 보살이니 인해因海이고, 총總이 라고 한 것은 여래이니 과해果海이다.

12 백천 운운은, 백천은 보살에 비유하고 바다는 여래에 비유한다.

13 원문에 이총以總이라 한 총總 자는 사의할 수 없는 해탈문이라 한 것이고, 입총入總이라 한 총總 자는 여래의 공덕 바다라 한 것이다. 여해如海라 한 해海 자는 방편의 바다라 한 것이고, 입해入海라 한 해海 자는 공덕의 바다라 한 것이니 곧 사의할 수 없는 해탈문의 방편 바다에 들어간다는 것으로 제일석第一釋이다.

14 다시 능입能入에 칭합함으로 방편의 바다를 삼는다고 한 것은, 곧 사의할 수 없는 해탈문에 들어가는 방편의 바다로 여래의 공덕 바다에 들어가는 것으로 제이석第二釋이다. 그렇다면 여래의 공덕 바다가 곧 사의할 수 없는 해탈문이 되는 것이다.

經

所謂 有解脫門하니 名嚴淨一切佛國土하고 調伏衆生하야 令究竟出離며

말하자면 해탈문이 있나니
이름이 일체 부처님의 국토를 장엄하여 청정하게 하고 중생을 조복하여 하여금 구경에 벗어나게 하는 것이며,

疏

二에 所謂下는 別顯十門하야 以彰無盡이니 一은 嚴土調生이니 謂隨所化衆生하야 取佛土故니라 一切佛土者는 豎通四土하고 橫該法界하야 橫豎相融일새 故로 一塵一刹을 皆廣大嚴淨이니 故云 一切라하니라 演最妙法일새 故로 令所調로 究竟出離라하니라

두 번째 말하자면이라고 한 아래는 따로 십문을 나타내어 끝이 없음을 밝힌 것이니
첫 번째는 국토를 장엄하고 중생을 조복하는 것이니,
말하자면 교화할 바 중생을 따라서 부처님의 국토를 취하는 까닭이다.
일체 부처님의 국토라고 한 것은 수竪로는 사토四土에 통하고 횡橫으로는 법계에 두루하여 횡과 수로 서로 융합하기에 그런 까닭으로 한 티끌에 한 국토를 다 광대하게 장엄하여 청정하게 하나니, 그런

까닭으로 일체라 말한 것이다.
최상의 묘한 법을 연설하기에 그런 까닭으로 조복할 바 중생으로 하여금 구경에 벗어나게 한다 하였다.

鈔

竪通四土等者는 並如世界成就品거니와 略言하면 竪者는 卽於一塵에 有四土故니 以法性之土는 爲三土體일새 故本遍常이요 自受用土는 量周法界하야 一如法性이요 他受用土와 及變化土는 不離上二니 猶如物影이 不離空及日光이라 而他受用과 及變化土는 隨心異見호미 亦如兩影이 互相涉入하나니 故로 一塵中에 則有四土라하니라 橫遍法界는 卽十方一切差別國土니라 橫竪相融者는 以竪融橫하면 則一塵之中에 有十方國土하고 以橫融竪하면 則一塵四土가 常遍十方이니라 結成은 可知니라

수竪로는 사토에 통한다고 한 등은 모두 세계성취품과 같거니와, 간략하게 말한다면 수竪라는 것은 곧 한 티끌에 사토四土가 있는[15] 까닭이니,
법성토는 삼토三土의 자체가 되기에 그런 까닭으로 본래부터 두루하

---

[15] 곧 한 티끌에 사토四土가 있다고 한 것은, 한 티끌에 이미 네 가지 국토를 갖추고 있다면 시방세계가 다 그러하나니, 이것은 작은 것을 들어 큰 것을 나타낸 것이다. 한 티끌은 작은 것이고, 시방은 큰 것이다. 『잡화기』의 말은 큰 것을 나타낸 것이다까지이고, 그 뒤에 말은 나의 말이다.

고 항상한 것이요.

자수용토는 그 양량이 법계에 두루하여 법성과 일여一如한 것이요.

타수용토와 그리고 변화토는 위에 이토二土를 떠나지 않나니,

비유하자면 사물의 그림자가[16] 허공과 그리고 태양의 광명을 떠나지 않는 것과 같다.

그러나 타수용토와 그리고 변화토는 마음을 따라 달리 나타나는[17] 것이 또한 두 그림자가 서로 서로 관계하여 들어가는 것과 같나니,[18] 그런 까닭으로 한 티끌 가운데 곧 사토가 있다고 한 것이다.

횡으로는 법계에 두루한다고 한 것은 곧 시방의 일체 차별된 국토이다.

횡과 수로 서로 융합한다고 한 것은 수竪로써 횡橫을 융합한다면 곧 한 티끌 가운데 시방의 국토가 있고,

횡으로써 수를 융합한다면 곧 한 티끌 가운데 사토四土가 항상 시방에 두루하는 것이다.

---

16 사물의 그림자 운운은, 사물의 그림자라고 한 것은 타수용토와 변화토이고, 허공이라고 한 것은 법성토이고, 태양의 광명이라고 한 것은 자수용토이다.
17 원문에 現은 여기서는 나타날 현現이다.
18 또한 두 그림자가 서로 서로 관계하여 들어가는 것과 같다고 한 것은, 다만 한 국토뿐이지만 저 중생의 근기를 따라 보는(나타나는) 까닭으로 혹은 정토 혹은 염토라 하는 것이다. 곧 국토에 나아가 논한다면 곧 이 국토와 저 국토가 다만 한 국토일 뿐이다. 따라서 그림자도 다만 한 그림자뿐이지만 저 물질을 따라 혹은 굽기도 혹은 곧기도 하다 말하는 것이다. 곧 그림자에 나아가 논한다면 곧 저 그림자와 이 그림자가 다만 한 그림자일 뿐이다.

맺어서 성립한 것은 가히 알 수가 있을 것이다.[19]

---

19 맺어서 성립한 것은 가히 알 수가 있을 것이라고 한 것은, 그런 까닭으로 한 티끌에 한 국토를 다 광대하게 장엄하여 청정하게 한다 한 소문을 말하는 것이다.

經

有解脫門하니 名普詣一切如來所하야 修具足功德境界며

해탈문에 있나니
이름이 널리 일체 여래의 처소에 나아가서 구족한 공덕의 경계를
수행하는 것이며,

疏

二는 佛遍塵道니 詣彼修德일새 乃了彼境이라

두 번째는 부처님이 일체 진로塵勞의 길에 두루하는 것이니,
저 부처님께 나아가 공덕을 닦기에 이에 저 경계를 요달하는 것이다.

經

有解脫門하니 名安立一切菩薩地와 諸大願海며

해탈문이 있나니
이름이 일체 보살의 지위와 모든 큰 서원의 바다를 안립하는 것이며,

疏

三은 通辯安立菩薩의 六種功德이니 一은 位요 二는 願이요 餘四는 在偈니라

세 번째는 보살의 여섯 가지 공덕을 안립함을 모두 분별한 것이니
첫 번째는 지위요,
두 번째는 서원이요,
나머지 네 가지는 게송에 있다.[20]

---

[20] 나머지 네 가지는 게송에 있다고 한 것은, 영인본 화엄 3책, p.235, 6행에 앞에 네 가지 뜻은 십승행+勝行과 십방편+方便과 십여+如와 살바야薩婆若라 하였다. 살바야는 일체종지이다.

경

有解脫門하니 名普現法界微塵數無量身이며

해탈문이 있나니
이름이 널리 법계에 작은 티끌 수만치 많은 한량없는 몸을 나타내는 것이며,

疏

四는 身普應機하야 演所證法이라

네 번째는 몸이 널리 근기에 응하여
증득한 바 법을 연설하는 것이다.

> 經

有解脫門하니 名演說遍一切國土하는 不可思議數差別名이며

해탈문이 있나니
이름이 일체 국토에 두루하는 가히 사의할 수 없는 수數의 차별한 이름을 연설하는 것이며,

> 疏

五는 國土不同하고 所敬各異일새 故로 隨宜立稱하야 成益不空하나니 如名號品하니라

다섯 번째는 국토가 같지 않고 공경하는 바가 각각 다르기에 그런 까닭으로 마땅함을 따라 명칭을 세워 이익을 이루게 하여 헛되지 않게 하는 것이니
여래명호품과 같다.[21]

---

21 여래명호(불명호품)과 같다고 한 것은, 여래명호품에서 여래가 보살들의 마음을 아시고 각각 그 유형을 따라 신통을 나타내시고 동방으로 십불찰미진수세계를 지나 세계가 있으니 이름이 금색세계이고 부처님의 이름은 부동지 부처님이고, 저 세계에 보살은 이름이 문수보살이라 운운하여 불가량 불가설인 온 법계 허공계 모든 세계 가운데 여래의 이름도 가지가지로 같이 아니하며 남서북방과 사유상하도 또한 다시 이와 같나니 운운하여 마지막에 또한 중생으로 하여금 이와 같이 알아보게 하려고 설법한다 하였다.

經

有解脫門하니 名一切微塵中에 悉現無邊諸菩薩의 神通境界며

해탈문이 있나니
이름이 일체 작은 티끌 가운데 끝없는 모든 보살의 신통 경계를
다 나타내는 것이며,

疏

六은 塵中現身하야 說菩薩行境이라

여섯 번째는 티끌 가운데 몸을 나타내어
보살의 행경行境[22]을 설하는 것이다.

---

22 행경行境이라고 한 것은 수행의 경계이니, 경문에는 신통 경계라 하였다.

經

有解脫門하니 名一念中에 現三世劫의 成壞事며

해탈문이 있나니
이름이 한 생각 가운데 삼세의 세월에 이루어지고 무너지는 일을 나타내는 것이며,

疏

七은 以時隨法融일새 令三世劫과 及劫中成壞로 一念中現이나 無所障礙니라 然이나 事通能所니 能成壞事는 謂火水及風이요 所成壞事는 天地萬像이라

일곱 번째는 시간으로써 법을 따라 융합하기에[23] 삼세의 세월과 그리고 세월 가운데 이루어지고 무너지는 일로 하여금 한 생각 가운데 나타나게 하지만 장애되는 바가 없는 것이다.
그러나 일(事)은 능能·소所에 통하나니
능히 이루어지고 무너지는 일을 하는 것은 말하자면 불과 물과[24]

---

23 시간으로써 법을 따라 융합한다고 한 것은, 시간은 별다른 자체가 없고 다만 법을 의지하여 성립하는 까닭이다. 즉 시무별체時無別體 단의법립고但依法立故이다.
24 말하자면 불과 물이라고 한 등은, 이 세 가지가 능히 무너지는 일을 하는 바는 곧 가히 알 수 있거니와, 그러나 이 세 가지가 능히 이루어지는 일을

그리고 바람이요,
이루어지고 무너지는 바의 일은 천지天地와 삼라만상이다.

하는 바는 이 네 가지(四大)에 세 가지인 까닭이다. 이상은 『잡화기』의 말이나 뒤에 말이 여의하지 않다.

> 經

有解脫門하니 名示現一切菩薩의 諸根海가 各入自境界며

해탈문이 있나니
이름이 일체 보살의 모든 근성의 바다가 각각 자기의 경계에 들어감을 시현하는 것이며,

> 疏

八은 菩薩根海가 雖繁廣多類나 但能入自所知境界어니 豈能測量佛無邊法이리오 則顯前來衆海는 未測佛德거니와 普賢이 能知此理니라

여덟 번째는 보살의 근성의 바다가 비록 번다하고 넓어 유형이 많지만 다만 능히 자기의 아는 바 경계에만 들어가거니, 어찌 능히 부처님의 끝없는 법을 측량하겠는가.
곧 전래에 대중(衆海)[25]들은 아직 부처님의 공덕을 측량하지 못하였거니와, 보현보살만이 능히 이 이치를 알았음을 나타내는 것이다.

---

25 전래에 대중(衆海)이라고 한 것은, 앞에 이생중異生衆 등을 말하는 것이다.

經

有解脫門하니 名能以神通力으로 化現種種身하야 遍無邊法界며

해탈문이 있나니
이름이 능히 신통력으로써 가지가지 몸을 화현하여[26] 끝없는 법계에 두루하게 하는 것이며,

疏

九는 明如來身이 體同虛空하고 用周法界니라

아홉 번째는 여래의 몸이 자체가 허공과 같고 작용이 법계에 두루함을 밝힌 것이다.

---

26 가지가지 몸을 화현한다고 한 것은 곧 변화신이다.

經

有解脫門하니 名顯示一切菩薩의 修行法次第門으로 入一切智廣大方便이니라

해탈문이 있나니
이름이 일체 보살이 수행하는 법의 차례 문으로 일체 지혜의 광대한 방편에 들어감을 현시하는 것입니다.

疏

第十은 攝因成果일새 故云一切菩薩行으로 入一切智也라하니라 妙音宣此일새 故云顯示라하니 此亦別釋標中에 第二句니라

제 열 번째는 인위를 섭수하여 과위를 이루기에 그런 까닭으로 말하기를 일체 보살의 행으로 일체 지혜에 들어간다 한 것이다. 묘한 음성으로 이것을 선설하기에 그런 까닭으로 말하기를 현시한다 한 것이니,
이것도 또한 총표 가운데 제 두 번째 구절[27]을 따로 해석한 것이다.

---

27 총표 가운데 제 두 번째 구절이라고 한 것은, 총표 가운데 제 두 번째 구절인 사의할 수 없는 해탈의 방편 바다이다.

經

爾時에 普賢菩薩摩訶薩이 以自功德으로 復承如來威神之力하야 普觀一切衆會海하고 卽說頌言호대

그때에 보현보살마하살이 자기의 공덕으로써 다시 여래의 위신력을 받아 널리 일체 대중이 모인 바다를 관찰하고 곧 게송을 설하여 말하기를,

疏

頌中次第는 如前十門이라

게송 가운데 차례는 앞의 장행 십문과 같다.

經

佛所莊嚴廣大刹이　　等於一切微塵數어늘
淸淨佛子悉滿中하나니　雨不思議最妙法이니다

부처님이 장엄한 바 광대한 국토가
일체 작은 티끌 수와 같거늘
청정한 불자가 다 그 가운데 충만하나니
사의할 수 없는 최상의 묘한 법문을 비 내리셨습니다.

疏

第一偈에 前半은 嚴淨佛國이요 後半은 調伏衆生이니 兼顯人法으로 爲嚴之義라 佛子는 有三하니 一者는 外子니 謂諸凡夫가 未能紹繼佛家事故요 二者는 庶子니 謂諸二乘이 不從如來의 大法生故요 三者는 眞子니 謂大菩薩이 從大法喜로 正所生故라 此言淸淨은 意顯第三이라 最妙法者는 揀非權小니 昔以妙法으로 淨所化心케할새 故所感土에도 亦有淸淨佛子하야 來生其國거늘 還雨妙法이라

제일 첫 번째 게송에 앞에 반 게송은 장행에 부처님의 국토를 장엄하여 청정하게 한다고 한 것이요,
뒤에 반 게송은 중생을 조복한다고 한 것이니
사람과 법으로 장엄한다는 그 뜻을 겸하여 나타낸 것이다.

불자라고 한 것은 세 가지 뜻이 있나니

첫 번째는 외자外子이니

말하자면 모든 범부가 아직은 능히 부처님의 집에 일을 이을 수 없는 까닭이요,

두 번째는 서자庶子이니

말하자면 모든 이승이 여래의 대법으로 좇아 나지 아니한 까닭이요,

세 번째는 진불자이니

말하자면 대보살이 대법의 환희로 좇아 바로 소생한 까닭이다. 여기에 청정한 불자라고 말한 것은 그 뜻이 제 세 번째를 나타낸 것이다.

최상의 묘한 법문이라고 한 것은 권權 소승이 아님을 가리는 것이니, 옛날에 묘한 법으로써 교화할 바 중생의 마음을 청정하게 하였기에 그런 까닭으로 감득한 바 극토에도 또한 청정한 불자[28]가 있어서 그 극토에 와서 태어나거늘 도리어 묘한 법 비를 내려주는 것이다.

---

28 청정한 불자는 제 세 번째 대보살이니, 즉 진불자眞佛子이다.

經

如於此會見佛坐하야 一切塵中悉如是나
佛身無去亦無來하사 所有國土皆明現이니다

이 회중에 부처님이 앉아 계심을 보게 하는 것과 같이
일체 티끌 가운데도 다 이와 같이 보게 하시지만
부처님의 몸은 간 적도 없고 또한 온 적도 없이
있는 바 국토에 다 분명하게 나타나십니다.

疏

二中에 前半은 明總遍別中이요 後半은 明體用無礙니 亦是總遍
總中이라

두 번째 게송 가운데 앞에 반 게송은 총總이 별別 가운데[29] 두루함을
밝힌 것이요,
뒤에 반 게송은 자체와 작용이 걸림이 없음을 밝힌 것이니,
역시 총總이 총總 가운데 두루함을 밝힌 것이다.

鈔

前半은 明總遍別中者는 然이나 能遍所遍이 不離依正이나 依正各二

---

29 총總이 별別 가운데라고 한 總은 부처님이고, 別은 일체 티끌이다.

니 一은 總이요 二는 別이라 全佛身은 爲正之總이요 一毛孔等은 爲正之別이며 一佛國土는 爲依之總이요 一微塵等은 爲依之別이라 今엔 以前半에 佛遍塵中일새 故云總遍別中이라하니라 言體用無礙者는 上句는 是體니 無去來故요 下句는 是用이니 現諸土故니라 亦是總遍總者는 身遍國故니라

앞에 반 게송은 총이 별 가운데 두루함을 밝힌다고 한 것은, 그러나 능변能遍과 소변所遍이 의보依報와 정보正報를 떠나지 않았지만 의보와 정보가 각각 둘이 있나니
첫 번째는 총總이요,
두 번째는 별別이다.
온전한 부처님의 몸은 정보의 총이 되고,
한 털구멍 등은 정보의 별이 되며,
한 부처님의 국토는 의보의 총이 되고,
하나의 작은 티끌 등은 의보의 별이 되는 것이다.
지금에는 앞의 반 게송에 부처님이 일체 티끌 가운데 두루하였기에 그런 까닭으로 말하기를 총이 별 가운데 두루한다 한 것이다.

자체와 작용이 걸림이 없다고 말한 것은, 위에 구절[30]은 이 자체니

---

30 원문에 상반上半이라고 한 것은 아래 반 게송 가운데 상구上句이니 부처님의 몸은 간 적도 없고 또한 온 적도 없다 한 것이요, 하반下半이라고 한 것은 아래 반 게송 가운데 하구下句이니 있는 바 국토에 다 분명하게 나타나신다 한 것이다. 혹은 상반上半이라 하고 하반下半이라 한 반半 자는 구句 자의

가고 옴이 없는 까닭이요,
아래 구절은 이 작용이니
모든 국토에 나타나는 까닭이다.
역시 총이 총 가운데 두루한다고 한 것은 부처님의 몸이 국토에 두루한 까닭이다.

잘못이니 상구하구上句下句라 할 것이다. 『잡화기』는 반半은 구句의 잘못이라 하였다. 나도 구句 자로 고쳐 해석하였다.

> 經

顯示菩薩所修行과　無量趣地諸方便하시며
及說難思眞實理하사　令諸佛子入法界이니다

보살이 수행한 바와
한량없는 갈래의 땅에 모든 방편을 현시하시며
그리고 사의하기 어려운 진실한 이치를 연설하여
모든 불자로 하여금 법계에 들어가게 하셨습니다.

> 疏

三中에 四句는 卽前四義라하니 一은 修十勝行이요 二는 起十方便이요 三은 所證十如요 四는 正證法界하야 成薩婆若니 地位爲總이요 餘五爲別이라

세 번째 게송 가운데 네 구절은 곧 앞에서 네 가지 뜻이라 한 것이니[31] 첫 번째는 열 가지 수승한 행[32]을 닦은 것이요,
두 번째는 열 가지 방편을 일으킨 것이요,
세 번째는 증득한 바 열 가지 진여(十如)[33]요,

---

31 앞에서 네 가지 뜻이라 한 것이란, 장행문 제 세 번째 해탈문의 소문에서 나머지 네 가지는 게송에 있다 한 것이다.
32 열 가지 수승한 행이라고 한 것은 곧 십바라밀이다.
33 열 가지 진여라고 한 것은 보살이 십지에서 차례로 깨달아 들어가는 열

네 번째는 바로 법계를 증득하여 살바야[34]를 성취하는 것이니 지위는 총이 되고,[35] 나머지 다섯 가지는 별이 되는 것이다.

가지 진여이니, 초지初地에 변행진여遍行眞如, 이지二地에 최승진여最勝眞如, 삼지三地에 승류진여勝流眞如, 사지四地에 무섭수진여無攝受眞如, 오지五地에 유무별진여類無別眞如, 육지六地에 무염정진여無染淨眞如, 칠지七地에 법무별진여法無別眞如, 팔지八地에 부증감진여不增減眞如, 구지九地에 지자재소의진여智自在所依眞如, 십지十地에 업자재등소의진여業自在等所依眞如이다.

34 살바야는 일체종지이다.
35 지위는 총이 된다고 한 그 지위는 보살의 여섯 가지 공덕 가운데 첫 번째이니, 제 세 번째 해탈문의 소문에 있다. 영인본 화엄 3책, p.230, 9행을 볼 것이다.

經

出生化佛如塵數하사 普應群生心所欲하시고
入深法界方便門하사 廣大無邊悉開演이니다

화신의 부처님을 출생하시되 티끌 수와 같이 하여
널리 중생의 마음에 욕망하는 바를 응하시고
깊은 법계의 방편문에 들어가서
광대하고 끝이 없는[36] 법계를 다 열어 연설하셨습니다.

疏

四中에 前半은 普現身이요 後半은 演所證이라

네 번째 게송 가운데 앞에 반 게송은 널리 몸을 나타낸 것이요, 뒤에 반 게송은 증득한 바를 연설한 것이다.

---

36 광대하고 끝이 없다고 한 것은, 증득한 바 법계가 광대하고 끝이 없다는 것이다.

經

如來名號等世間하사   十方國土悉充遍하시며
一切方便無空過하사   調伏衆生皆離垢이니다

佛於一切微塵中에   示現無邊大神力하사
悉坐道場能演說호미   如佛往昔菩提行이니다

三世所有廣大劫을   佛念念中皆示現하사
彼諸成壞一切事를   不思議智無不了이니다

佛子衆會廣無限이   欲共測量諸佛地라도
諸佛法門無有邊하사   能悉了知甚爲難이니다

여래의 명호를 세간의 수數와 같게 하여
시방의 국토에 다 넘쳐나게 하시며
일체 방편을 헛되이 지남이 없게 하여
중생을 조복하여 다 번뇌의 때를 떠나게 하셨습니다.

부처님이 일체 작은 티끌 가운데
끝없는 대신통력을 시현하여
다 도량에 앉아 능히 연설하시는 것이
마치 부처님이 지나간 옛날에 보리의 행을 설하심과 같았습니다.

삼세에 있는 바 광대한 세월을
부처님이 생각 생각 가운데 다 시현하여
저 모든 이루어지고 무너지는 일체의 일을
사의할 수 없는 지혜로 알지 아니함이 없으십니다.

불자들의 모인 대중 넓고 한없는 이들이
함께 모든 부처님의 지위를 측량하고자 할지라도[37]
모든 부처님의 법문은 끝이 없어서
능히 다 요달하여 아는 것이 매우 어려움이 됩니다.[38]

疏

次四偈는 可知라

다음에 네 게송은 가히 알 수가 있을 것이다.

---

[37] 원문에 제불지諸佛地라도 吐를 제불지諸佛地와 제불법문諸佛法門이라도 무유변無有邊하야 吐로 보는 것도 좋은 吐이다. 즉 함께 모든 부처님의 지위와 모든 부처님의 법문을 측량하고자 할지라도 끝이 없어서라고 말이다.

[38] 능히 다 요달하여 아는 것이 매우 어려움이 된다고 한 것은, 모든 부처님의 법문을 참으로 알기 어렵지만 보현은 알았다. 앞의 장행문의 소문에서 보현이 능히 이 이치를 알았다 하였다. 영인본 화엄 3책, p.232, 5행에 있다.

> 經

佛如虛空無分別하시고　等眞法界無所依시나
化現周行靡不至시며　悉坐道場成正覺이니다

부처님은 허공과 같아서 분별이 없으시고
진법계와 같아서 의지하는 바가 없으시지만
몸을 화현하여[39] 두루 가서 이르지 아니함이 없으시며
다 도량에 앉아[40] 정각을 성취하셨습니다.

> 疏

九中에 初句는 智身이요 次句는 智身等法身이요 後二句는 化用等法身之周遍이니 略擧正覺이나 實通一切일새 故上云種種이라하니라

아홉 번째 게송 가운데 처음 구절은 지신智身[41]이요,
다음 구절은 지신이 법신과 같은 것이요,
뒤에 두 구절은 화신의 작용이 법신의 두루함과 같은 것이니,
생략하고 정각만 들었으나 진실로는 일체[42]에 통하기에 그런 까닭으로 위에서 말하기를 가지가지 몸이라 한 것이다.

---

39 몸을 화현하였다고 한 한 구절은 도솔천에서 하강한 것이다.
40 다 도량에 앉았다고 한 한 구절은 보리수 아래에서 정각을 성취한 것이다.
41 지신이란 보리신이고, 바로 아래 법신이란 열반신이다.
42 일체란 종종신種種身이다.

經

佛以妙音廣宣暢하시대　一切諸地皆明了일새
普現一一衆生前하사　盡與如來平等法이니다

부처님은 묘한 음성으로 널리 선설하여 펴시되
일체 모든 지위를 다 분명하게 아시기에
널리 낱낱 중생들 앞에 나타나서
여래의 평등한 법을 다 주십니다.

疏

十中三句는 攝因이요 後句는 成果라

열 번째 게송 가운데 앞에 세 구절은 인위因位를 섭수하는 것이요,
뒤에 한 구절은 과위果位를 이루는 것이다.

經

復次 淨德妙光菩薩摩訶薩은 得遍往十方菩薩衆會하야 莊嚴道場하는 解脫門하며

다시 정덕묘광 보살마하살은 시방의 보살 대중이 모인 곳에 두루 가서 도량을 장엄하는 해탈문을 얻었으며,

疏

第二는 十普菩薩이 各得一門이라 第一菩薩은 前列名中無하니 以前與普賢으로 共爲十普요 今普賢別說일새 故加爲十하야 以表圓足이라 然이나 偈文具十이나 長行中에 第七菩薩과 及法門俱脫하며 又脫第八菩薩法門과 及第九菩薩名하니 至文當知니라 十中에 第一嚴處說法이 皆名爲嚴이라 (今依北藏하야 七八九의 長行에 法門을 俱增定이라)

제 두 번째는 십보보살十普菩薩이 각각 한 법문을 얻은 것이다.
첫 번째 보살은 앞의 열명列名 가운데는 없나니
앞에 보현보살로 더불어 함께 십보十普가 되는 것이요,
지금에는 보현을 따로 설하기에 그런 까닭으로 이 정덕보살을 더하여 십을 삼아서 원만하게 구족함을 표한 것이다.
그러나 게송의 문장은 십송十頌을 다 구족하였지만 장행문 가운데[43]
제 일곱 번째 보살과 그리고 법문이 함께 빠졌으며,

또 제 여덟 번째 보살의 법문과 그리고 제 아홉 번째 보살의 명호가 빠졌으니,

아래 문장에 이르러 마땅히 알 수가 있을 것이다.[44]

십법 가운데 첫 번째는 처소(道場)를 장엄하고 법을 설하는 것이다 이름하여 장엄이 되는 것이다.

(지금에는 북장경을 의지하여 일곱 번째와 여덟 번째와 아홉 번째의 장행에 법문을 함께 증정增定[45]하였다.)

---

43 장행문 가운데라고 한 등은, 곧 그 7과 8과 9의 아래에 다 오히려 소석疏釋이 있는 것은 곧 이 게송을 의지하여 해석한 것이라 할 것이다. 다 『잡화기』의 말이다.

44 아래 문장에 이르러 마땅히 알 수가 있을 것이라고 한 것은, 『유망기』에 말하기를 아래 七·八·九文에 이르러 논변한 것이 있는 까닭으로 아래 문장에 이르러 마땅히 알 수가 있을 것이라고 말하였으나, 그러나 지금에는 다 없으니 대개 경문은 곧 엽공(葉公: 설파상언)이 북장경을 의지하여 증정增定하고, 소문은 또한 청량스님이 범본을 기준하여 해석한 것이 있는 까닭으로 지금에 경문과 더불어 소문이 구족된 것이다 하였다.

45 증정增定이라 한 정定 자는 바로잡는다는 뜻이다. 보통 정訂 자를 쓰지만 정定 자를 쓰기도 한다.

經

普德最勝燈光照菩薩摩訶薩은 得一念中에 現無盡成正覺門하야 敎化成熟不思議衆生界하는 解脫門하며

보덕최승등광조 보살마하살은 한 생각 가운데 끝없는 정각을 성취하는 문을 나타내어 사의할 수 없는 중생의 세계를 교화하여 성숙케 하는 해탈문을 얻었으며,

疏

二는 塵塵에 皆成正覺이 已爲無盡거늘 方是正覺一門에 有如是等無量成正覺門하니 如出現品辯이라 隨所成正覺門하야 調生亦爾일새 故云成熟不思議衆生界라하니라

두 번째는 진진찰찰에서 다 정각을 성취한 것이 이미 다함이 없거늘 바야흐로 이 정각의 한 문(一門)에 이와 같은 등 한량없는 정각을 성취하는 문이 있나니,
여래출현품에서 분별한 것과 같다.[46]
성취한 바 정각문을 따라서 중생을 조복하는 것도 또한 그렇게

---

46 여래출현품에서 분별한 것과 같다고 한 것은 『화엄경』 52권 여래출현품 제3에 불자야 여래가 이와 같은 등 한량없는 정각을 성취하는 문이 있나니 이런 까닭으로 응당히 알아라 여래가 나타낸 바 몸이 한량이 없다 운운한 것이다.

하기에 그런 까닭으로 말하기를 사의할 수 없는 중생의 세계를 교화하여 성숙케 한다 한 것이다.

經

普光師子幢菩薩摩訶薩은 得修習菩薩福德하야 莊嚴出生一切佛國土하는 解脫門하며

보광사자당 보살마하살은 보살의 복덕을 닦아 익혀 일체 부처님의 국토를 장엄하여 출생하는 해탈문을 얻었으며,

疏

三은 修行福海하야 嚴出刹海니라

세 번째는 복덕의 바다를 닦아 익혀
부처님의 국토 바다를 장엄하여 출생하는 것이다.

經

普寶焰妙光菩薩摩訶薩은 得觀察佛神通境界하야 無迷惑하는 解脫門하며

보보염묘광 보살마하살은 부처님의 신통 경계를 관찰하여 미혹함이 없는 해탈문을 얻었으며,

疏

四는 以深妙智로 觀難思境일새 故로 多處不迷하며 多劫不厭이라

네 번째는 깊고 묘한 지혜로써 사의하기 어려운 경계를 관찰하기에
그런 까닭으로 수많은 곳에 미혹하지 아니하며
수많은 세월에 싫어하지 않는 것이다.

> 經

普音功德海幢菩薩摩訶薩은 得於一衆會道場中에 示現一切佛土莊嚴하는 解脫門하며

보음공덕해당 보살마하살은 한 대중이 모인 도량 가운데 일체 부처님 국토의 장엄을 시현하는 해탈문을 얻었으며,

> 疏

五는 如一逝多林會에 頓現一切淨土하야 會會皆爾하고 念念現殊니라

다섯 번째는 한 서다림회(一逝多林會)에 문득 일체 정토를 나타내는 것과 같아서 낱낱 회會마다 다 그렇게 하고 생각 생각마다 다 다름을 나타내었다.[47]

---

47 생각 생각마다 다 다름을 나타내었다고 한 것은, 뒤에 제 다섯 번째 게송 마지막 구절에 생각 생각이 같지 아니하여 한량없는 종류로 하셨다고 하였다.

經

普智光照如來境菩薩摩訶薩은 得隨逐如來하야 觀察甚深廣大法界藏하는 解脫門하며

보지광조여래경 보살마하살은 여래를 따르고 좇아 깊고도 광대한 법계의 창고를 관찰하는 해탈문을 얻었으며,

疏

六은 法界含攝이 無盡일새 故名爲藏이요 觀佛法界之身이라도 一毛도 卽無分限이라

여섯 번째는 법계를 함섭含攝하는 것이 끝이 없기에 그런 까닭으로 이름을 창고라 하는 것이요,
부처님 법계의 몸을48 관찰하려 할지라도 한 털끝도 곧 그 분한을 얻을 수 없는 것이다.

---

48 부처님 법계의 몸이라고 한 아래는 아래 제 여섯 게송의 처음에 두 구절을 뜻으로 인용한 것이다.

經

普覺悅意聲菩薩摩訶薩은 得親近承事一切諸佛하야 供養한 藏의 解脫門하며

보각열의[49]성 보살마하살은 일체 부처님을 친근하고 받들어 섬겨 공양한 창고의 해탈문을 얻었으며,

疏

七은 佛昔行因에 無佛不供일새 今成佛果에 無衆不歸하나니 猶如百川이 馳流趣海하니라

일곱 번째는 부처님이 옛날 인행因行시에 부처님께 공양하지 아니함이 없었기에 지금에 불과佛果를 이룸에 중생이 귀의하지 아니함이 없나니,
비유하자면 백천百川이 달리듯 흘러 바다로 나아가는 것과 같다.

---

[49] 보각열의 이하에 七, 八, 九 세 가지는 이 금장경에 없는 것을 북장경을 의지하여 보증한 것이다. 타본(북장경)에는 이 세 가지는 범본에 다 있다 하였다.

經

普清淨無盡福威光菩薩摩訶薩은 得出世一切神變하야 廣大加持하는 解脫門하며

보청정무진복위광 보살마하살은 일체 신통변화를 출생하여 광대하게 가피하여 섭지하는 해탈문을 얻었으며,

疏

八은 遍刹充塵하야 劫窮來際는 皆佛加持之力이라

여덟 번째는 시방국토[50]에 두루하고 낱낱 티끌에 충만케 하여 그 세월 미래제가 다하도록 하는 것은 다 부처님이 가피하여 섭지한 힘인 것이다.

---

50 원문에 찰剎은 게송에 시방十方이라 하였다.
   원문에 진塵은 게송에 일일진중무량토———塵中無量土라 하였기에 그 게송을 참고하여 번역하였다.

經

普寶髻華幢菩薩摩訶薩은 得普入一切世間行하야 出生菩薩無邊行門하는 解脫門하며

보보계화당 보살마하살은 널리 일체 세간의 행에 들어가서 보살의 끝없는 행문을 출생하는 해탈문을 얻었으며,

疏

九는 若無大悲하야 不入生死하면 則不能出菩薩行門하리니 如不入海하면 安能得寶리요하니라 此卽化他成己니라

아홉 번째는 만약 대비가 없어서 생사에 들어가지 않는다면 곧 능히 보살의 행문을 출생할 수 없나니,
마치 바다에 들어가지 않는다면 어찌 능히 보배를 얻겠는가 한 것과 같다.
이것은 곧 다른 사람을 교화하는 것이 자기를 성취하는 것이다.

鈔

如不入海하면 安能得寶는 卽淨名佛道品이니 譬如不下巨海하면 則不能得無價寶珠인달하야 如是不入生死大海하면 則不能得一切智寶故라하니라

마치 바다에 들어가지 않는다면 어찌 능히 보배를 얻겠는가 한 것과 같다고 한 것은 곧 『정명경』 불도품이니,

비유하자면 큰 바다에 내려가지 않는다면 곧 능히 값으로 따질 수 없는 보배 구슬을 얻을 수 없는 것과 같아서, 이와 같이 생사의 큰 바다에 들어가지 않는다면 곧 능히 일체 지혜의 보배를 얻을 수 없는 까닭이라 하였다.

經

普相最勝光菩薩摩訶薩은 得能於無相法界中에 出現一切諸佛境界하는 解脫門하니라

보상최승광 보살마하살은 능히 모습이 없는 법계 가운데 일체 모든 부처님의 경계를 나타내는 해탈문을 얻었습니다.

疏

十은 卽依體起用이라

열 번째는 곧 자체를 의지하여 작용을 일으키는 것이다.

經

爾時에 淨德妙光菩薩摩訶薩이 承佛威力하야 普觀一切菩薩의 解脫門海已하고 卽說頌言호대

十方所有諸國土를　　一刹那間悉嚴淨케하시고
以妙音聲轉法輪하사　普遍世間無與等이니다

如來境界無邊際하사　一念法界悉充滿하야
一一塵中建道場하시고 悉證菩提起神變이니다

世尊往昔修諸行호대　經於百千無量劫하시고
一切佛刹皆莊嚴하사　出現無礙如虛空이니다

佛神通力無限量하사　充滿無邊一切劫하시니
假使經於無量劫이라도 念念觀察無疲厭이니다

汝應觀佛神通境하라　十方國土皆嚴淨하사
一切於此悉現前케하시대 念念不同無量種이니다

觀佛百千無量劫이라도 不得一毛之分限하며
如來無礙方便門은　　此光普照難思刹이니다

如來往劫在世間하사　承事無邊諸佛海일새
是故一切如川鶩하야　咸來供養世所尊이니다

如來出現遍十方의　一一塵中無量土하사대
其中境界皆無量일새　悉住無邊無盡劫이니다

佛於曩劫爲衆生하사　修習無邊大悲海일새
隨諸衆生入生死하사　普化衆會令淸淨케하니다

佛住眞如法界藏하사　無相無形離諸垢어늘
衆生觀見種種身하고　一切苦難皆消滅이니다

그때에 정덕묘광 보살마하살이 부처님의 위신력을 받아 널리 일체 보살의 해탈문의 바다를 관찰하여 마치고 곧 게송을 설하여 말하기를,

시방에 있는 바 모든 국토를
한 찰나 사이에 다 장엄하여 청정하게 하시고
묘한 음성으로 법륜을 전하여
널리 세간에 두루하게 하시지만 더불어 같을 이가 없었습니다.

여래의 경계는 끝이 없어서
한 생각에 법계에 다 넘쳐나게 하여

낱낱 티끌 가운데 도량을 건립하시고
다 보리를 증득하여 신통변화를 일으키셨습니다.

세존이 지나간 옛날에 모든 행을 닦되
백천의 한량없는 세월이 지나도록 하시고
일체 부처님의 국토를 다 장엄하여
출현하되 걸림이 없기를 허공과 같이 하셨습니다.

부처님의 신통은 한량이 없어서
끝없는 일체 세월에 넘쳐나시니
가사 한량없는 세월을 지날지라도
생각 생각에 관찰하시기를 피곤해하거나 싫어함이 없으셨습니다.

그대들은 응당 부처님의 신통 경계를 관찰하세요.
시방의 국토를 다 장엄하고 청정하게 하여
일체를 여기에 다 현전現前하게 하시지만
생각 생각이 같지 아니하여 한량없는 종류로 하셨습니다.

부처님 관찰하길 백천의 한량없는 세월토록 할지라도
한 털끝에 분한도 얻을 수 없으며
여래의 걸림 없는 방편문은
이 광명이 널리 사의할 수 없는 국토를 비추십니다.

여래가 지나간 세월 세간에 있으면서
끝없는 모든 부처님의 바다를 받들어 섬겼기에
이런 까닭으로 일체중생이 냇물이 달림[51]과 같이
다 와서 세간이 존중하는 바에게 공양하십니다.

여래가 출현하여 시방의
낱낱 티끌 속 한량없는 국토에 두루하시지만
그 가운데 경계가 다 한량이 없기에
다 끝이 없고 다함이 없는 세월토록 머무십니다.

부처님이 지나간 세월에 중생을 위하여
끝없는 대비의 바다를 닦아 익혔기에
모든 중생을 따라 생사에 들어가서
널리 모인 대중을 교화하여 하여금 청정케 하십니다.

부처님은 진여의 법계 창고에 머물러
모습도 없고 형상도 없어 모든 때를 떠났거늘
중생이 그 부처님의 가지가지 몸을 보고
일체 고난을 다 소멸하였습니다.

---

51 騖는 달릴 무이다.

> 疏

頌文은 前已配釋이라 欲表菩薩과 法門互入일새 故不結法屬人이니 後段도 亦然하니라

게송의 문장은 앞에서 이미 배대하여 해석하였다. 보살과 법문이 서로 서로 섭입함을 표하고자 하기에 그런 까닭으로 법문을 맺어 사람(보살)에게 배속한 것이 없나니,[52] 후단後段도 또한 그렇다.

---

52 법문을 맺어 사람에게 배속한 것이 없다고 한 것은, 앞의 이생중異生衆과 같이 이 법은 누가 얻었다는 말이 없고 다만 부처님의 법문만 있다는 것이다.

經

復次 海月光大明菩薩摩訶薩은 得出生菩薩諸地와 諸波羅蜜하야 敎化衆生하고 及嚴淨一切佛國土케하는 方便의 解脫門하며

다시 해월광대명 보살마하살은 보살의 모든 지위와 모든 바라밀을 출생하여 중생을 교화하고 그리고 일체 부처님의 국토를 장엄하여 청정케 하는 방편의 해탈문을 얻었으며,

疏

第三은 十異名菩薩이니 亦各一法이라 長行中에 一은 得成菩薩四種方便이니 一은 地位요 二는 度行이요 三은 調生이니 卽行位所作이요 四는 嚴刹이니 通二利因果也라 或一地一度滿하며 或地地諸度滿이니 此一은 爲總이요 下九는 皆別이라 然이나 不出上四나 多顯調生이라

제 세 번째는 십이명十異名 보살이니
또한 각각 한 법이다.
장행문 가운데 첫 번째는 보살의 네 가지 방편을 성취함을 얻는 것이니
첫 번째는 지위요,
두 번째는 바라밀행이요,
세 번째는 중생을 조복하는 것이니 곧 바라밀행과 지위의 소작이요,

네 번째는 국토를 장엄하는 것이니 이리二체의 인과에 통하는 것이다.
혹은 한 지위에서 한 바라밀을 원만히 하며,
혹은 지위 지위에서 모든 바라밀을[53] 원만히 하나니
여기에 한 가지는 총이 되고
아래 아홉 가지는 별이 되는 것이다.
그러나 위에 네 가지 방편을 벗어나지 않지만[54] 다분히 제 세 번째 중생을 조복함을 나타낸 것이다.

---

53 한 지위에서 한 바라밀이라고 한 것은 별지문別地門이고, 지위 지위에서 모든 바라밀이라고 한 것은 원수문圓修門이다.

54 그러나 위에 네 가지 방편을 벗어나지 않는다고 한 등은, 아래 아홉 가지 가운데 제 네 번째 도량을 장엄한 것과 제 열 번째 광명으로 여래의 경계를 나타낸 것은 여기 제 네 번째 국토를 장엄하는 것에 속하고, 제 여덟 번째 처음과 끝은 여기 첫 번째 지위에 속하고, 제 아홉 번째 지나간 옛날의 수행은 여기 제 두 번째 바라밀행에 속하고, 나머지 다섯 가지는 여기 제 세 번째 중생을 조복하는 것에 속하는 것이니 두 번째와 세 번째와 다섯 번째와 여섯 번째와 일곱 번째 보살이다. 『잡화기』도 이와 다르지 않다.

經

雲音海光離垢藏菩薩摩訶薩은 得念念中에 普入法界種種差別處하는 解脫門하며

운음해광이구장 보살마하살은 생각 생각 가운데 널리 법계의 가지가지 차별된 처소에 들어가는 해탈문을 얻었으며,

疏

二는 謂遍轉法輪이라

두 번째는 말하자면 두루 법륜을 전한다는[55] 것이다.

---

55 두루 법륜을 전한다고 한 것은, 뒤에 게송의 말이다.

經

智生寶髻菩薩摩訶薩은 得不可思議劫에 於一切衆生前에 現淸淨大功德하는 解脫門하며

지생보계 보살마하살은 가히 사의할 수 없는 세월에 일체중생 앞에 청정한 큰 공덕을 나타내는 해탈문을 얻었으며,

疏

三은 普示滅惑이라

세 번째는 널리 업혹을 멸제함을 보인 것이다.

◯經

功德自在王淨光菩薩摩訶薩은 得普見十方의 一切菩薩이 初詣道場時에 種種莊嚴하는 解脫門하며

공덕자재왕정광 보살마하살은 널리 시방의 일체 보살이 처음 도량에 나아갈 때에 가지가지 장엄을 보는 해탈문을 얻었으며,

◯疏

四는 普嚴場會라

네 번째는 널리 도량과 모인 대중을 장엄하는 것이다.

◯經

善勇猛蓮華髻菩薩摩訶薩은 得隨諸衆生根解海하야 普爲顯示 一切佛法하는 解脫門하며

선용맹연화계 보살마하살은 모든 중생의 근성에 아는 바다를 따라서 널리 일체 불법을 현시하는 해탈문을 얻었으며,

◯疏

五는 以法隨機라

다섯 번째는 법으로써 근기를 따르는 것이다.

經

普智雲日幢菩薩摩訶薩은 得成就如來智하야 永住無量劫하는 解脫門하며

보지운일당 보살마하살은 여래의 지혜를 성취하여 한량없는 세월토록 영원히 머무는 해탈문을 얻었으며,

疏

六은 爲物永存이라

여섯 번째는 중생을 위하여 영원히 존재하는 것이다.

經

大精進金剛臍菩薩摩訶薩은 得普入一切無邊法印力하는 解脫門하며

대정진금강제 보살마하살은 널리 일체 끝없는 법인의 힘에 들어가는 해탈문을 얻었으며,

疏

七은 法印悟物이라

일곱 번째는 법인으로 중생을 깨닫게 하는 것이다.

經

香焰光幢菩薩摩訶薩은 得顯示現在一切佛이 始修菩薩行하고 乃至成就智慧聚하는 解脫門하며

향염광당 보살마하살은 현재에 일체 부처님이 처음 보살행을 닦고 내지 지혜의 뭉치를 성취하는 해탈문을 얻었으며,

疏

八은 頓顯始終이라

여덟 번째는 문득 처음과 끝을 나타내는 것이다.

經

大明德深美音菩薩摩訶薩은 得安住毘盧遮那의 一切大願海하는 解脫門하며

대명덕심미음 보살마하살은 비로자나의 일체 큰 서원의 바다에 편안히 머무는 해탈문을 얻었으며,

疏

九는 同佛往修라

아홉 번째는 부처님이 지나간 옛날에 수행한 것과 같은[56] 것이다.

---

[56] 부처님이 지나간 옛날에 수행한 것과 같다고 한 것은, 뒤에 제 아홉 번째 게송 제 세 번째 구절에 부처님이 지나간 옛날에 닦아 다스린 행과 같다고 한 것을 간략하게 인용한 것이다.

經

大福光智生菩薩摩訶薩은 得顯示如來의 遍法界甚深境界하는 解脫門하니라

대복광지생 보살마하살은 여래가 온 법계의 깊고도 깊은 경계를 현시하는 해탈문을 얻었습니다.

疏

十은 光顯如來難思之境이니 以偈對釋하면 文並可知라

열 번째는 광명으로 여래의 사의하기 어려운 경계를 나타낸 것이니, 게송으로써 상대하여 해석하면 문장을 아울러 가히 알 수가 있을 것이다.

經

爾時에 海月光大明菩薩摩訶薩이 承佛威力하야 普觀一切菩薩衆의 莊嚴海已하고 卽說頌言호대

諸波羅蜜及諸地가　　廣大難思悉圓滿하시고
無量衆生盡調伏하시며　一切佛土皆嚴淨이니다

如佛敎化衆生界하시대　十方國土皆充滿하사
一念心中轉法輪도　　普應群情無不遍이니다

佛於無量廣大劫에　　普現一切衆生前하사
如其往昔廣修治하야　示彼所行淸淨處이니다

我觀十方無有餘하며　亦見諸佛現神通하사
悉坐道場成正覺거늘　衆會聞法共圍遶이니다

廣大光明佛法身이　　能以方便現世間하사
普隨衆生心所樂하야　悉稱其根而雨法이니다

眞如平等無相身과　　離垢光明淨法身과
智慧寂靜身無量으로　普應十方而演法이니다

그때에 해월광대명 보살마하살이 부처님의 위신력을 받아 널리
일체 보살의 대중에 장엄한 바다를 관찰하여 마치고 곧 게송을
설하여 말하기를,

모든 바라밀과 그리고 모든 지위가
광대하여 사의할 수 없는 것을 다 원만하게 하시고
한량없는 중생을 다 조복하시며
일체 부처님의 국토를 다 장엄하여 청정하게 하셨습니다.

부처님이 중생의 세계를 교화하시되
시방의 국토에 다 넘쳐나게 하심과 같아서
한 생각 마음 가운데 법륜을 전하심도
널리 중생에게 응하여 두루하지 아니함이 없으십니다.

부처님이 한량없는 광대한 세월에
널리 일체중생 앞에 나타나서
마치 그 부처님이 지나간 옛날에 널리 닦아 다스림과 같이
저 중생들이 행할 바 청정한 처소를 보이십니다.

나[57]는 시방을 남김없이 보았으며
또한 모든 부처님이 신통을 나타내어

---

57 여기서 나라고 한 것은 해월광대명보살이다.

다 도량에 앉아 정각을 이루거늘
수많은 대중이 모여와 법문을 듣고 함께 에워쌈도 보았습니다.

광대한 광명의 부처님 법신이
능히 방편으로 세간에 나타나서
널리 중생이 마음에 좋아하는 바를 따라
다 근성에 칭합하여 진리를 비 내리십니다.

진여의 평등한 모습 없는 몸과
때를 떠난 광명의 청정한 법신과
지혜의 적정한 몸 그 한량없는 것으로
널리 시방에 응하여 법을 연설하십니다.

疏

唯第六偈는 略須開示니 初句는 所證性淨法身이라 言無相者는 示 眞如相이요 身은 卽體義니라 在纏不染하고 出障非淨하야 凡聖必 同일새 故云平等이라하니라 次句는 出纏法身也니 眞如가 出煩惱 障일새 故云離垢라하고 出所知障일새 故云光明이라하니라 又塵習 雙亡일새 故云離垢라하고 眞智圓滿일새 故曰光明이라하니라 淨法 身者는 揀於在纏이라 後半은 體用無礙身이니 由出纏故로 應用無 方이라 約理에 卽是體用無礙요 約用에 則止觀雙運이라 故로 得果 에 則寂照爲身이니 卽用之體故로 寂이요 卽體之用故로 智라 體用

이 旣無不在어니 佛身何有量耶아 故能普應十方이라하니 此句는 正顯化用이라 故로 經云호대 水銀和眞金하야 能塗諸色像인달하야 智慧與法身이 處處應現往이라하니 卽斯義也니라

오직 제 여섯 번째 게송만은 간략하게 개시開示하기를 수구(須)하나니 처음 구절은 증득할 바 성정법신性淨法身이다.
모습이 없다고 말한 것은 진여의 모습을 보인 것이요,
몸이라고 한 것은 곧 자체의 뜻이다.
번뇌에 얽혀 있지만 물들지 아니하고, 번뇌의 장애를 벗어났지만 청정하지도 아니하여 범부와 성인이 반드시 같기에 그런 까닭으로 말하기를 평등이라 한 것이다.
다음 구절은 번뇌의 얽힘에서 벗어난 법신이니[58]
진여가 번뇌장을 벗어났기에 그런 까닭으로 말하기를 때를 떠났다고 하고,
소지장을 벗어났기에 그런 까닭으로 말하기를 광명이라 하는 것이다.
또 번뇌(塵)와 습기가 둘 다 사라졌기에 그런 까닭으로 말하기를 때를 떠났다고 하고,
참다운 지혜가 원만하기에 그런 까닭으로 말하기를 광명이라 하는 것이다.
청정한 법신이라고 한 것은 번뇌에 얽혀 있는 법신[59]을 가리는 것이다.

---

58 번뇌의 얽힘에서 벗어난 법신(出纏法身)이라고 한 것은 번뇌의 얽힘에서 벗어난 진여(出纏眞如)이니, 사성불事成佛이다.
59 번뇌에 얽혀 있는 법신이라고 한 것은 번뇌에 얽혀 있는 진여(在纏眞如)이니,

뒤에 반 게송은 자체와 작용이 걸림이 없는 몸이니,
번뇌의 얽힘에서 벗어난 진여[60]를 인유한 까닭으로 응화신의 작용(應用)이 방소가 없는 것이다.
진리(理)를 잡음에 곧 자체와 작용이 걸림이 없는 것이요,
작용(用)을 잡음에 곧 지止와 관觀이 함께 운행하는 것이다.
그런 까닭으로 불과佛果를 얻음에 곧 고요하게 비추는(寂照) 것으로 몸을 삼나니
작용에 즉한 자체인 까닭으로 고요한(寂) 것이요,
자체에 즉한 작용인 까닭으로 지혜(智)인 것이다.
자체와 작용이 이미 있지 아니함이 없거니 부처님의 몸이 어찌 한량이 있겠는가. 그런 까닭으로 능히 널리 시방에 응한다 하였으니, 이 구절은 바로 화신의 작용을 나타낸 것이다.
그런 까닭으로 『법화경』에 말하기를 수은水銀[61]을 진금으로 조화(和)하여 능히 모든 색상에 바르는 것과 같아서 지혜와 더불어 법신이 곳곳에 응하여 나타나 간다 하였으니
곧 이 뜻이다.

이성불理成佛이다.
60 번뇌의 얽힘에서 벗어난 진여라고 한 것은 곧 경문에 지혜의 적정이라 한 것이고, 응용이 방소가 없다고 한 것은 경문에 몸이 한량이 없다고 한 등 열 글자이다. 『잡화기』도 그 뜻이 이와 같다.
61 수은水銀은 은백색 액체의 금속이다.

鈔

經云호대 水銀和眞金하야 能塗諸色像者는 金如法身하고 水銀如般若하니 以般若照機하면 眞身隨感이라 故로 天台智者도 亦用此義하야 以釋法華壽量에 應用이라

『법화경』에 말하기를 수은을 진금으로 조화하여 능히 모든 색상에 바르는 것과 같다고 한 것은 진금은 법신과 같고 수은水銀은 반야와 같나니,
반야로써 근기를 비추면 진신이 따라 감응하는 것이다.
그런 까닭으로 천태 지자스님도 또한 이 뜻을 인용하여 『법화경』 수량품에 응화신의 작용을 해석하였다.

> 經

法王諸力皆淸淨하고　　智慧如空無有邊거늘
悉爲開示無遺隱하사　　普使衆生同悟入이니다

如佛往昔所修治로　　　乃至成於一切智인달하야
今放光明遍法界하사　　於中顯現悉明了이니다

佛以本願現神通하사　　一切十方無不照하시고
如佛往昔修治行을　　　光明網中皆演說이니다

十方境界無有盡하고　　無等無邊各差別거늘
佛無礙力發大光하시니　一切國土光明顯이니다

법왕의 모든 힘은 다 청정하고
지혜는 허공과 같아 끝이 없거늘
다 열어 보여 남기거나 숨김이 없어서
널리 중생으로 하여금 다 깨달아 들어가게 하십니다.

부처님이 지나간 옛날에 닦아 다스린 바로
내지 일체 지혜를 성취함과 같아서
지금에 광명을 놓아 법계에 두루하게 하여
그 가운데 나타나심을 다 분명하게 요달하셨습니다.

부처님이 본래의 서원으로 신통을 나타내어
일체 시방에 비추지 아니함이 없으시고
부처님이 지나간 옛날에 닦아 다스린 행과 같음을
광명의 그물 가운데 다 연설하십니다.

시방의 경계가 다함도 없고
같음도 없고 끝도 없어 각각 차별하거늘
부처님이 걸림이 없는 힘으로 큰 광명을 놓으시니
일체 국토가 광명[62]으로 현현하였습니다.

爾時에 如來師子之座에 衆寶와 妙華와 輪臺와 基陛와 及諸戶牖의 如是一切莊嚴具中에

그때에 여래의 사자자리에 수많은 보배와 묘한 꽃과 윤대輪臺[63]와 기단과 섬돌과 그리고 모든 창문의 이와 같은 일체 장엄기구 가운데

疏

自下第八은 明座內衆流分이니 於中에 長分十段호리라 一은 明出處요 二는 顯衆類요 三은 列衆名이요 四는 結衆數요 五는 興雲供이

---

62 광명光明이라 한 광光 자는 북장경에는 개皆 자이다.
63 윤대輪臺는 동대 역경본에는 좌대라 하였다. 그러나 윤장대輪藏臺가 아닌지 생각해본다.

요 六은 供衆海요 七은 敬繞佛이요 八은 座本方이요 九는 歎德能이요 十은 申偈讚이라 今初니 座卽是總이요 寶等爲別이라 如是已下는 結廣從略이니 非獨輪等일새 故云一切라하니라 所以此能出者는 良以座가 該法界하야 依正이 混融하며 一一纖塵이 無不廣容普遍이라 座所遍刹이 恒在座中일새 故從中出이요 非是化也니라 若約法空之因과 及法空之座인댄 則萬行爲嚴하야 能生菩薩이리라

이 아래부터는 제 여덟 번째 사자자리 안에 중류衆流를 밝히는 부분이니,
그 가운데 길게 십단으로 분류하겠다.
첫 번째는 출처를 밝힌 것이요,
두 번째는 대중의 부류를 나타낸 것이요,
세 번째는 대중의 이름을 나열한 것이요,
네 번째는 대중의 수를 맺는 것이요,
다섯 번째는 구름 같은 공양을 일으킨 것이요,
여섯 번째는 대중의 바다에 공양한 것이요,
일곱 번째는 부처님을 공경하고 도는 것이요,
여덟 번째는 본방本方에 앉는 것이요,
아홉 번째는 공덕이 능함을 찬탄한 것이요,
열 번째는 게송으로 찬탄함을 편 것이다.

지금은 처음으로 자리는 곧 총總이 되고,
보배 등은 별別이 되는 것이다.

이와 같다고 한 이하는 널리 설한 것을 맺고 간략하게 설한 것을 좇는 것이니,

유독 윤대輪臺 등뿐만이 아니기에 그런 까닭으로 말하기를 일체라 한 것이다.

이 자리에서 능히 미진수 보살을 출생하는 까닭은 진실로 사자의 자리가 법계를 해라하여[64] 의보와 정보가 혼합하여 원융하며[65] 낱낱의 가는 티끌이 널리 용납하여 널리 두루하지 아니함이 없는 것이다.

자리에 두루한 바 국토가 항상 자리 가운데 있기에 그런 까닭으로 자리 가운데로 좇아 나온 것이지 이 화현이 아니다.

만약 법공의 원인과 그리고 법공의 자리를 잡는다면 곧 만행으로 장엄을 삼아 능히 보살을 출생할 것이다.

---

[64] 사자의 자리가 법계를 해라한다고 한 것은, 『잡화기』에 말하기를 보살이 의지하는 바 법계로 자리를 삼아 해라하는 바를 밝힌 것이다 하였다.

[65] 의보와 정보가 혼합하여 원융하다고 한 것은, 법계가 의지하는 바 보살이 자리를 삼아 원융하는 바를 밝힌 것이니, 이 위에는 오히려 전체 자리를 잡아 국토인 의보를 해라하여 정보를 융합함을 밝혔거니와, 바로 아래 낱낱의 가는 티끌이라고 한 아래는 곧 다만 자리 가운데 하나의 가는 티끌을 거론하여도 또한 다 널리 용납하고 널리 두루함을 밝힌 것이다. 그런 까닭으로 자리에 두루한 바 국토가 항상 자리 가운데 있는 것이니, 그 보살이 의지하는 바 국토가 이미 자리 가운데 있었다면 곧 저 능히 의지하는 사람(보살)은 거연히 가히 알 수 있을 것이다. 이것은 이에 법이 그러한 사실이지 변화하여 그렇게 하는 것이 아니다. 섬진'이' 보변"이라" 변찰'이' 吐이고, 혹은 가히 변찰"하야" 吐라 하면 그 뜻이 앞에 말한 것과는 다른 것이다. 이상은 『잡화기』의 말이다.

經

一一各出佛刹微塵數의 菩薩摩訶薩하시니

낱낱이 각각 부처님 국토의 작은 티끌 수만치 많은 보살마하살을 출생하시니

疏

二에 一一下는 顯衆類니 皆菩薩故니라

두 번째 낱낱이라고 한 아래는 대중의 부류를 나타낸 것이니 다 보살인 까닭이다.

經

其名曰 海慧自在神通王菩薩摩訶薩과 雷音普震菩薩摩訶薩과 衆寶光明髻菩薩摩訶薩과 大智日勇猛慧菩薩摩訶薩과 不思議功德寶智印菩薩摩訶薩 과 百目蓮華髻菩薩摩訶薩과 金焰圓滿光菩薩摩訶薩 과 法界普音菩薩摩訶薩 과 雲音淨月菩薩摩訶薩과 善勇猛光明幢菩薩摩訶薩이니다

그 이름을 말하면 해혜자재신통왕 보살마하살과
뇌음보진 보살마하살과
중보광명계 보살마하살과
대지일용맹혜 보살마하살과
부사의공덕보지인 보살마하살과
백목연화계 보살마하살과
금염원만광 보살마하살과
법계보음 보살마하살과
운음정월 보살마하살과
선용맹광명당 보살마하살입니다.

疏

三에 其名下는 列衆名이라 出處旣多일새 名亦多種이나 略擧上首十名耳니 卽如次十方이니라

세 번째 그 이름이라고 한 아래는 대중의 이름을 나열한 것이다.
출처가 이미 많기에 이름도 또한 여러 가지이지만 간략하게 상수보
살 십 명만 나열하였을 뿐이니
곧 차례와 같이 시방에도 그러한 것이다.

經

如是等而爲上首하야 有衆多佛刹微塵數가 同時出現이니다

이와 같은 등이 상수가 되어 수많은 부처님 국토에 작은 티끌 수만치 많은 보살들이 동시에 출현함이 있었습니다.

疏

四에 如是等下는 結衆數라 嚴具非一일새 故로 有衆多刹塵이라

네 번째 이와 같은 등이라고 한 아래는 대중의 수를 맺는 것이다. 장엄기구가 하나가 아니기에 그런 까닭으로 수많은 국토에 티끌 수 보살이 있는 것이다.

> 經

此諸菩薩이 各興種種供養雲하나니 所謂 一切摩尼寶華雲과 一切蓮華妙香雲과 一切寶圓滿光雲과 無邊境界香焰雲과 日藏摩尼輪光明雲과 一切悅意樂音雲과 無邊色相一切寶燈光焰雲과 衆寶樹枝華果雲과 無盡寶淸淨光明摩尼王雲과 一切莊嚴具摩尼王雲이니다 如是等諸供養雲이 有佛世界微塵數이니다

이 모든 보살이 각각 가지가지 공양의 구름을 일으키나니,
말하자면 일체 마니 보배 꽃구름과
일체 연꽃 묘한 향기 구름과
일체 보배 원만광명 구름과
끝없는 경계의 향기 불꽃 구름과
일장마니 바퀴 광명 구름과
일체 마음을 기쁘게 하는 음악 구름과
끝없는 색상의 일체 보배 등 광명 불꽃 구름과
수많은 보배 나뭇가지 꽃 과실 구름과
끝없는 보배 청정광명 마니왕 구름과
일체 장엄기구 마니왕 구름입니다.
이와 같은 등 모든 공양 구름이 부처님 세계의 작은 티끌 수만치 많이 있었습니다.

疏

五에 此諸菩薩下는 興供雲이라

다섯 번째 이 모든 보살이라고 한 아래는 공양의 구름을 일으킨 것이다.

經

彼諸菩薩이 一一皆興如是供養雲하야 雨於一切道場衆海호대 相續不絕이니다

저 모든 보살이 낱낱이 다 이와 같은 공양의 구름을 일으켜 일체 도량의 대중 바다에 비 내리되 서로 이어져 끊어지지 않게 하였습니다.

疏

六에 彼諸下는 供衆海라 衆多菩薩이 各興刹塵供雲이라도 已重疊難思어든 況相續不絕이리요 而諸供具를 皆稱雲者는 乃有多義하니 謂色相顯然이나 智攬無性하며 從法性空으로 無生法起하며 能現所現이 迥無所依하며 應用而來일새 故로 來無所從하며 用謝而去일새 故로 去無所至하며 而能含慈潤하며 霔法雨하야 益萬物하며 重重無礙가 有雲像焉하나라 上下諸文에 雲義皆爾니라

여섯 번째 저 모든 보살이라고 한 아래는 대중의 바다에 공양한 것이다.
수많은 보살이 각각 국토 티끌 수만치 많은 공양의 구름을 일으킬지라도 이미 중첩으로 사의하기 어렵거든, 하물며 서로 이어져 끊어지지 않게 하는 것이겠는가.
그러나 모든 공양의 기구를 다 구름이라고 이름한 것은 이에 많은

뜻이 있나니,

말하자면 색상이 나타나 있지만 지혜로 보면 자성이 없으며,[66]
법성의 공으로 좇아 남이 없는 법이 일어나며,
능현能現과 소현所現이 멀리 의지하는 바가 없으며,
작용에 응하여 오기에 그런 까닭으로 와도 좇아온 바가 없으며,
작용이 사라지면 가기에 그런 까닭으로 가도 이르는 바가 없으며,
능히 자비의 윤택함을 포함하고 있으며,
진리의 비로 적셔 만물을 이익케 하며,
중중으로 걸림이 없는 뜻이 구름의 형상에 있는 것이다.
상·하의 모든 문장에 구름의 뜻도 다 그러한 것이다.

---

66 지혜로 보면 자성이 없다고 한 것은, 『잡화기』에 말하기를 지혜로써 오는 것을 본즉 그 자성이 없는 것이다 하였다.

經

現是雲已에 右遶世尊호대 經無量百千匝하고

이와 같은 구름을 나타낸 이후에 오른쪽으로 세존을 돌되 한량없는 백천 바퀴를 돌아 지나고

疏

七에 現是雲已下는 明敬繞佛이라 順向殷重호대 瞻望不足일새 乃至百千이라

일곱 번째 이와 같은 구름을 나타낸 이후라고 한 아래는 부처님을 공경하고 도는 것을 밝힌 것이다.
순전히 은중殷重[67]한 이를 향하되 자기의 부족함을 우러러 희망하기에 이에 백천 바퀴에 이르는 것이다.

---

67 은중殷重이라고 한 것은 세존을 말한다. 은殷은 크다는 뜻이다.

經

隨其方面하야 去佛不遠하야 化作無量種種寶蓮華師子之座하야 各於其上에 結跏趺坐이니다

그 방면을 따라 부처님과 멀지 않는 곳에 가서 한량없는 가지가지 보배 연꽃 사자의 자리를 화작化作하여 각각 그 위에 가부를 맺고 앉았습니다.

疏

八에 隨其下는 坐本方이니 參而不雜也라 如師子子도 亦師子故로 菩薩座도 亦名師子니라 自化自坐者는 自心智現하야 還自安處故니라 諸佛菩薩이 坐多跏趺者는 爲物軌故니 智論引偈云호대 若結跏趺坐인댄 身安入三昧等이라하니라

여덟 번째 그 방면을 따라서라고 한 아래는 본방에 앉는 것이니 섞이지만 혼잡하지 않는 것이다.
마치 사자의 새끼도 또한 사자인 것과 같은 까닭으로 보살의 자리도 또한 이름이 사자의 자리인 것이다.
스스로 화작하여 스스로 앉는 것은 자심의 지혜를 나타내어 도리어 스스로 편안히 거처한 까닭이다.
모든 부처님과 보살이 앉으심에 다분히 가부좌를 하는 것은 중생을 궤도하기 위한 까닭이니,

『지도론』 팔권에 게송을 인용하여 말하기를 만약 가부를 맺어 앉는 다면
몸이 편안하여 삼매에 들어간다 한 등이라 하였다.

鈔

若結跏趺坐等者는 等取餘偈니 云威德人敬仰호미 如日照天下하며
除睡嬾覆心하고 身輕不疲倚하며 覺悟亦輕便하고 安坐如龍蟠하며
見畫跏趺坐라도 魔王亦驚怖어든 何況入道人이 安坐不傾動이리요
하니 即第八論이라

만약 가부를 맺어 앉는다면이라고 한 등은 나머지 게송을 등취等取한 것이니,
말하자면 위덕존을 사람들이 공경하고 우러르는 것이
마치 태양이 천하를 비추는 것과 같으며

수란睡嬾[68]으로 덮인 마음을 제거하고
몸은 가벼워 피곤하거나 기대지 아니하며
깨달음에 또한 가벼워 편안하고
편안하게 앉은 것이 용이 서린 것과 같으며

가부좌 한 그림만 보더라도

---

68 수란睡嬾이란, 번뇌이다.

마왕이 또한 놀라고 두려워하거든
어찌 하물며 도에 들어간 사람이
편안하게 앉아 경동하지 않는 것이겠는가 하였으니,
곧 『지도론』 제팔권의 말이다.

經

是諸菩薩이 所行淸淨하고 廣大如海하며

이 모든 보살이 행한 바가 청정하고 광대하기가 바다와 같으며

疏

九에 是諸菩薩下는 歎其德能者는 有十二句하니 初는 總이요 餘는 別이라

아홉 번째 이 모든 보살이라고 한 아래는, 그 공덕이 능함을 찬탄한다[69]고 한 것은 열두 구절이 있나니
처음 구절은 한꺼번에 나타낸 것이요,
나머지 구절은 따로 나타낸 것이다.

---

69 그 공덕이 능함을 찬탄한다고 한 것은, 영인본 화엄 3책, p.251, 8행에 말한 것이다.

經

得智慧光하야 照普門法하며 隨順諸佛하야 所行無礙하며 能入
一切辯才法海하며

지혜의 광명을 얻어 보문普門의 법을 비추며
모든 부처님을 수순하여 행하는 바가 걸림이 없으며
능히 일체 변재의 진리의 바다에 들어가며

疏

一一各是一種淸淨廣大니 略束爲三호리라 初三은 明三業淸淨
廣大니 一은 智證普法이요 二는 身隨佛行이요 三은 語入辯海라
中一義求인댄 亦通三業이라

낱낱 구절이 각각 한 가지 청정하고 광대함을 따로 나타낸 것이니,
간략하게 묶어 세 가지로 하겠다.
처음에 세 구절은 삼업이 청정하고 광대함을 밝힌 것이니,
처음 구절은 지혜로 보문의 법을 증득한 것이요,
두 번째 구절은 몸이 부처님을 따라 행하는 것이요,
세 번째 구절은 말이 변재의 바다에 들어간 것이다.
그 가운데 하나[70]만이라도 뜻을 구한다면 또한 삼업에 통하는 것이다.

---

70 그 가운데 하나라고 한 것은 삼업 가운데 하나이니, 처음 구절에 지혜라고
한 것은 의意이다.

經

得不思議解脫法門하며 住於如來普門之地하며 已得一切陀羅
尼門하야 悉能容受一切法海하며

사의할 수 없는 해탈의 법문을 얻었으며
여래의 보문의 지위에 머물며
이미 일체 다라니문을 얻어서 다 능히 일체 진리의 바다를 수용하며

疏

次三은 明得法淸淨廣大니 一은 獲自分解脫이요 二는 住勝進果
位요 三은 遍具諸持라 普門地言은 卽同經初에 已踐如來의 普光
明地라하니라

다음에 세 구절은 법문을 얻은 것이 청정하고 광대함을 밝힌 것이니
첫 번째 구절은 자분自分의 해탈을 얻은 것이요,
두 번째 구절은 승진勝進의 과위果位에 머문 것이요,
세 번째 구절은 모든 다라니(諸持)를 두루 갖춘 것이다.
보문의 지위라고 말한 것은 곧 경초[71]에 이미 여래의 보광명의 지위를

---

71 경초라고 한 등은, 이 경초 세주묘엄품 중해운집 가운데 동생중同生衆에
말하기를 선지일체불평등법善知一切佛平等法하며 이천여래보광명지已踐如來
普光明地하며 입어무량삼매해문入於無量三昧海門이라 하였으니, 해석하면 일
체 부처님의 평등한 법(진리)을 잘 알며 이미 여래의 보광명의 지위를 밟았으며

밟았다고 한 것과 같다.

―――――――――
한량없는 삼매의 바다 문門에 들어갔다 한 것이다.

經

善住三世平等智地하며 已得深信과 廣大喜樂하며

삼세의 평등한 지혜의 지위에 잘 머물며
이미 깊은 믿음과 광대한 기쁨과 즐거움을 얻었으며

疏

後五는 福智淸淨廣大니 初二는 正明이요 後三은 重顯이라 今初中一은 智安理事일새 故云善住라하고 二는 福無不修일새 故生信喜라하니라 然이나 三世平等은 經初已明거니와 今更略示호리라 謂依生及佛하야 善住平等이니 且依佛說인댄 佛佛平等이니 法身智身이 無增減故요 若依衆生인댄 生生平等이니 煩惱業苦와 有支皆等이요 若生佛相望者인댄 凡夫現在는 等佛過去하고 進修得果는 等佛現在하고 成佛究竟은 等佛常住하니라

뒤에 다섯 구절은 복덕과 지혜가 청정하고 광대한 것이니
처음에 두 구절은 바로 밝힌 것이요,
뒤에 세 구절은 거듭 나타낸 것이다.
지금은 처음으로 그 가운데 첫 번째 구절은 지혜[72]로 진리와 사실의

---

72 지혜로 진리와 사실의 지위에 편안히 머문다고 한 것은, 말하자면 이 보살의 지혜가 진리와 사실에 잘 편안히 머무는 것이니, 지혜는 능히 머무는 것이 되고 진리와 사실은 머무는 바가 되는 것이다. 이것은 이 智 자가 이

지위에 편안히 머물기에 그런 까닭으로 말하기를 잘 머문다 하였고, 두 번째 구절은 복덕을 닦지 아니함이 없기에 그런 까닭으로 믿음과 기쁨을[73] 출생한다 하였다.

그러나 삼세의 평등이라고 한 것은 경초에 이미 밝혔거니와,[74] 지금에 다시 간략하게 현시하겠다.
말하자면 중생과 그리고 부처를 의지하여 평등한 지위에 잘 머문다 한 것이니
우선 부처를 의지하여 말한다면 부처와 부처가 평등하나니 법신과 지신이[75] 증감이 없는 까닭이요,
만약 중생을 의지한다면 중생과 중생이 평등하나니 번뇌와 업과 고통와 유지有支[76]가 다 평등한 것이요,

경문 가운데 지智 자(平等智라 한 智字)가 아니다. 경문 가운데 지 자는 스스로 불지佛智에 속하나니, 곧 도리어 이 보살의 지혜가 머무는 바인 까닭이다. 진리와 사실이라고 한 것은 삼세의 사실(事)과 평등한 진리(理)는 앞에서 밝힌 바와 같거니와, 만약 지금에 해석한 바라면 오직 부처님만 잡고 오직 중생만 잡아 말하는 것은 다 사실이고, 중생과 부처님을 함께 잡아 말하는 가운데 삼세가 평등하다고 한 것은 또한 사실이고, 동시에 평등하다고 한 것은 오직 진리뿐이다. 이상은 역시 『잡화기』의 말이다.
73 원문에 생신희生信喜라고 한 것은 생생은 경문에 득得의 뜻이고, 신信은 경문에 심신深信의 뜻이고, 희흡는 경문에 희락喜樂의 뜻이다.
74 경초에 이미 밝혔다고 한 것은 다섯 줄 앞에 말한 바 있다. 경초의 중해운집에서는 삼세의 평등이라 말하지 않고 일체 부처님의 평등이라 하였다.
75 법신은 열반신이고, 지신은 보리신이다.
76 유지有支는 십이유지 혹 십이유지의 하나인 유지有支(有)이다.

만약 중생과 부처가 서로 바라본다면 범부의 현재는 부처님의 과거와 같고,
정진하고 수행하여 불과를 얻으려는 것은 부처님의 현재와 같고,
구경에 성불하는 것은 부처님이 상주[77]하는 것과 같은 것이다.

鈔

然三世平等下는 重釋善住三世平等智地라 文中三하니 初는 指前標擧요 二는 別明義相이요 三은 結釋善住智地之言이라 初는 唯約佛이니 如問明品에 十方諸如來同一法身等이요 二는 唯約生이니 六道雖差나 皆三雜染이라

그러나 삼세의 평등이라고 한 아래는 삼세의 평등한 지혜의 지위에 잘 머문다는 것을 거듭 해석한 것이다.
문장에 세 가지가 있나니
처음에는 앞을 가리켜 한꺼번에 표거標擧한 것이요,[78]
두 번째는 뜻과 모습을 따로 밝힌 것이요,
세 번째는 지혜의 지위에 잘 머문다는 말을 맺어 해석한 것이다.
처음에는 오직 부처님만을 잡은 것이니,

---

77 부처님이 상주한다고 한 것은 곧 미래이니, 이것은 곧 부처님에 나아가서는 삼세를 갖추어 거론하고 중생에 나아가서는 다만 과거가 빠졌으니, 과거가 빠진 것은 바라는 바가 없는 까닭이다고 『잡화기』는 말한다.
78 앞을 가리켜 한꺼번에 표거標擧한 것이라고 한 그 앞이란, 역시 경초의 세주묘엄품 중해운집에 일체 부처님의 평등한 법을 잘 안다 한 것이다.

문명품에 시방의 모든 여래가[79] 동일한 법신이라고 한 등과 같은 것이요,

두 번째는 오직 중생만을 잡은 것이니,

육도六道[80]가 비록 차별하지만 다 삼잡염三雜染[81] 속에 있는 것이다.

疏

此는 約三世互望이니 煩惱는 佛則本有나 今無하고 衆生則本無나 今有하며 菩提則衆生本有나 今無하고 諸佛則本無나 今有니라 約迷悟異하야 則說本今이니 涅槃之性은 非三世攝이니 故知三世有法이 無有是處니라

여기서는 삼세가 서로 바라봄을 잡은 것이니[82]

---

[79] 문명품에 시방의 모든 여래 운운은 문명품에 현수보살의 게송으로 일체 모든 부처님의 몸이 / 오직 이 한 법신뿐이며 / 한마음 한 지혜뿐이니 / 십력과 사무외도 또한 그러한 것이다 한 것이니, 여기에 인용한 것은 앞에 두 구절로 말은 다르지만 그 뜻은 같다 하겠다.

[80] 육도六道는 소문에 유지有支라 하였다.

[81] 삼잡염三雜染이라고 한 것은 혹惑, 업業, 고苦이다.

[82] 여기서는 삼세가 서로 바라봄을 잡은 것이라고 한 등은, 이 가운데 유독 앞에 두 줄의 소문(3책, p.258, 9행과 10행)은 바로 이 지금 삼세평등의 모습이고, 그 뒤에 한 줄 반 소문(3책, p.259, 1행으로 이 소문 끝까지)은 스스로 아래 동시평등의 뜻에 속하는 것이니, 이것은 『열반경』 게송의 뜻이다. 그 의세義勢가 연속으로 고리하여(連環) 가히 중간에 끊어지지 않는 까닭으로 편리함을 인하여 함께 거론한 것뿐이다. 혹은 가히 모습은 자성 밖이 아닌 까닭으로

번뇌는 부처에게 곧 본래 있었으나 지금에 없고,
중생에게 곧 본래 없었으나 지금에 있으며,
보리는 곧 중생에게 본래 있었으나 지금에 없고,
모든 부처에게 곧 본래 없었으나 지금에 있는 것이다.
미혹하고 깨달음[83]이 다름을 잡아서 곧 본래와 지금을 말하였지만
열반의 성품은 삼세로 융섭할 게 아니니,
그런 까닭으로 삼세에 있는 법[84]이 옳을 곳이 없다 한 것을 알아야 할 것이다.

此約三世下는 別示義相이라 便引涅槃四出偈釋하니 今엔 先敍彼經하고 後方釋疏호리라 言四出偈者는 四處出故니라 亦名四住니 一은 卽第十經中出이요 二는 卽十七經이요 三은 卽二十七經이요 四는 卽

이 단에 또한 아래 반 게송의 뜻만 거론하고, 자성은 모습 밖이 아닌 까닭으로 또한 위에 반 게송의 뜻만 거론한 것이다. 또 이 앞에 두 줄의 소문(3책, p.258, 9행과 10행)이 비록 이 뜻(뒤에 한 줄 반)과 모습(앞에 두 줄)을 따로 보인 것이나, 다만 앞에는 범부의 현재가 부처님의 과거와 같다는 한 뜻뿐이니, 나머지는(중생에게는 곧 운운) 가히 비례하면 알 수 있는 까닭이다. 뒤에 한 줄 반 소문 가운데 미혹하고 깨달음이 다름을 잡았다고 한 것은, 다만 부처님의 분상에만 나아가서 그 옛날에 미하고 지금에 깨달은 것을 거론한 것이다. 이상은 역시 『잡화기』의 말이다.

83 미혹하고 깨달음이라고 한 아래는 아래 반 게송을 해석한 것이다. 미혹은 번뇌이고, 깨달음은 보리이다.

84 삼세에 있는 법이라고 한 아래는 『열반경』의 말이니 아래 초문에 있다.

二十八經이라 初段은 卽如來性品이니 南經은 第九菩薩品이라 文殊師利가 白佛言호대 世尊이시여 純陀는 今者에도 猶有疑心이니다 佛徵文殊하시니 文殊師利言호대 純陀心疑호대 如來常住는 以得知見佛性力故니다 若見佛性으로 而爲常者인댄 本未見時에 應是無常이며 若本無常인댄 後亦應爾니 何以故고하면 如世間物이 本無今有하고 已有還無인달하야 如是等物은 悉是無常이니다 以是義故로 諸佛菩薩과 聲聞緣覺이 無有差別이니다 爾時에 世尊이 卽說偈言하사대 本有今無하며 本無今有하니 三世有法이 無有是處니라 善男子야 以是義故로 諸佛菩薩과 聲聞緣覺이 亦有差別하며 亦無差別하니라 文殊師利가 讚言호대 善哉니다 誠如聖敎하야 今我始解諸佛菩薩과 聲聞緣覺이 亦有差別하며 亦無差別이니다 佛更不說하시니 迦葉이 便請佛說한대 如來가 便爲引長者의 彀牛之喩하야 以況佛性하시고 乳色皆一은 如性無異라하니 上第一出은 竟이라

여기서는 삼세가 서로 바라봄을 잡은 것이다고 한 아래는 뜻과 모습을 따로 보인[85] 것이다.

---

85 뜻과 모습을 따로 보인다고 한 등은, 이 일단의 초문이 문장이 점점 불어나고 번식하기에 지금에 입 밖에 내어 과목하겠다. 『잡화기』에는 이 말 다음에 별시의상別示義相에 둘이니 一은 총과總科요, 二는 별석別釋이다 운운하여 과목을 현시하고, 다음에 말하기를 이상에서 이미 이 일단의 초문을 과목하였으니, 지금에는 마땅히 그 뜻을 해석하겠다. 그러나 『열반경』을 인용한 가운데 나아가 네 번 설출한 게송문(四出偈文)이 이미 말은 같으나 인용한 뜻은 다르고 해석도 생략되어 그 뜻이 숨어 있다. 지금에 우선 한 곳에서 그 뜻을 한꺼번에 현시하겠다 하였다. 나는 번잡할까 과목은 생략하였고, 그 네 번 설출한

편리하게 『열반경』의 사출게四出偈를 인용하여 해석하였으니,
지금에는 먼저 저 『열반경』을 서술하고 뒤에 바야흐로 소문疏文을
해석하겠다.
사출게라고 말한 것은 게송을 네 곳에서 인용하여 설출한 까닭이다.
또한 이름이 사주四住이니
첫 번째는 곧 제십사경 가운데서 인용하여 설출하였고,
두 번째는 곧 십칠경에서 인용하여 설출하였고,
세 번째는 곧 이십칠경에서 인용하여 설출하였고,
네 번째는 곧 이십팔경에서 인용하여 설출하였다.
처음 단은[86] 곧 여래성품이니 남장경으로는 제구권 보살품이다.

게송문도 그 초문의 위치에 가서 하나하나 번역하여 현시하겠다.

86 처음 단 운운은 첫 번째 설출한 게송문이니, 곧 순타의 문장에 두 가지 의심을 함께 깨뜨리는 것이니, 말하자면 순타는 곧 다만 여래가 본래 불성이 없다가 지금 비로소 있는 줄만 알고, 그 불성이 삼세에 상주하는 줄 알지 못한 까닭으로 도리어 의심하기를, 여래의 성품이 지금에 이미 비로소 생기하였다면 곧 뒤에 반드시 끝내 사라질 것이다 하여 세간으로 더불어 다 같이 무상하다 말하고, 문수는 곧 다만 여래가 이승의 미혹하고 깨달은 모습이 차별한 줄만 알고 그 미혹하고 깨달음에 간섭하지 않는 자성은 곧 차별이 없는 줄은 알지 못한 까닭으로, 위에 순타가 부처님이 세간으로 더불어 다 같이 무상하다 말함을 듣고 곧 의심하기를, 이승으로 더불어 다 같이 무상하다 하기에 부처님이 이 게송으로써 두 가지 의심(순타 의심과 문수 의심)을 함께 깨뜨리신 것이니, 순타의 의심을 깨뜨린다는 것을 잡는다면 위에 반 게송(本有今無, 本有今有)은 순타의 의심한 바 동상(同是無常)을 거론한 것이고, 아래 반 게송(三世有法, 無有是處)은 곧 이상異相으로써 빼앗아 깨뜨린 것이다.

본래는 있고 지금은 없다고 한 등(영인본 화엄 3책, p.260, 2행)은 본래 번뇌가 있고 지금 열반이 없다는 것이며(위에 반 게송 해석), 본래 반야가 없고 지금 미혹의 결박이 있다는 것(아래 반 게송 해석)이니 두 가지가 있다(번뇌와 미혹의 결박)고 한 것은 망을 잡은 것이고, 두 가지 없다(열반과 반야)고 한 것은 진을 잡은 것이다. 제 두 번째 설출한 게송의 위에 반 게송과 동일하지만 곧 여기에 지금 본래(本有, 本無라 한 本이다)라고 말한 것은 다 부처님의 왕석시時를 잡은 것이니, 이것은 곧 위에 반 게송이 순타의 본래 불성이 없다는 뜻에 합당하지만, 저 순타의 지금에 불성이 있다는 뜻이 빠진 것은 부처님이 현금現今에 번뇌를 끊고 자성을 본다는 것이다. 따로 말하지 아니할지라도 그 뜻이 스스로 이루어지는 것이다. 그러한즉 비록 다만 본래 없으나 지금 있다고 말한 것은 이미 그 가운데 있는 것이다.

아래 반 게송은 바로 삼세의 자성이 없는 것으로써 저 의심을 빼앗아 깨뜨리는 것이니, 곧 제 두 번째 설출한 게송의 번뇌를 끊고 얻을 바가 있음을 밝힌 것과는 같지 않다는 것이다.

순타의 문장에 두 가지 의심을 깨뜨리는 것을 잡는다면 위에 반 게송은 이미 다만 본래 없다는 것만 밝혀도 또한 그 뜻이 지금 있다는 것을 포함한다면 곧 이것은 부처님이 아신 것을 밝힌 것이요, 이미 부처님이 아신 것을 밝혔다면 곧 그 뜻은 이승이 알지 못한 것을 나타낸 것이다. 알고 알지 못한 것이 이미 다르다면 삼승이 스스로 차별이 있는 것이니, 저 순타가 부처님이 세간으로 더불어 다 같이 무상하다 말함을 듣고 이승으로 더불어 다 같이 무상하다 한 의심을 보내는 것이다.

아래 반 게송은 이미 삼세의 자성이 없음을 밝혔다면 곧 삼승이 다 같이 이 자성(불성)이 있어서 스스로 차별이 없는 것이니, 곧 저 순타가 부처님이 이승으로 더불어 같지 않다고 하는 소견을 깨뜨리는 것이다. 이것은 곧 위에 반 게송과 아래 반 게송이 다 의심을 깨뜨림에 속하는 것이니 앞의 해석 가운데 위에 반 게송은 의심을 거론하고, 아래 반 게송은 바야흐로 깨뜨리는 것과는 같지 않는 것이다. 이상은 다 강사의 새로운 학설이다.

만약 옛날의 학설이라면 곧 본래 있었으나 지금에 없다고 한 구절(第一句)은 부처님의 왕석시를 말한 것이니, 곧 본래 번뇌가 있고 지금 열반이 없다는 것이니 제 두 번째 설출한 게송의 처음 구절과 동일한 것이요, 본래 없었으나 지금에 있다고 한 구절(第二句)은 부처님의 현금시現今時를 말한 것이니, 곧 본래 불성이 없고 지금 불성이 있는 것이니 순타가 거론한 바 본래 없었으나 지금에 있다고 한 것과 동일하다 하겠다. 이 단(比段)이 있는 까닭은 제 두 번째 설출한 경문 가운데 가섭이 이미 이 첫 번째 설출한 경에 게송을 거론하여 거듭 묻거늘 여래가 그 위에 반 게송을 해석함에 곧 다 중첩하여 곧 해석한 것이니, 이것은 부처님이 스스로 첫 번째 설출한 경의 게송에 위에 반 게송의 뜻이 이와 같음을 나타낸 것으로, 가히 이 게송의 위에 반 게송이 제 두 번째 설출한 경의 게송에 위에 반 게송과 다름이 있는 것은 아니다. 또 본래와 지금(本有今無 등)을 결정하는 가운데 논주(論主: 논주는 열반 本有今無論의 저자 천친이다. 이 논은 진제가 번역하였다)가 결정한 바는 곧 비록 다만 첫 번째 구절만 말하고 제 두 번째 구절은 말하지 않았으나, 초가가 결단한 바는 곧 이미 말하기를 지금 여기는 바로 십칠경(제 두 번째 설출한 경)에 본래 있었으나 지금에 없다고 한 등을 바로 따른 것이다 하니, 곧 등等 자가 그 본래 없었으나 지금에 있다고 한 것을 등취함을 나타낸 것이니, 이것은 곧 오직 처음 구절만이 십칠경의 처음 구절을 따를 뿐만 아니라 아울러 제 두 번째 구절도 또한 십칠경의 제 두 번째 구절을 따르는 것이다. 그러한즉 초가가 『열반본유금무론』을 가져 의심을 해석함에 순타의 의심을 답한 가운데 말하기를, 인연으로 비로소 아는 것을 잡는다면 본래 없었으나 지금에 있다고 한 것과 같다(영인본 화엄 3책, p.269, 1행)고 한 것은 그 뜻이 위에 반 게송으로써 순타의 의심을 첩석한 것이나, 그러나 경 가운데 제 두 번째 구절로써 순타가 의심하는 바 본래 없었으나 지금 있다고 한 것을 가리킨 것은 아니다.

그 뜻을 밝히건대 위에 반 게송을 모두 취하면 순타가 본래 없다고 한 것이 되고, 이미 본래 없었으나 지금에 있다고 말한 것을 취하면 이미 이루어진 문수사리보살이 부처님께 여쭈어 말하기를 세존이시여, 순타는 지금에도 오히려 의심이 있는 듯합니다.
부처님이 순타가 의심하는 바를 문수보살에게 물으시니
문수사리보살이 말하기를 순타가 마음에 의심하되 여래가 상주하는 것은 불성을 지견知見한 힘을 얻은 까닭인 듯합니다.
만약 불성을 지견함으로 영원함을 삼는다면 본래로 아직 보지 못하였을 때는 응당 영원할 수 없을 것이며,
만약 본래로 영원할 수 없다면 뒤에도 또한 응당 그러할[87] 것이니, 무슨 까닭인가 하면 마치 세간에 만물이 본래 없었으나 지금에 있고, 이미 있었으나 도리어 없어지는 것과 같아서 이와 같은 등 만물은 다 영원할 수 없습니다.
이런 뜻[88]인 까닭으로 모든 부처님과 보살과 성문과 연각이 다 차별이 있을 수 없습니다.[89]
그때에 세존이 곧 게송을 설하여 말씀하시기를
본래 있었으나 지금에 없으며

것을 말하지 아니한 까닭으로 초가가 다만 그 뜻만 취하여 본래 없었으나 지금에 있다고 한 것과 같다고 말한 것이다 하였다. 이상은 다 『잡화기』의 말이다.

87 뒤에도 또한 응당 그러할 것이다고 한 것은, 불성을 지견한 뒤에도 또한 영원할 수 없을 것이라는 것이다.

88 이런 뜻이라 운운한 것은, 이 위에는 곧 순타의 의심이고 여기는 곧 문수의 의심이다. 그러나 실로 두 사람이 함께 두 가지 의심이 있었으나 다만 문장이 그윽이 생략되었을 뿐이다. 역시 『잡화기』의 말이다.

89 차별이 있을 수 없다고 한 것은 모두 영원할 수 없다는 것이다.

본래 없었으나 지금에 있나니
삼세에 있는 법[90]이
옳을 곳이 없는 것이다.
선남자야,[91] 이런 뜻인 까닭으로 모든 부처님과 보살과 성문과 연각이 또한 차별이 있기도 하며 또한 차별이 없기도 한 것이다.
문수사리보살이 찬탄하여 말하기를 거룩하십니다.
진실로 성인(부처님)의 가르침과 같아서 지금에야 제가 비로소 모든 부처님과 보살과 성문과 연각이 또한 차별이 있기도 하며 또한 차별이 없기도 함을[92] 알았습니다.
부처님이 다시 설하지 않으시니[93] 가섭보살이 문득 부처님께 설하시기를 청한데, 여래가 문득 장자의 소 젖 짜는[94] 비유를 인용하여 불성에 비유하시고 젖의 색깔이 다 한결같은 것은 불성이 다름이

---

90 있는 법이란, 인연으로 생기한 법이다.
91 선남자라고 한 등은, 바로 위에 게송은 두 가지 의심을 함께 깨뜨리는 것이고, 여기는 곧 다만 문수의 의심만 깨뜨리는 것이다.
92 차별이 있기도 하고 차별이 없기도 하다고 한 것은, 차별이 있는 것은 미하고 깨달음의 차별이니 후득지이고, 차별이 없는 것은 열반의 자성은 차별이 없나니 근본지이다.
93 부처님이 다시 설하지 않았다고 한 말은 『열반경』에는 없다. 청량스님의 말이다.
94 구榖는 구構와 소리도 뜻도 다 같다고 『잡화기』는 말하나 좀 더 자세히 생각해볼 것이다. 젖의 색깔이 다 한결같다고 한 것은, 본 『열반경』에 말하기를 젖의 색깔이 동일한 색깔인 것은 사성四聖의 불성이 동일함에 비유한 것이고, 소의 색깔이 각각 다른 것은 사성의 열반이 차별함에 비유한 것이다 하였다. 역시 『잡화기』의 말이다. 사성은 부처님, 보살, 성문, 연각이다.

없는 것과 같다 하였으니,
이상에 제일출게는 마친다.

第二出은 卽第十七經이니 南經十五니 皆梵行品이라 因爲迦葉하야 說無所得竟에 迦葉領解하고 更欲請問無所得義코자하야 擧佛先說한 本有今無偈問하야 如來가 爲答云호대 本有者는 我昔本有無量煩惱니 以煩惱故로 現在에 無有大般涅槃이며 言本無者는 本無般若波羅蜜이니 以無般若波羅蜜故로 現在에 具有諸煩惱結이니라 (此釋上半) 若有沙門이나 若婆羅門이나 若天若魔나 若梵若人이 說言如來가 去來現在에 有煩惱者인댄 無有是處니라하니라 (此釋下半) 下略이니 經意有二라 一은 明本有父母之身이나 無金剛身하며 本無三十二相이나 具有四百四病이라 二는 云本有無常無我等이나 今無無上菩提하며 本無見佛性이나 今有無常等이라하야 總有八段이라 大意多同하야 皆明本有는 有世間妄因이요 今無는 無出世眞德이며 本無는 無出世因이요 今有는 有世間妄法이라 結云호대 我或知를 言不知하며 有相을 言無相은 隨宜化物耳라하니 上에 卽第二出은 竟이라

제이출게[95]는 곧 제십칠경이니, 남장경으로는 십오권이니 다 범행품

---

[95] 제이출게라고 한 것은 제 두 번째 설출한 게송문이니, 곧 가섭의 의심을 깨뜨리는 것이니 말하자면 상근기라면 앞에 게송을 한 번만 듣고도 두 가지 의심을 이미 깨뜨릴 수 있지만, 만약 그 중하근기라면 곧 비록 들었으나 깨닫지 못하나니, 범행품 가운데 미쳐 이르러 여래가 얻을 바가 없다고 설하신데 가섭이 얻을 바가 없음을 알았다(領解). 그 얻을 바가 없다고 말한

이다.

가섭보살을 위하여 무소득無所得을 설하여 마침에 가섭보살이 알아차리고, 다시 무소득의 뜻을 청문하고자[96] 하여 부처님께서 먼저

바는 얻을 바가 없음을 얻은즉 곧 앞의 게송에 아래 반 게송에 삼세의 자성이 없다는 뜻을 얻은 것이다. 가섭은 대비보살이다. 전래에 아직 깨닫지 못함이 있는 사람이 이미 앞의 게송에 위에 반 게송에 망은 있고 진은 없다는 말을 들으며, 또 지금 범행품(今品)에 여래가 설한 바 얻을 바가 없다는 말을 듣고 곧 스스로 의심을 일으키기를 여래가 이미 본래 번뇌가 있고 지금에도 번뇌가 있다고 말하고 또 얻을 바가 없다고 말하시니, 이것은 곧 여래가 삼세에 번뇌가 있어 반드시 아직 보리를 얻지 못한 것이라고 말할까 염려하기에 가섭이 스스로 자취를 시현하여 중하근기와 같이 하여 앞의 게송에 위에 반 게송을 거듭 거론하여 난문難問하거늘, 부처님이 이 게송을 거론하여 해석하시니 위에 반 게송은 앞의 게송에 위에 반 게송과 일여一如한 것이니 곧 이것은 마땅함을 따라 설한 것이요, 아래 반 게송은 여래가 현재 지금 이 세계에 삼세의 자성이 없다 한 것을 계합하여 얻었다 하여 가섭이 얻을 바가 없다고 한 것에 의심을 깨뜨리는 것이니, 곧 앞에 진은 없고 망은 있다고 말한 것이 다만 이 마땅함을 따라 설한 것일 뿐임을 나타낸 것이다. 이것은 곧 위의 반 게송에 본래 있었으나 지금에 없다고 한 등은 이미 앞의 게송에 위에 반 게송을 해석한 것이니, 앞에 두 가지 있는 것(本有, 今有)을 망을 잡은 것과 두 가지 없는 것(今無, 本無)을 진을 잡은 것과 같고, 아래 반 게송은 번뇌(惑)를 끊고 진성에 계합함을 밝힌 것이니, 곧 앞의 게송에 아래 반 게송에 삼세의 자성이 없다고 한 것을 바로 나타낸 것이다. 이상은 다 『잡화기』의 말이다.

96 다시 무소득의 뜻을 청문하고자 한다고 한 등은, 『열반경』에 말하기를 가섭보살이 저 문수보살에게 말하였다고 한 등은 능히 이 뜻을 알 수 있거니와, 오직 원컨대 여래께서 다 대중을 위하여 널리 분별하여 주소서 운운한 것이다. 역시 『잡화기』의 말이다. 다시 말하면 가섭이 모르는 대중을 위하여 다시

설하신, 본래 있었으나 지금에 없다는 게송을 들어 물음을 인하여 여래가 그를 위하여 답하여 말씀하시기를,[97]

본래 있었다는 것은 나에게는 옛날에 본래 한량없는 번뇌가 있었다는 것이니,

번뇌가 있은 까닭으로 현재에 대반열반이 없다는 것이며,

본래 없었다고 말한 것은 본래 반야바라밀이 없었다는 것이니, 반야바라밀이 없는 까닭으로 현재에 모든 번뇌의 결박을 갖추고 있다는 것이다.(이것은 위에 반 게송을 해석한 것이다.)

만약 사문[98]이나 바라문이나 하늘이나 마군이나 범천이나 사람이 여래가 과거·미래·현재에 번뇌가 있다고 말하는 이가 있다면 옳을 곳이 없는 것이다 하였다.(이것은 아래 반 게송을 해석한 것이다.)

이 아래는 경문을 생략하리니[99] 경의 뜻이 두 가지가 있다.

첫 번째는 본래 부모의 몸[100]은 있었으나 금강의 몸이 없으며,

물은 것이다.

97 여래가 그를 위하여 답하여 말씀하셨다고 한 것은 한글대장경 53권 열반부 1, p.310, 상단에 있다.

98 만약 사문이라고 한 등은, 바로 위에 모든 번뇌의 결박을 갖추고 있다 한 경문에 이어지는 문장이다.

99 이 아래는 경문을 생략한다고 한 등은, 저 『열반경』 가운데 모두 팔단八段이 있거늘, 위에 일단만 인용하고 아래 이단을 인용한즉 나머지 오단을 인용하여 오지 아니한 까닭으로 생략한다 말하는 것이니, 여덟 번째 줄(영인본 화엄 3책, p.261, 8행)에 말한 바 무상등이라 한 등等 자가 곧 그 나머지 오단을 등취한 것이다. 역시 『잡화기』의 말이다.

100 부모의 몸이라 한 아래에 『열반경』에는 현재라는 말이 있고, 또 삼십이상이라

본래 삼십이상은 없었으나 사백사병四百四病의 모습이 갖추어 있음을 밝힌 것이다.

두 번째는 본래 무상과 무아 등이 있었으나 지금에 무상보리가 없으며,

본래 불성을 볼 수 없었으나 지금에 무상 등이 있다고 말하여 모두 팔단八段[101]이 있다.

한 아래에도 또한 현재라는 말이 있다. 『잡화기』도 그렇게 말하고 있다. 또 바로 아래 사병四病 아래와 무상無常 아래에 약천약마약범약인若天若魔若梵若人이 설언여래거래현재설언如來去來現在에 유번뇌자有煩惱者인댄 무유시처無有是處라는 24자가 『열반경』에는 있다. 『잡화기』는 다만 약마若魔 등 24자가 있다고만 하였다.

[101] 팔단八段은, 一은 본유자本有者는 본유무량번뇌本有無量煩惱요 본무자本無者는 본무반야바라밀本無般若波羅蜜이다.

二는 본유자本有者는 본유화합신本有和合身이요 본무자本無者는 본무금강신本無金剛身이다.

三은 본유자本有者는 본유무상무아등本有無常無我等이요 본무자本無者는 본무불견불성本無不見佛性이다.

四는 본유자本有者는 본유범부수고행득도本有凡夫修苦行得道요 본무자本無者는 본무육바라밀本無六波羅密이다.

五는 본유자本有者는 본유잡식신本有雜食身이요 본무자本無者는 본무삼십칠조도품本無三十七助道品이다.

六은 본유자本有者는 본유일체법취착지심本有一切法取著之心이요 본무자本無者는 본무중도실의本無中道實義이다.

七은 본유자本有者는 아성도시我成道時에 유둔근제자有鈍根第子요 본무자本無者는 본무이근인상왕本無利根人象王이다.

八은 본유자本有者는 아본설삼일후我本說三日後에 위입열반爲入涅槃이요 본

대의가 다분히 같아서 다 본래 있다는 것은 세간에 허망한 인연이 있다는 것이요,
지금에 없다는 것은 출세간의 참 공덕이 없다는 것이며,
본래 없다는 것은 출세간의 인연이 없다는 것이요,
지금에 있다는 것은 세간의 허망한 법이 있다는 것을 밝힌 것이다.
맺어서 말하기를 내가 혹 아는 것을 알지 못한다 말하며[102] 유상有相을 무상이라 말하는 것은 마땅함을 따라 중생을 교화하는 것일 뿐이다 하였으니,
이상에 곧 제이출게는 마친다.

第三出은 卽二十七經이니 南經二十五이니 師子吼品이라 因說하사대 一切衆生이 定得菩提일새 是故我說호대 一切衆生이 定有佛性이나 一切衆生이 眞實未有三十二相과 八十種好라하니 以是義故로 我說偈云호대 本有今無等이라하니라 善男子야 有者는 凡有三種하니

무자본무자無字本無者는 본무문수등대보살本無文殊等大菩薩이다.

102 내가 혹 아는 것을 알지 못한다 말한 등이라고 한 것은, 저 『열반경』에 갖추어 말하기를 여래가 널리 중생을 위한 까닭으로 비록 모든 법을 알았으나 알지 못한다 말하며, 비록 모든 법을 보았으나 보지 못한다 말하며, 모습이 있는 것을 모습이 없다 말하고 모습이 없는 것을 모습이 있다 말하며, 일승을 삼승이라 말하고 삼승을 일승이라 말하는 까닭으로 마땅함을 따라 중생을 교화하는 것뿐이라고 말하는 것이다 하였으니, 이것은 곧 이 대중의 예를 들어 앞의 게송에서 말한 바 본래 있었으나 지금에 없고, 본래 없었으나 지금에 있다고 한 것도 또한 마땅함을 따라 말한 것임을 밝힌 것이다. 역시 『잡화기』의 말이다.

一은 未來有요 二는 現在有요 三은 過去有라 一切衆生이 未來에 當有 無上菩提일새 是名佛性이요 一切衆生이 現在에 悉有煩惱일새 是故 現在에 無有三十二相과 八十種好하며 一切衆生이 過去之世에 有斷 煩惱일새 是故現在에 得見佛性이니 以是義故로 我常宣說호대 一切 衆生이 悉有佛性하며 乃至一闡提도 亦有佛性이라하니 未來有故니 라 如有乳者가 答言有酥니라 上에 卽第三出은 竟이라

제삼출게[103]는 곧 이십칠경이니, 남장경으로는 이십오권이니 사자

---

103 제삼출게라고 한 것은 제 세 번째 설출한 게송이니, 곧 따로 의심하여 집착할 사람이 없을 것이지만 그러나 그 위에 반 게송은 원인을 말하기를 여래가 평일에 설한 바인 일체중생이 결정코 보리를 얻을 수 있다고 한 말은, 그 뜻이 당래에 있음을 밝힌 것이고 현재에 있음을 말한 것이 아니기에 드디어 본래 있었으나 지금에 없는 것과 본래 없었으나 지금에 있다는 것을 거론하여 무릇 있다고 말한 것이 모두 세 가지가 있다고 현시하였으니, 곧 이미 말한 바 일체중생이 결정코 보리를 얻을 것이라고 한 것은 다만 당래에 있을 것을 말한 것뿐이고, 과거에 있었고 현재에 있다는 것은 아니다. 그러한즉 본래 있었으나 지금에 없다고 한 것은 본래 보리가 있었으나 지금에는 보리가 없다는 것이요, 본래 없었으나 지금에 있다고 한 것은 본래 보리가 없었으나 지금에 보리가 있다는 것이니, 두 가지가 없고 두 가지가 있다고 한 것은 다 오직 진실만 잡은 것이지만 그러나 본래 있었으나 지금에 없다고 한즉 중생에 속하고, 본래 없었으나 지금에 있다고 한즉 부처님에 속하는 것이다.
아래 반 게송은 곧 위에 반 게송에서 밝힌 바가 다만 이 모습을 따라 말한 것이어늘, 사람들이 그 본래 있었으나 지금에 없다고 한 등을 듣고 곧 불성이 삼제에 속한다고 집착하여 혹은 있고 혹은 없다고 할까 염려하기에 그런 까닭으로 여기에 불성이 삼세에 간섭하지 않는다고 밝힌 것이다.

후품이다.

원인을 설명하시기를[104] 일체중생이 결정코 보리를 얻을 것이기에 그런 까닭으로 내가 말하기를 일체중생이 결정코 불성이 있으나 일체중생이 진실로 아직은 삼십이상과 팔십종호가 있지 않다 하였으니,

이런 뜻인 까닭으로[105] 내가 게송을 설하여 말하기를 본래 있었으나 지금에 없다 한 등[106]이라 하였다.

선남자야, 있다는 것은 무릇 세 가지가 있나니

강사는 처음 구절이 본래 번뇌가 있고 지금에 보리가 없다는 뜻이다 하니, 감히 그 명령의 말을 듣지 못하겠다. 이상 역시 『잡화기』의 말이다.

104 원인을 설명한다고 한 등은, 『열반경』에 내가 여러 경에 말하기를 어떤 사람이라도 선한 일을 닦으면 하늘 사람을 본다 하고, 악한 일을 행하면 지옥을 본다 하였다. 무슨 까닭인가 하면 반드시 과보를 받는 까닭이다. 선남자야, 일체중생이 운운하여 여기에 인용한 것과 같다. 여기에 원인을 설명한다고 한 것은 무슨 까닭인가(何以故) 한 이후이다. 『잡화기』에는 말하기를, 이 다음 앞 경문에 말하기를 만약 악한 일을 행하는 사람은 지옥을 볼 것이다 이름하나니, 무슨 까닭인가. 결정코 과보를 받는 까닭이다. 선남자야, 일체중생이 결정코 운운하여 곧 지금에 인용한 바와 같다 하였다.

105 이런 뜻인 까닭이다 한 등은, 이 위에서는 결정코 보리가 있다고 한 말이 곧 당래에 있다고 말한 것일 뿐 과거에 있고 현재에 있다는 것은 아니라고 밝혔고, 여기는 본래 있고 지금에 있다는 것을 거론함을 인하여 무릇 있다고 한 것이 모두 세 가지가 있음을 밝힌 것이니, 곧 그 뜻은 결정코 불성이 있다는 것이 다만 마땅히 당래에 있다는 것뿐이라고 성립하는 것이다. 역시 『잡화기』의 말이다.

106 등이라고 한 것은, 경문에 다 게송에 있는 것을 말하는 것이다.

첫 번째는 미래에 있는 것이요,

두 번째는 현재에 있는 것이요,

세 번째는 과거에 있는 것이다.

일체중생이 미래[107]에 마땅히 무상보리를 얻을 것이기에 이것을 이름하여 불성이라 하고,

일체중생이 현재[108]에 다 번뇌가 있기에 이런 까닭으로 현재에 삼십이상과 팔십종호가 없으며,

일체중생이 과거 세상[109]에 번뇌를 끊은 적이 있기에 이런 까닭으로 현재에 불성을 봄을 얻게 되나니,

이런 뜻인 까닭으로 내가 항상 말하기를 일체중생이 다 불성이 있으며

내지 일천제一闡提라도 또한 불성이 있다 하였으니,

---

107 일체중생이 미래에 운운한 것은, 미래에 보리가 있음을 해석한 것이다.
108 일체중생이 현재에 운운한 것은, 본래 있었으나 지금에 없다고 한다면 곧 과거에 있었음을 해석한 것이니, 이미 현재에 번뇌가 덮어 가리고 있음을 말한 까닭으로 없다고 한즉, 그 뜻은 과거에 이미 있었음을 나타내는 것이다.
109 일체중생이 과거 세상에 운운한 것은, 본래 없었으나 지금에 있다고 한다면 곧 현재에 있음을 해석한 것이니 현재에 있다고 한 것은 부처님에 속하고, 과거에 있고 당래에 있다고 한 것은 중생에 속하는 것이다. 그러나 과거에 있다고 말한 것은 불성을 잡은 까닭이요, 당래에 있다고 말한 것은 과불을 잡은 까닭이다.
당시 강사는 곧 일체중생이 결정코 불성이 있다고 한 등으로써 본래 번뇌가 있고 지금에 보리가 없는 것을 삼아 게송 가운데 처음 구절에 해당시켰으니, 어리석은 나는(私記主) 취하지 않는 바이다. 이상 모두 『잡화기』의 말이다.

미래에 있는 까닭이다.[110]

마치 우유가 있는 사람[111]이 소락酥酪이 있다고 답하여 말한 것과 같다.[112]

이상에 곧 제삼출게는 마친다.

第四出은 卽二十八經이니 南經二十六이라 因明호대 食爲命因이언정 非食卽爲命일새 故說此偈하사대 本有今無等이라하니라 釋曰호대 上四處經이 偈意大同이나 而用小異하니 諸公이 多於第十經中에 廣釋其相하니라 遠公은 引十七經意하야 釋云호대 上二句는 自立道理하고 下二句는 破他定義라하니 釋上二句는 一同第十七經하고 釋下二句云호대 此文語略하니 亦合云인댄 三世無法도 亦無是處니라하니라 意云호대 於佛煩惱는 昔有나 今已斷竟일새 故三世有法이 無有是

---

110 미래에 있는 까닭이라고 한 것은 청량스님의 말이다.
111 마치 우유가 있는 사람이라고 한 등은, 경문에 선남자야, 어떤 집에 우유와 소락이 있는데, 누가 그 사람에게 묻기를 그대에게 소락이 있느냐. 대답하기를 있다고 한 것을 뜻으로 인용한 것이다. 그 뜻은 우유가 소락은 아니지만 뒷날 가공하여 만들면 소락이 되기에 소락이 있다고 한 것이니, 불성도 부처는 아니지만 뒷날 수행하여 가공하면 아뇩보리를 이루어 부처가 된다는 것이다.
112 답하여 말한 것과 같다고 한 것은, 저 『열반경』에 갖추어 말하기를 선남자야, 비유하자면 어떤 사람 집에 유락乳酪이 있었는데, 어떤 사람이 물어 말하기를 그대 집에 유소乳酥가 있는가. 답하여 말하기를 우리 집에 유락乳酪이 있다 하였다. 실로 유락이 있지 않았지만 교묘한 방편으로 결정코 당래에 얻을 것인 까닭으로 유락이 있다고 말한 것이다 하였다. 역시 『잡화기』의 말이다.

處니라하고 涅槃은 昔無나 今已證竟일새 言三世無法도 亦無是處라 하니 於衆生은 反此니 可知라 故無一法도 三世定有하며 三世定無라 하니 此意는 明必互有互無니라 次通難意云호대 佛今現證하사 有異 二乘일새 故非無差요 彼亦當得일새 則亦無差別이라하니 此答文殊 疑니라 又云호대 佛今已證거늘 何得難言호대 後亦無常가하니 此通純 陀疑니라 諸公이 大同此意하니 乃成此偈는 但是三世에 有無之法이 어늘 如何能通純陀之難이리요 難意에 正云호대 由見佛性하야 而爲 常者는 見旣有始인댄 後必當終이리니 如世間物이 有已還無를 今明 證見거니 何能通此리요 若超悟法師의 說答疑意인댄 意則善成이니 是生公意에 但是我始會之언정 非照今有라하니라 而其釋偈는 亦多 同遠公의 將偈答難이니 亦不順理니라 薦福은 卽用本有今無論意하 야 出二種疑하고 釋偈호대 下半은 亦同遠公하니 不得論意일새 故非 盡理니라

제사출게[113]는 곧 이십팔경이니, 남경으로는 이십육권이다.

---

113 제사출게라고 한 것은 제 네 번째 설출한 게송이니, 곧 또한 따로 의심하여 집착할 사람이 없을 것이지만, 그러나 그 위에 반 게송은 곧 원인을 밝히기를 불성은 다만 이 부처가 되는 원인일 뿐 곧 이 부처님은 아닌 것이니, 다만 불성을 인하여 부처를 얻을지언정 이 불성 가운데 실로 부처가 있는 것이 아니다. 이미 본래 없었던 까닭으로 인연을 가자하여 이루는 것이니, 만약 본래 있었다면 어찌 수많은 인연을 수구하겠는가. 따라서 드디어 본래 있었으나 지금에 없고 본래 없었으나 지금에 있다는 것을 거론한 것이다. 그러나 비록 모두 거론한 것이나 그 뜻은 곧 바로 본래 없었으나 지금에 있다는 것을 취하여 앞에 뜻을 증거한 것이요, 본래 있었으나 지금에 없다는

것은 편리함을 타서 아울러 거론한 것이다.
이것도 또한 두 가지가 있고 두 가지가 없다고 한 것은 다 오직 진실만 잡은 것이지만, 그러나 본래 있었으나 지금에 없다고 한 것은 중생에 속하고, 본래 없었으나 지금에 있다고 한 것은 부처님에 속하는 것이다. 이 가운데 오직 본래 없었으나 지금에 있다고 한 것을 취하여 증거한 것은 대개 그 불성은 이 부처가 되는 원인일 뿐 곧 이 부처님은 아니다고 한 등의 말은, 다만 과불果佛만 잡아 본래 없었으나 인연으로 이루는 것을 밝힌 까닭이니, 만약 저것이 본래 있었으나 지금에 없다고 한다면 곧 이것은 중생위位 가운데 본래 자성불이 있고, 지금에 과불이 없음을 말하는 까닭으로 여기에 논할 바가 아니다. 아래 반 게송은 그 위에 반 게송에서 밝힌 바 본래 없었으나, 지금에 있는 삼세인연의 법이 다만 이 모습을 따라 설한 것이어늘, 사람들이 집착하여 진실로 이 일이 있다 할까 염려하기에 그런 까닭으로 여기에 삼세의 인연이 옳을 곳이 없다고 밝힌 것이다.
혹은 말하기를 그 불성은 부처가 되는 원인일 뿐 곧 이 부처님은 아니라고 한 등의 말은, 또한 이것은 본래 자성불이 있고 지금에 과불이 없다는 뜻이며, 또한 이것은 본래 과불이 없고 지금에 과불이 있다는 뜻인 까닭으로 위에 반 게송만 인용하여 두 가지 뜻을 함께 증거한 것이다 하며, 혹은 말하기를 이 가운데 불성은 이 부처가 되는 원인일 뿐이라고 한 등의 말은, 이것은 중생을 잡아 말한즉 위에 반 게송을 인용한 것은 그 뜻이 허망이 있고 진실이 없음을 밝힌 것이니, 제 두 번째 설출한 게송에 위에 반 게송과 동일하다 하니 모두 『열반경』 본문에 위배됨이 있다 하겠다. 상래에 네 곳에서 설출한 『열반경』의 인용이 조금 다른 것은 곧 게송을 따라 가히 볼 수 있거니와, 그러나 그 뜻이 크게는 같은 까닭은 다 위에 반 게송은 모습을 따르는 것이고, 아래 반 게송은 불성을 나타내는 까닭이다.
그러나 이 위에는 다 청량스님의 뜻을 따른 까닭이어니와, 만약 오직 논주의 뜻이라면 다 응당 위에 세 구절은 모습이 되고 제 네 번째 구절은 바야흐로 자성이 되는 것이다. 상래에 이미 네 곳에서 설출한 대의를 모두 현시하였으

원인을 설명하시기를[114] 음식이 목숨의 원인이 될지언정 음식이 곧 목숨이 되는 것은 아니기에 그런 까닭으로 이런 게송을 설하시기

니, 만약 능히 여기에 자세히 살펴보면 스스로 마땅히 문장에 이르러 각각 돌아가는 바를 알게 될 것이다. 서술한 뜻은 이미 마치고 지금에 응당 따라서 해석하겠다. 이상은 『잡화기』의 말이다

114 원인을 설명한다고 한 등은, 저 『열반경』에 갖추어 말하기를 비유하자면 어떤 사람이 지필묵이 화합하여 글자를 이룸이 있지만 지필묵 가운데는 본래 글자가 없는 것과 같아서 본래 없는 까닭으로 인연을 가자하여 이루어지나니, 만약 본래 있다면 어찌 수많은 인연을 수구하겠는가. 또한 마치 중생이 음식을 인하여 목숨을 얻지만 이 음식 가운데는 실로 목숨이 없나니, 만약 본래 목숨이 있다면 음식을 먹지 아니한 때도 음식이 응당 이 목숨일 것이다. 선남자야, 일체법이 본래 자성이 없는 까닭으로 게송을 설하여 말하기를 본래 없었으나 지금에 있다 한 것이니, 평評하여 말하기를 위에 인용한 바를 관찰하면 경문의 뜻을 가히 알 수가 있을 것이다. 곧 먼저 모든 법이 본래 자성이 없어서 인연을 가자하여 이루어짐을 밝히고 뒤에 본래 없었으나 지금에 있다는 것으로써 증거한 것이니, 본래 있었으나 지금에 없다고 한 것은 다만 이어서 고리한 까닭으로 인용하여 왔을 뿐이다. 저 가운데 먼저 본래 없었으나 지금에 있다고 한 것을 거론한 것은 취하는 바가 여기에 있음을 현시한 까닭이고, 지금 인용함에 먼저 본래 있었으나 지금에 없다고 한 것을 거론한 것은 저 예를 따른 까닭이다. 역시 『잡화기』의 말이다. 또 『열반경』에 푸르고 누른 것이 화합하여 초록빛을 이루듯이 모든 법이 인연으로 화합하여 생기고 없어지는 원인을 설명하고, 이어서 선남자야, 마치 중생들이 음식을 인하여 목숨을 얻지만 음식 속에는 실로 목숨이 없다. 온갖 법도 본래 성품이 없나니, 그런 까닭으로 내가 게송으로 이렇게 말하였다. 본래 없었으나 지금에 있고 / 본래 있었으나 지금 없다 / 삼세에 있다는 법은 / 옳을 곳이 없다. 한글대장경 53 열반부 1, p.518, 하단에 있다.

를 본래 있었으나 지금에 없다는 등이라 하였다.

해석하여 말하면 이상에 네 곳의 경이 게송의 뜻은 크게 같지만 작용이 조금 다르나니,

제공諸公[115]들이 다분히 제십경 가운데서 폭넓게 그 모습을 해석하였다.

원공법사[116]는 십칠경의 뜻을 인용하여 해석하여 말하기를 위에 두 구절은 스스로 도리를 세웠고,[117] 아래 두 구절은 다른 이의 정의定義를 깨뜨린다 하였으니,[118]

위에 두 구절을 해석한 것은 한결같이 제십칠경과 같고,

아래 두 구절을[119] 해석하여 말하기를 이 문장이 말이 생략되었으니 또한 합당히 말한다면 삼세에 없는 법도

또한 옳을 곳이 없다고 해야 할 것이다 하였다.

---

115 제공諸公이란, 원공 초우스님이다.
116 원공법사 운운은 『원공의기遠公義記』 제사권에 나오는 말이다. 십칠경이란 남장경은 십오경이니, 제이출에 나온 바 있다.
117 스스로 도리를 세웠다고 한 것은, 스스로 서로 있고 서로 없는 도리를 세운 것이니, 이미 여래가 내가 석시昔時에 허망만 있고 진실이 없었다고 말하였다면 곧 금시今時에 진실만 있고 허망이 없다는 것은 말하지 않아도 그 뜻이 이루어지는 까닭이다.
118 다른 이의 정의를 깨뜨린다고 한 것은, 다른 이가 결정코 있고 결정코 없다고 한 뜻을 깨뜨린 것이다. 이상은 다 『잡화기』의 말이다.
119 위에 두 구절이라고 한 것은 본유금무本有今無와 본무금유本無今有이다. 아래 두 구절이라고 한 것은 삼세유법三世有法과 무유시처無有是處이다. 한글대장경 53 열반부 1, p.309, 하단에 있다.

그 뜻에 말하기를 부처님에게 번뇌는 옛날에 있었으나 지금에 이미 끊어 마쳤기에 그런 까닭으로 삼세에 있는 법이 옳을 곳이 없다 하고,

열반은 옛날에 없었으나 지금에 이미 증득하여 마쳤기에 삼세에 없는 법도 또한 옳을 곳이 없다 말하였으니,

중생은 이와 반대[120]이니 가히 알 수가 있을 것이다.

그런 까닭으로 한 법도 삼세에 결정코 있다고도 할 수 없으며 삼세에 결정코 없다고도 할 수 없다 하였으니,

이 뜻은 반드시 서로 있기도 하고 서로 없기도 하다는 것을 밝힌 것이다.

다음에는 비난하는 뜻을 회통하여 말하기를 부처님은 지금 현재 증득하여 이승二乘과 다름이 있기에 그런 까닭으로 차별이 없지

---

[120] 중생은 이와 반대라고 한 것은, 이 원공遠公의 뜻은 곧 중생을 잡아 부처님에 비례한다면 낱낱이 서로 반대되나니, 말하자면 위에 반 게송은 중생이 석시에 열반이 있고 번뇌가 없으며 번뇌의 결박이 없고 반야의 원인이 있음을 밝히고, 아래 반 게송은 말하자면 중생이 열반은 석시에 있었으나 지금에 오히려 증득하지 못한 까닭으로 삼세에 있는 법이 옳을 곳이 없다는 것이고, 번뇌는 석시에 없었으나 지금에 도리어 치연하게 있는 까닭으로 삼세에 없는 법이 옳을 곳이 없다는 것이다.

만약 아래 초가의 뜻인즉 다만 위에 반 게송에만 나아가 중생으로써 부처님에 비례하되, 중생의 금시로써 부처님의 석시에 비례한 까닭으로 설사 중생을 잡아 설하였을지라도 또한 본래 번뇌가 있고, 지금에 열반이 없다는 등이 부처님을 잡아 설한 것과 동일하고 반드시 상반되는 것은 아니니, 또한 여기로 더불어 다른 것이다. 이상은 역시 『잡화기』의 말이다.

않는 것이고,
저 이승도 또한 당래에 증득할 것이기에 곧 또한 차별이 없는 것이다 하였으니,
이것은 문수보살의 의문에 답한 것이다.
또 말하기를 부처님은 지금에 이미 증득하였거늘 어찌 비난하여 말하기를 뒤에 또한[121] 무상하다 하는가 하였으니,
이것은 순타의 의문에 통답通答한 것이다.
제공諸公들의 해석이 이 뜻과 대동하나니,
이에 이 게송은 다만 삼세에 있고 없는 법을 성립한 것이거늘 어떻게 능히 순타의 의문에 통답한 것이겠는가
비난하는 뜻에 바로 말하기를 불성을 봄을 인유하여 항상하다[122]고 한 것은, 본다는 것은 이미 시작이 있었다면 뒤에 반드시 마땅히 마침이 있을 것이니,
마치 세간에 만물이[123] 있은 이후에는 도리어 없어지는 것과 같다 한 것을 지금에 분명히 증견證見하였거니 어찌 능히 여기[124]에 통답한 것이겠는가.[125]

---

121 뒤에 또한이라 한 뒤에는 상, 낙, 아, 정 뒤에라는 것이다. 무상은 무락無樂, 무아無我, 무정無淨이니 한글대장경 53 열반부 1, p.309, 상단에 있다.
122 항상하다(爲常)고 한 것은 얼음이 없는 것은 상, 낙, 아, 정이라 한 것이니 한글대장경 53 열반부 1, p.309, 상단에 있다.
123 마치 세간에 만물 운운은 제일출게에 나왔다. 영인본 화엄 3책, p.259, 말행에 있다.
124 여기란, 순타의 의심이다.
125 어찌 능히 여기에 통답通答한 것이겠는가 한 것은, 말하자면 저 순타의

만약 초오超悟법사가 의심하는 뜻에 답한 것을 말한다면 그 뜻이 곧 잘 이루어져 있나니,

이것은 생공生公법사의 뜻에 다만 이것은 내가 처음 안 것일지언정 비춤126이 지금에 있는 것이 아니다 한 것이다.

그러나 그 게송을 해석한 것은127 또한 다분히 원공법사가 게송을 가져 질문함에 답한 것과128 같나니

또한 순리順理는 아니다.

천복법사129는 곧 『본유금무론本有今無論』130의 뜻을 인용하여 두 가

의심은 바로 여래의 증견證見을 인유하여 일으킨 것이어늘 부처님이 지금 다만 나에게 증견이 있다 말씀하시니 곧 답하신 바가 곧 저 순타의 의심한 바이다. 저 순타의 소견에 곧 시작이 있고 시작이 있은즉 마침이 있다고 의심하는 의심을 어찌 능히 여기에 통답한 것이겠는가. 다 『잡화기』의 말이다.

126 비춤이란, 열반의 비춤이니 열반본유涅槃本有의 뜻이다.
127 그러나 그 게송을 해석한 것이라고 한 이전은 순석順釋이고, 그 이후는 위석違釋이다.
128 게송을 가져 질문함에 답한 것이라고 한 등은, 말하자면 저 순타의 내가 처음 안 것일지언정 열반의 비춤이 지금에 있는 것이 아니다 한 것이 곧 이것이 삼세의 자성이 없다는 뜻이라고 한 것은 곧 그 뜻이 진실로 다 좋건만, 이미 그 게송을 해석함에 곧 저 원공遠公법사와 같나니, 이것은 저 순타가 열반의 비춤이 지금에 있는 것이 아니다 한 뜻이 다만 게송 밖을 향하여 따로 설출한 바이다. 게송 가운데 원래 이 뜻이 있지 아니한즉 그 게송을 가져 그 질문에 답하는 것이 또한 순리가 아니지 않는가. 그렇다면 곧 반드시 하여금 게송 안에 스스로 이 뜻이 있게 하여 게송을 가져 질문에 답하는 것이 바야흐로 가히 순리인 것이다. 역시 『잡화기』의 말이다.
129 천복법사라고 한 등은 말하자면 그 통석한 바 의심을 설출한 것이니, 곧

지 의심을 설출하고 게송을 해석하였으나 아래 반 게송은 또한 원공법사의 해석과 같나니,
『본유금무론』의 뜻이 아니기에 그런 까닭으로 다 순리는 아니다.

今에 先出論意하고 後出經中에 四出別意호리라 今初니 先定本有나 今無之法호리니 謂煩惱業苦는 是生得일새 名本有요 解脫聖性은 是修得일새 是今無라하니 釋曰今此는 正順十七經에 本有煩惱일새 今無涅槃等이라 故論云호대 爲二乘說은 不謗大乘이요 若爲大乘說인댄 是謗大乘이라하니 意云호대 此是隨相之法이니 是三世有法이요 迷悟之殊는 是無常法이니 可化二乘이요 非是大乘의 涅槃眞性이라 上은 定本今之法이라 次正說偈意호리니 論云호대 此偈有二意하니 一은 破邪義요 二는 立正義라 破邪義者는 依語言說이요 立正義者는 依於義說하고 不依語言니라 然이나 邪復有二하니 一者는 外道요 二者는 小乘이니 上三句는 是邪小의 所立之法이요 第四句는 總非之云호대 無有是處라하니라 初外道者는 謂本有는 同僧佉의 因中有果요 本無는 同衛世의 因中無果요 三世有는 同勒沙婆의 因中亦有果하고

비록 『열반본유금무론』의 뜻을 인용한 것이지만, 능히 통석한 게송을 해석한 것은 곧 『열반본유금무론』의 뜻을 얻지 못하여 또한 원공遠公법사의 해석과 같다 하니 그런 까닭으로 다 순리는 아니다. 그러한즉 가히 앞의 초오법사가 곧 순타의 의심에 대하여 설출한 것도 또한 능히 『열반본유금무론』의 뜻을 인용한 것이 아님을 볼 수 있겠다. 이상은 역시 『잡화기』의 말이다.
130 『본유금무론本有今無論』은 『열반본유금무론』이니, 천친이 짓고 진제가 번역하였다. 앞에서 말한 바 있다.

亦無果라하니 皆有多過일새 故云無有是處라하니라 二에 破小乘者는
如向所說하야 爲小乘說인댄 煩惱本有요 爲大乘者說인댄 過三種義
니 謂若煩惱本有인댄 爲眞諦有아 爲俗諦有아 若眞諦有인댄 前後無
異니 煩惱不可斷이요 若俗諦有인댄 俗諦無本어니 何名本有아 言本
無今有者는 若本無者인댄 後不應有요 若本無法이 而得有者인댄 空
應生華리며 諸本無法이 皆應當生이요 若三世共有인댄 居然不成이
니 三世相違故니라 故下結云호대 無有是處라하니 則破小乘하야 說
三世有法이 無有是處也니라 已破邪義니라

지금에 먼저 논의 뜻을 설출하고 뒤에 경 가운데 사출게의 다른
뜻을 설출하겠다.
지금은 처음으로 먼저 본래 있었으나 지금에 없다는 법을 정설定說하
리니,[131]
말하자면 번뇌와 업과 고苦는 이것은 태어나면서 얻은 것이기에
이름을 본래 있다(本有)고 하는 것이요,
해탈의 성성聖性은[132] 이것은 닦아서 얻는 것이기에 지금에 없다(今

---

[131] 지금은 처음으로 먼저 본래 있었으나 지금에 없다는 법을 정설한다고 한
것은, 본래 없었으나 지금에 있다고 한 것은 곧 비록 그 문장을 결정할
수는 없으나 그 뜻은 곧 또한 본래 반야는 없고 지금에 번뇌는 있다는
것이니, 그런 까닭으로 초가가 단정하여 말하기를 지금에 열반이 없다고
한 등에 바로 따르는 것이다 하였으니, 등等 자는 곧 외등(外等은 內等과
반대)이다. 역시 『잡화기』의 말이다.
[132] 해탈의 성성聖性이라고 한 것은 해탈한 성인의 성품을 말한다.

無)고 하는 것이다 하였으니,
해석하여 말하면, 지금에 이것은 열반 십칠경에 본래 번뇌가[133] 있었기에 지금에 열반이 없다는 등에 바로 따르는 것이다.
그런 까닭으로 논에 말하기를 이승二乘을 위하여[134] 설했다는 것은 대승을 비방한 것이 아니고, 만약 대승을 위하여 설했다고 한다면 이것은 대승을 비방한 것이다 하였으니,
그 뜻에 말하기를 이것은 상相을 따르는 법이니 삼세에 유상의

---

133 열반 십칠경에 본래 번뇌 운운은, 남경은 제십오경이고 한글대장경은 53 열반부 1, p.310, 상단에 있다. 선남자야, 자세히 들어라. 이제 그대들에게 자세히 말하겠다. 본래 있다는 것은 나에게 옛날부터 본래 한량없는 번뇌가 있다는 것이니, 번뇌가 있으므로 현재 대반열반이 없다는 것이다. 본래 없다는 것은 본래 반야바라밀다가 없다는 것이니, 반야바라밀다가 없으므로 현재에 번뇌의 결박이 두루 있다는 것이다 운운하였다. 여기에 선남자는 가섭보살이고, 그들이란 성문과 벽지불과 문수와 순타 등이다.

134 그런 까닭으로 논에 말하기를 이승을 위하여라고 한 등은, 말하자면 만약 이 본래 번뇌가 있다고 한 등으로써 소승을 상대한 법이라 하여 소승을 위하여 설한 것이라 한다면 곧 이것은 대승을 비방하는 것이 아니거니와, 만약 이 본래 번뇌가 있다고 한 등으로써 대승의 법이라 하여 대승을 위하여 설한 것이라 한다면 곧 이것은 대승을 비방하는 것일 뿐이다. 역시 『잡화기』의 말이다. 각도를 조금 달리하여 말해 보면, 그런 까닭으로 논에 운운은 『본유금무론』에서 『열반경』에 중생을 교화하기 위하여 이 말을 하였고, 또 성문과 벽지불을 위하여 이 말을 하였고, 또 문수사리법왕자를 위하여 이 말을 한 것이지 순타 한 사람만을 위하여 이 게송을 말한 것은 아니다는 말을 인용한 것이다. 한글대장경 53 열반부 1, p.310, 상단에 있다.
이승을 위하여 설했다고 한 것은 이 게송을 이승을 위하여 설했다는 것이니, 즉 본유금무本有今無라 한 등의 게송이다.

법(有常法)이요,

미迷·오悟가 다른 것은 무상의 법(無常法)이니
가히 이승을 교화하기 위하여 설한 것일 뿐 대승의 열반 진성은 아니다.

이상은 본래는 있었으나 지금에 없다는 법을 정설定說한 것이다.

다음은 바로 게송의 뜻을 설하리니
논에 말하기를 이 게송에 두 가지 뜻이 있나니
첫 번째는 사도의 뜻을 깨뜨리는 것이요,
두 번째는 정도의 뜻을 세우는 것이다.
사도의 뜻을 깨뜨린다고 한 것은 말을 의지하여 설하는 것이요,
정도의 뜻을 세운다고 한 것은 뜻에 의지하여 말하고 말에 의지하여 말하지 않는 것이다.
그러나 사도에 다시 두 부류가 있나니
첫 번째는 외도요,
두 번째는 소승이니,
위에 세 구절은 사도와 소승이 세운 바 법이요,
제 네 번째 구절은 그것이 모두 아니라고 말하기를 옳을 곳이 없다고 한 것이다.
처음에 외도라고 한 것은 말하자면 본래는 있었다고 한 것은[135]

---

[135] 본래는 있었다고 한 것은 승거외도와 같다고 한 등은, 만약 지금에 있고 지금에 없다고 한 것은 곧 여기에 해당하는 바가 아닌 까닭으로 말하지 않는다. 묻겠다. 이미 그 본래 있고 본래 없다고 한 등은 이것은 사도들이

승거외도가 원인 가운데 과보(果)가 있다고[136] 한 것과 같은 것이요,
본래 없었다고 한 것은 위세외도가 원인 가운데 과보가 없다고 한 것과 같은 것이요,
삼세에 있다고 한 것은 륵사바외도[137]가 원인 가운데 또한 과보가 있기도 하고 또한 과보가 없기도 하다 한 것이니,
다 다분히 허물이 있기에 그런 까닭으로 말하기를 옳을 곳이 없다고 한 것이다.
두 번째 소승을 깨뜨린다고 한 것은 향래에 설한 바와 같아서 소승을 위하여 설한 것이라고 한다면 번뇌가 본래 있다는 것이요,
대승을 위하여 설한 것이라고 한다면 세 가지 뜻[138]이 허물이니,

세운 바이고, 지금에 있고 지금에 없다고 한 것은 여기에 해당하는 바가 아니라고 한다면, 지금에 있고 지금에 없다는 말은 있는 것도 또한 작용이 없거니 어찌 없는 것을 설립하겠는가. 답하겠다. 이 한 게송은 의세義勢가 다단하여 유독 사도만 깨뜨리는 것이 아닌 까닭이다.

136 원인 가운데 과보가 있다고 한 등은, 말하자면 만약 미래로써 과보를 삼고 과거·현재로써 원인을 삼는다면 원인 가운데 과보가 있다고 한 것은 과거가 있고 현재가 있다는 것이고, 원인 가운데 과보가 없다고 한 것은 미래가 있다는 것이다. 만약 과거로써 원인을 삼고 현재·미래로써 과보를 삼는다면 곧 원인 가운데 과보가 있다고 한 것은 다만 과거만 있다는 것이고, 원인 가운데 과보가 없다고 한 것은 현재도 있고 미래도 있다는 까닭이다. 이상은 다 『잡화기』의 말이다.

137 륵사바외도는 운허 『불교사전』, p.194에 있다.

138 세 가지 뜻이라고 한 것은 위에 세 구절이다. 『잡화기』는 과삼종의過三種義라고 한 것은 허물이 세 가지 뜻이 있다 하였으니 바로 밑에 말하자면 만약 번뇌가 본래 있다고 한다면 운운이다. 즉 과過 자를 허물 과 자로 본 것이다.

말하자면 만약 번뇌가 본래 있다고 한다면 진제로 있는 것이 되는가, 속제로 있는 것이 되는가.

만약 진제로 있다고 한다면 앞뒤가 다름이 없나니 번뇌를 가히 끊을 것이 없는 것이요,

만약 속제로 있다고 한다면 속제는 본래 없거니 어떻게 이름하여 본래 있다 하겠는가.

본래 없었으나 지금에 있다고 말한 것은 만약 본래 없다고 한다면 뒤에 응당 있지 않아야 할 것이요,

만약 본래 없는 법이 있다고 한다면 허공에서 응당 꽃이 생겨나야 할 것이며,

본래 없는 법이 다 응당 생겨나야 할 것이요,

만약 삼세에 함께 있다고 한다면[139] 거연[140]히 성립할 수 없나니 삼세가 서로 위배되는 까닭이다.

그러나 『유망기』는 과過 자를 초과超過로 보았고, 세 가지 뜻이란 이미 말한 것처럼 위에 세 구절이라 하였다. 나는 『잡화기』의 말을 따랐다.

[139] 만약 삼세에 함께 있다고 한다면이라 한 등은, 앞에 두 가지는 허망은 본래 있지 않고 진실은 본래 없지 않다는 것을 깨뜨리는 것이니 곧 다만 그 법만 깨뜨리는 것이요, 여기는 삼세가 서로 어기어 함께 있지 아니함을 한결같이 깨뜨리는 것이니 곧 아울러 그 시간을 깨뜨리는 것이다.

앞의 두 가지 가운데 지금에 있고 지금에 없다는 것을 깨뜨리지 아니한 것은, 지금에 번뇌가 있고 지금에 보리가 없다고 한 것은 곧 비록 대승 가운데도 또한 이 말이 있으나 깨뜨릴 바가 아닌 까닭이다. 역시 『잡화기』의 말이다.

[140] 거연居然이란, 여기서는 '쉽사리'라는 뜻이다.

그런 까닭으로 아래에 맺어 말하기를 옳을 곳이 없다고 하였으니, 곧 소승을 깨뜨려 삼세에 있는 법이 옳을 곳이 없다고 설한 것이다. 이상은 사도[141]의 뜻을 깨뜨린 것이다.

所言立正義者는 本有今有는 過於三世니 是名正義니라 本有今有者는 從初發心으로 至得涅槃히 一味無異하야 不依生因하며 不依滅因이라 有則清淨하야 凡夫法이 不能染汚하며 聖人法이 不能清淨하며 乃至過一切語言道와 及一切思惟하야 不可說이며 不可思惟며 攝受因果와 非因非果니라 如來一體는 最極하사 攝受一切妙寶하나니 是大涅槃이니라 超過三世는 爲用이니 說涅槃功德하야 乃至常樂我淨이니라 復次有二種義하니 若本有今有인댄 則是常見이요 若過三世인댄 則是斷見이요 若二義相待인댄 成離斷常이니 是中道義니라 如是俗諦와 眞諦相待일새 故有十二因緣眞實이니 何以故요 離二邊이 是眞十二因緣이니라 若能善解하면 則見如來가 現在於世라하니라 釋曰 此後一段은 復融性相하야 令其無礙니라 餘廣如論하니라

말한 바 정도의 뜻을 세운다고 한 것은 본래도 있었고 지금에도 있는[142] 것은 삼세를 초과한 것이니

---

141 사도邪道는 외도와 소승이다.
142 본래도 있었고 지금에도 있다고 한 등은, 지금에는 이미 뜻을 의지하여 설한 까닭으로 반드시 본래도 없고 지금에도 없다고 한 것을 인용할 필요는 없으며, 또 비록 본래도 있고 지금에도 있음을 인용하였지만 이미 뜻을 의지하여 설한 까닭으로 두 가지 있다는 것이 다 오직 진실만 잡은 것뿐이다.

이 이름이 정도의 뜻(正義)이다.

본래도 있었고 지금에도 있다고 한 것은, 처음 발심함으로 좇아 열반을 얻음에 이르기까지 한맛으로 다름이 없어서 생인生因을 의지하지도 아니하며 멸인滅因을 의지하지도 않는 것이다.

본래부터 있었기에 곧 청정하여 범부의 법이 능히 오염시키지도 못하며,

성인의 법이 능히 청정하게도 못하며,

내지 일체 언어의 길과 그리고 일체 사유를 지나서

가히 말할 수 없으며,

가히 사유할 수 없으며,

인因과 과果와 비인非因과 비과非果를 섭수攝受하는 것이다.

여래의 한 몸은 최고로 지극하여 일체 묘한 보배를 섭수하나니 이것이 대열반이다.

삼세를 초과했다고 한 것은 작용이 되는[143] 것이니,

논주(『본유금무론』)가 이미 스스로 뜻을 의지하고 말을 의지하지 않는다 말하였거니 어찌 의심할 바이겠는가. 그러한즉 본래도 있고 지금에도 있다고 한 것은 이것은 열반의 자체이고, 삼세를 초과한다고 한 것은 이것은 열반의 작용이니, 본래도 있고 지금에도 있다고 한 것으로 좇아 6행(3책, p.267, 6행)에 이것이 대열반이다 한 것에 이르기까지는 처음 구절을 첩석한 것이요, 6행에 삼세를 초과한다고 한 것으로 좇아 7행에 아정我淨이라고 한 것에 이르기까지는 이에 뒤에 구절을 해석한 것이다. 그러나 본문에는 곧 삼세를 초과한다고 한 아래에 스스로 자者 자가 있으니 곧 역시 첩석한 것이다. 역시 『잡화기』의 말이다.

143 작용이 된다고 한 것은 이 위에는 자체이고, 여기는 작용이라는 것이다.

열반의 공덕을 설하여 이에 상·낙·아·정에 이르는 것이다.
다시 다음에 두 가지 뜻이 있나니[144]
만약 본래도 있고 지금에도 있다고 한다면 곧 이것은 상견常見이요,
만약 삼세를 초과했다고 한다면 곧 이것은 단견斷見이요,
만약 두 가지 뜻을 상대相待한다면 단견과 상견을 떠남을 이루는 것이니
이것은 중도中道의 뜻이다.
이와 같이 속제와 진제[145]가 상대相待하기에 그런 까닭으로 십이인연의 진실이 있나니,
무슨 까닭인가.
이변二邊을 떠난 것이 이것이 진실한 십이인연인 까닭이다.
만약 능히 잘 이해하면 곧 여래가 이 세상에 현재現在함을 볼 것이다[146]

---

144 다시 다음에 두 가지 뜻이 있다고 한 등은, 앞에는 곧 본래도 있고 지금에도 있는 까닭으로 삼세를 초과함을 얻나니 만약 본래 있었으나, 지금에 없고 지금에 있으나 본래 없다고 한다면 곧 삼세에 떨어져 있는 까닭이다. 곧 본래도 있고 지금에도 있는 것과 삼세를 초과한다는 것이 이 두 가지 뜻이 아니다. 지금에는 곧 본래도 있고 지금에도 있다고 한 것은 삼세 가운데 있어 잠시도 있지 아니함이 없음을 말하는 것이니 곧 이것은 모습이고, 삼세를 초과한다고 한 것은 삼세 가운데를 떠나 일찍이 있음에 간섭하지 아니함을 말하는 것이니 곧 이것은 자성이다. 만약 다만 있기만 하고 다만 초과하기만 한다면 곧 이것은 상견이고 이것은 단견이거늘, 이미 두 가지 뜻이 서로 성립하는 까닭으로 자성과 모습이 서로 융합(원융)하는 것이다. 역시 『잡화기』의 말이다.
145 속제는 곧 십이인연이고, 진제는 곧 진실이라고 『잡화기』는 말하고 있다.
146 곧 여래가 이 세상에 현재함을 볼 것이라고 한 것은, 이변을 떠난 것이

하였다.
해석하여 말하면 이 뒤에 일단一段은 다시 자성(性)과 모습(相)을 융합하여 그로 하여금 걸림이 없게 하는 것이다.
나머지는 널리 논論[147]에서 말한 것과 같다.

已知論意하니 今將論釋經之疑호리라 論云호대 純陀가 有二因緣故로 疑하니 一은 見同相하고 不見異相일새 故生疑요 二는 見異相하고 不見同相일새 故生疑니 皆是權으로 爲物疑니라 然若別配인댄 初疑는 卽經中純陀疑요 後疑는 卽文殊疑니라 然此二疑가 文卽影略이나 實卽二人이 俱有此疑하니 故云純陀가 有二種疑라하니라 今初니 云何見同하고 謂純陀가 將本無今有하야 疑同本有今無니 疑云호대 佛本不見佛性이나 後見佛性하야 而得常住인댄 豈非本無今有아 本無今有는 卽是生法이니 生法必滅일새 故是無常하야 卽與世同이라하니 故云見同이라하니라 云何不見異고 不見如來가 契無三世가 異於凡小니 故今擧異니라 答云호대 約緣始會인댄 似本無今有어니와 涅槃之性은 不屬三世하니 智契此性하면 同性是常거늘 何得難言호대 有始必有終이라하야 是無常耶아 純陀疑遣矣니라 若通文殊疑者인댄 文殊見異하고 不見同故로 疑하니 謂見三乘의 迷悟差別하고 今同二乘의 無常盡滅에 卽無差別이니 此名見異生疑니라 云何不見同고 不見同無三世니 故로 今答云호대 契無三世하면 一得永常거늘 何得同

이 중도이고 중도가 이 법신 여래인 까닭이라고 『잡화기』는 말하고 있다.
147 논론論이란, 역시 『본유금무론』이다.

於二乘無常이리요 無三世性은 則無差別이나 會與不會는 則有差別이니 上根一聞하고 二疑頓遣이나 中下未悟일새 迦葉起悲하야 梵行品中에 因無得問거늘 佛擧八段하시고 八段之中에 皆悉結云호대 三世有者는 無有是處라하니 斯世得矣니라

이미 논의 뜻을 알았으니 지금에는 논을 가져 경에 의문을 해석하겠다.
논에 말하기를 순타가 두 가지 인연이 있는 까닭으로 의심하나니 첫 번째는 동상同相만 보고[148] 이상異相[149]을 보지 못하였기에 그런 까닭으로 의심을 내는 것이요,
두 번째는 이상만 보고 동상을 보지 못하였기에 그런 까닭으로 의심을 내는 것이니
다 방편으로 중생을 위하는 의심이다.
그러나 만약 따로 배속한다면 처음에 의심은 곧 경 가운데 순타의 의심이요,
뒤에 의심은 곧 문수의 의심이다.
그러나 이 두 가지 의심이 문장으로는 곧 그윽이 생략된 듯하지만

---

[148] 첫 번째는 동상同相만 본다고 한 등은, 처음에는 곧 세상에 만물이 같은 바도 다른 바도 됨을 본다는 것이고, 뒤에는 곧 이승이 다른 바도 같은 바도 됨을 본다는 것이다. 역시 『잡화기』의 말이다.
[149] 별別 자는 이異 자가 좋다. 바로 아래 두 번째 별別 자도 역시 이異 자가 좋다. 그 이유는 영인본 화엄 3책, p.268, 말행에 어떻게 이상異相을 보지 못하는가 한 이유이다.

진실로는 곧 두 사람[150]이 함께 이 의심이 있나니,
그런 까닭으로 논에 말하기를 순타가 두 가지 의심이 있다고 한 것이다.
지금은 처음으로 어떤 것이 동상을 보는 것인가.
말하자면 순타가 본래 없었으나 지금에 있다고 함을 가져[151] 본래 있었으나 지금에 없다고 함과 같다고 의심하나니,
의심하여 말하기를 부처님이 본래 불성을 보지 못하였으나 뒤에 불성을 보아서 상주常住함을 얻었다고 한다면 어찌 본래 없었으나 지금에 있는 것이 아니겠는가.
본래 없었으나 지금에 있다고 한 것은 곧 이것은 생기한 법(生法)이니, 생기한 법은 반드시 소멸하기에 이런 까닭으로 이것은 상주할 수 없어서 곧 삼세로 더불어 같다 하였으니,
그런 까닭으로 말하기를 동상同相만 본다 하였다.
어떤 것이 이상異相을 보지 못하는 것인가.
여래가 삼세가 범부와 소승과 다름이 없음에 계합함을 보지 못한

---

150 두 사람은 순타와 문수이다.
151 순타가 본래 없었으나 지금에 있다고 함을 가져라고 한 등은, 말하자면 저 세상 만물이 본래 있었으나 지금에 없는 것은 그 만물이 처음에 반드시 다 본래 없었으나 지금에 있다는 것이니, 곧 지금에 이 여래가 본래 없었으나 지금에 있는 것은 그 여래가 끝에 어찌 본래 있었으나 지금에 없다는 것을 성립하지 못하겠는가. 곧 세상 만물이 본래 있었으나 지금에 없다는 것이 본래 없었으나 지금에 있다는 것을 인유하여 여래가 본래 없었으나 지금에 있다는 것을 인용하여 헤아려 본래 있었으나 지금에 없다는 것을 가져 성립한 것이다. 이상은 역시 『잡화기』의 말이다.

것이니,
그런 까닭으로 지금에 이상異相을 거론한 것이다.
답하여 말하기를 인연으로 비로소 아는 것을 잡는다면[152] 본래 없었으나 지금에 있다고 한 것과 같거니와,[153] 열반의 성품은 삼세에 속하지 않나니
지혜가 이 성품에 계합하면 성품이 영원함[154]과 같거늘 어찌 의심(難)하여 말하기를 비롯함이 있음에 반드시 마침이 있다[155] 하여 영원함이 없다(無常) 함을 얻겠는가.
순타의 의심을 보내는 것이다.
만약 문수의 의심을 회통한다면 문수는 이상異相만 보고 동상同相을 보지 못한[156] 까닭으로 의심하나니,
말하자면 삼승의 미혹하고 깨달음의 차별함만 보고 지금에 이승의

---

152 답하여 말하기를 인연으로 비로소 아는 것을 잡는다면이라고 한 것은, 순타가 두 가지 인연이 있는 까닭으로 의심한다 하였기에 하는 말이다. 영인본 화엄 3책, p.268, 3행에 있다.
153 본래 없었으나 지금에 있다고 함과 같다고 한 것은, 대개 그 위에 반 게송이 이미 본래 없음을 밝힌 것이라면 곧 지금에 이미 부처님이 스스로 지금에 있다는 것을 성립하는 까닭으로 그 뜻을 의거하여 이름한 것일지언정, 제 두 번째 구절로 순타가 거론한 바 본래 없었으나 지금에 있다고 한 것을 가리킨 것은 아니다. 역시 『잡화기』의 말이다.
154 원문에 동성시상同性是常이라고 한 것은, 영인본 화엄 3책, p.273, 2행에 동피성상同彼性常이라 하였다.
155 원문에 필종必終이라 한 필必 자 아래에 유有 자가 있는 것이 좋다.
156 원문에 부동不同이라 한 사이에 견見 자가 빠졌다고 『잡화기』는 말한다. 이미 보충하여 번역하였다.

무상하여 다 소멸함에 곧 차별이 없다[157] 함과 같다 하나니,
이 이름이 이상만 보고 의심을 내는 것이라 하는 것이다.
어떤 것이 동상同相을 보지 못하는 것인가.
삼세가 없다고 함이 같은 줄 보지 못하는 것이니,
그런 까닭으로 지금에 답하여 말하기를 삼세가 없음에 계합하면 한결같이 영원함을 얻을 것이어늘 어찌 이승의 무상과 같음을 얻겠는가.
삼세가 없는 성품은 곧 차별이 없지만 아는 것과 더불어 알지 못하는 것은 곧 차별이 있나니
상근기는 한번 듣고 두 가지 의심을 문득 보내지만, 중근기 하근기는 아직 깨닫지 못하였기에 가섭보살이 자비심을 일으켜 범행품 가운데서 얻을 것이 없다고 함을 인하여 질문하거늘, 부처님이 팔단八段[158]을 거론하시고 팔단 가운데 다 맺어 말하기를 삼세에 있다는 것은 옳을 곳이 없다 하였으니,
이것은 삼세에 얻은 것이다.[159]

---

157 삼승의 미혹하고 깨달음의 차별이라고 한 것은, 이상異相이고, 지금에 이승의 무상하여 다 소멸함에 차별이 없다고 한 것은, 동상同相이다.
158 팔단八段은 영인본 화엄 3책, p.260, 8행에 제이출게에 있다.
159 이것은 삼세에 얻은 것이라고 한 것은, 이 『열반경』의 대의는 부처님이 현재 지금 이 세상에 삼세의 자성이 없음에 계합함을 얻은 것을 나타내어 가섭보살이 다만 얻을 바가 없음을 안 까닭으로 이것은 삼세에 얻은 것이라고 말함을 깨뜨리는 것이니, 그런 까닭으로 저 『열반경』에 말하기를 보살이 항상 제일의제를 얻거니, 어떻게 비난(非難-疑難)하여 말하기를 얻는 바가 없다 하는가 하였다. 역시 『잡화기』의 말이다. 이것은 삼세에 얻은 것이라고

二十七經에 因說호대 一切衆生이 定得菩提라하니 是當有義니라 是故說言호대 有三種有하니 一은 未來有요 二는 過去有요 三은 現在有라 明此三有도 亦約迷悟언정 佛性菩提가 豈屬三世리요 二十八經에 食爲命因이언정 非卽是命은 如佛性爲因이언정 非卽是佛이니 亦是三世因緣之法을 隨相而說이라 若隨相取인댄 亦無是處라하니라 釋曰上來에 判釋四出之偈가 理無不盡이니라

이십칠경[160]에 그 원인을 설명하시기를 일체중생이 결정코 보리를 얻는다고 하였으니,
이것은 불성이 있다는 뜻에 해당하는 것이다.
이런 까닭으로 말하기를 세 가지가 있다고 함이 있나니
첫 번째는 미래에 있는 것이요,
두 번째는 과거에 있는 것이요,
세 번째는 현재에 있는 것이다.
이 삼유三有를 밝히는 것도 또한 미혹하고 깨달음을 잡은 것일지언정 불성의 보리가 어찌 삼세에 속하겠는가.
이십팔경[161]에 밥이 목숨의 원인이 될지언정 곧 목숨이 아니라고 한 것은 마치 불성이 원인이 될지언정 곧 이것이 부처가 아니라고

한 것은 게송에 삼세에 있다고 한 것에 기인한 것이고, 혹 본에 이것은 얻을 것이 없다(사무득의斯無得矣)고 한 것은 질문에 얻을 것이 없다(무득無得)고 한 것에 기인한 것이라 하겠다.

160 이십칠경은, 남경은 이십오경이니 영인본 화엄 3책, p.262, 2행을 볼 것이다.
161 이십팔경은, 남경은 이십육경이니 이 문장은 뜻으로 인용한 것이다.

한 것과 같나니,
역시 삼세에 인연의 법을 모습(相)을 따라 설한 것이다.
만약 모습을 따라 취한다면 역시 옳을 곳이 없다 하였다.
해석하여 말하면 상래에 사출게四出偈를 판석判釋한 것이 이치가 다하지 아니함이 없는 것이다.

次當解釋今疏用意호리라 按十七經호니 本有今有는 皆約於妄이요 本無今無는 並約於眞일새 故云我本有煩惱일새 今無涅槃하며 本無般若일새 今有煩惱라하니 所以爾者는 約佛昔因故니라 二十七經에 則云호대 衆生過去에 有斷煩惱因緣일새 今見佛性이라하니 則是眞法이 本無今有니라 故로 純陀生疑는 正約世尊이 因見佛性本無今有하야 爲難이니 是知하라 若眞若妄이 皆通本有今無하며 本無今有니라 故로 疏取經意와 及彼論意일새 故로 約生佛相望하야 眞妄並說이니라 又十七經은 約佛昔說故니 卽以佛昔時로 爲本하고 亦以昔時로 爲今하야 例於衆生이 則以今時로 爲本하고 亦以今時로 爲今이니 如佛昔有煩惱하야 無異니라 又十七經에 後之二段은 約佛身上하야 亦說本今이니 皆是影略이나 今疏에 取意하야 則以昔爲本하고 現在爲今이라

다음은 마땅히 지금 소문(疏)에서 인용한 뜻을 해석하겠다.
십칠경¹⁶²을 안찰하여 보니 본래도 있고 지금에도 있다는 것은 다

---

162 십칠경은, 남경은 십오경이니 제이출게에 나온 바 있다. 바로 아래 본래도

허망(妄)을 잡은 것이요,
본래도 없고 지금에도 없다는 것은 아울러 진실(眞)을 잡은 것이기에, 그런 까닭으로 말하기를 나에게 본래 번뇌가 있었기에[163] 지금에 열반이 없으며,
본래 반야가 없었기에 지금에 번뇌가 있다 하였으니,
그러한 까닭은 부처님의 지난 옛날 인연因緣을 잡은 까닭이다.

이십칠경[164]에는 곧 말하기를 중생이 과거에 번뇌를 끊은 인연이 있기에 지금에 불성을 본다 하였으니,
곧 이것은 진실한 법(眞法)이 본래 없었으나 지금에 있다는 것이다.
그런 까닭으로 순타가[165] 의심을 낸 것은 바로 세존이 불성이 본래

있고 지금에도 있으며 본래도 없고 지금에도 없다고 한 것은, 본래 있었으나 지금에 없으며, 본래 없었으나 지금에 있다는 것을 달리 표현하였을 뿐이다.

163 나에게 본래 번뇌가 있었다는 것은, 『열반경』에 본래 있다는 것은 나에게 본래 번뇌가 있었다 운운하고, 본래 반야가 없었다고 한 것은 『열반경』에 본래 없다는 것은 본래 반야가 없었다 운운하였으니, 한글대장경 53 열반부 1, p.310, 상단에 있다.

164 이십칠경은 남경은 이십오경이니 제삼출게이다. 한글대장경 53 열반부 1, p.497, 상단에 있다.

165 그런 까닭으로 순타라고 한 등은, 여기 한 줄 앞에 이십칠경으로부터 여기 순타가 의심을 내었다고 함에 미치기까지는 다 진실한 법이 지금에 있다고 함에 통함을 증거한 것이고, 저 앞에(3책, p.270, 1행과 4행) 이십칠경과 이십팔경에 말한 바 본래 있었다고 한 것은 곧 다 진실한 법이 본래 있었다고 함에 통함을 증거한 것이다. 그 허망한 법이 본래 없었고 지금에 없다고 함에 통하는 것은 문장이 곧 비록 없지만 그 뜻은 또한 있나니, 말하자면

없었으나 지금에 있다고 봄을 인유함을 잡아 의심한 것이니,
이에 알아라.
혹 진실과 허망이 다 본래 있었으나 지금에 없으며, 본래 없었으나
지금에 있다고 함에 통하는 것이다.
그런 까닭으로 소문(疏)에서 경의 뜻과[166] 그리고 저 『본유금무론本有
今無論』의 뜻을 취하였기에 그런 까닭으로 중생과 부처가 서로 바라
봄을 잡아 진실과 허망을 아울러 설한 것이다.

또 십칠경은 부처님이 옛날에[167] 설함을 잡은 까닭이니,
곧 부처님이 석시昔時로써 본래를 삼고 또한 석시로써 지금을 삼아

만약 중생에 나아가 진실한 법이 본래 있었음을 말한즉 그 뜻이 번뇌가
본래 없었다는 것을 밝힌 것이고, 또 만약 부처님에 나아가 진실한 법이
지금에 있음을 말한즉 그 뜻이 번뇌가 지금 없다는 것을 밝힌 것이니, 이것은
곧 반드시 차례를 지나 거론하여 두루 가리키지 아니할지라도 그 뜻을
가히 볼 수 있는 까닭으로 총합하여 말하기를 혹 진실과 혹 허망 등이라
하였고, 또 말하기를 소문에서 경의 뜻과 『본유금무론』의 뜻을 취하는 등이라
하였다. 역시 『잡화기』의 말이다.

166 소문에서 경의 뜻을 취하였다고 한 것은 가히 볼 수 있거니와, 소문에서
『본유금무론』의 뜻을 취하였다고 말한 것은, 말하자면 『본유금무론』에서
정의를 세우는 가운데 열반이 본래도 있었고 지금에도 있음을 밝혔으니,
곧 이것은 진실이 본래도 있었고 지금에도 있다는 것에 통하고, 진실이
이미 본래도 있었고 지금에도 있다면 곧 허망이 진실로 본래도 없었고
지금에도 없다는 것에 통하는 까닭이다. 역시 『잡화기』의 말이다.

167 또 십칠경은 부처님이 옛날에 운운은, 영인본 화엄 3책, p.261, 1행에 나에게는
옛날에 본래 한량없는 번뇌가 있었다 운운하였다.

서, 중생이 곧 금시今時로써 본래를 삼고 또한 금시로써 지금을 삼음에 비례하였으니,
부처님이 옛날에 번뇌가 있다고 함과 같아서 다름이 없는 것이다.
또 십칠경에 뒤의 이단二段[168]은 부처님의 신상身上을 잡아서 또한 본래와 지금을 설한 것이니
다 그윽이 생략할[169] 것이지만, 지금 소문에서 뜻만을 취하여 곧 옛날로써 본래를 삼고 현재로써 지금을 삼은 것이다.

煩惱는 佛則本有나 今無者는 以佛昔爲凡夫일새 則有煩惱라하고 今成正覺일새 故無煩惱라하니라 衆生則本無나 今有者는 約性淨故로 本無煩惱라하고 約客塵故로 今有煩惱라하니라 菩提則衆生本有나 今無者는 亦約性淨일새 菩提本有라하고 今爲客塵之所覆故로 迷眞起妄하야 無有證得圓淨菩提일새 故云今無耳라하니라 諸佛則本無나 今有者는 約圓淨菩提를 昔未修成일새 故云本無라하고 今已修得

---

[168] 뒤의 이단이라고 한 것은, 앞에 본래 부모의 몸 등이라 한 이단을 가리키는 것이니, 저 앞에서는 이미 통틀어 말하였고, 부처님을 잡고 중생을 잡아 적실하게 말하지 아니한 까닭으로 지금에 저 이단을 밝히는 것도 또한 부처님의 신상身上을 잡아 설한 것이라고 『잡화기』는 말하고 있다. 뒤에 이단二段은 팔단 가운데 뒤에 이단이니, 七은 본유本有는 아성도시我成道時에 유둔근제자有鈍根第子이고 본무本無는 본무이근인상왕本無利根人象王이다. 八은 본유本有는 아본설삼일후我本說三日後에 위입열반爲入涅槃이고 본무本無는 본무문수등대보살本無文殊等大菩薩이다.
[169] 그윽이 생략한다고 한 것은 중생을 그윽이 생략한다는 것이니, 『잡화기』의 말이다.

일새 故云今有라하니라 上來엔 已顯彼偈의 上半하고 約迷悟異下는 釋偈下半이라 然準論意인댄 三句는 皆相이요 第四一句는 拂去上三하야 方爲眞性거니와 今疏는 以第三句로 總牒三世하고 第四句로 遣之일새 故云下半顯性이라하니 取文小異나 全是論意니라 云何約迷悟異等고 謂迷時有妄이나 非是無眞이요 悟時見性이나 性非今有니라 故生公云호대 但是我始會之언정 非照今有니 照不在今인댄 即是莫先으로 爲大니라 既云大矣일새 所以稱常이라하니 是知하라 迷悟雖異나 涅槃之性은 三世不遷하고 湛然常住니라 會即符契하야 同彼性常이라 如始覺同本하야 無復始本之異어늘 何得難言호대 有始必終이니 則純陀之難을 遣矣니라

번뇌는 부처에게[170] 곧 본래 있었으나 지금에 없다고 한 것은 부처님이 옛날에 범부가 되었기에 곧 번뇌가 있었다고 하였고, 지금에 정각을 성취하였기에 그런 까닭으로 번뇌가 없다고 한 것이다. 중생에게 곧 본래 없었으나 지금에 있다고 한 것은 성정性淨 열반을 잡은 까닭으로 본래 번뇌가 없다고 하였고, 객진客塵 번뇌를 잡은 까닭으로 지금에 번뇌가 있다고 한 것이다.

보리는 곧 중생에게 본래 있었으나 지금에 없다고 한 것은 또한 성정열반을 잡았기에 보리가 본래 있었다고 하였고, 지금에 객진번뇌에 덮인 바가 된 까닭으로 진실(眞)을 미혹하고 허망(妄)을 일으켜

---

170 번뇌는 부처에게 운운은, 불佛은 경에 아我라 하였으니 즉 아석본유我昔本有 운운이다.

원만하고 청정한 보리를 증득할 수 없기에 그런 까닭으로 말하기를 지금에 없다고 한 것이다.

모든 부처에게 곧 본래 없었으나 지금에 있다고 한 것은 원만하고 청정한 보리를 옛날에 아직 닦아 이루지 아니함을 잡았기에 그런 까닭으로 말하기를 본래 없었다고 하였고, 지금에 이미 닦아 얻었기에 그런 까닭으로 말하기를 지금에 있다고 한 것이다.

상래에는 이미 저 『열반경』 게송의 위에 반 게송을 나타내었고, 미혹하고 깨달음이 다름을 잡았다고 한 아래는 게송의 아래 반 게송을 해석한 것이다.

그러나 논의 뜻을 기준한다면 위에 세 구절은 다 모습(相)이고, 제 네 번째 구절은 위에 세 구절을 떨쳐 보내어 바야흐로 진성眞性을 삼았거니와

지금에 소가(疏)는 제 세 번째 구절로 삼세를 모두 첩석牒釋하였고, 제 네 번째 구절로 그것을 보내기에 그런 까닭으로 말하기를 아래 반 게송은 진성(性)을 나타낸 것이다[171] 하나니,

문장을 취한 것이 조금 다르지만 논의 뜻과 온전히 같다 하겠다.

어떤 것이 미혹하고 깨달음이 다름을 잡은 등인가.

말하자면 미혹할 때는 허망(妄)이 있지만 진실(眞)이 없었던 것이 아니요,

깨달을 때는 성품을 보지만 성품이 지금에 있는 것이 아니다.

---

171 『잡화기』는 현성顯性이라 하노라 吐라 하였다.

그런 까닭으로 생공生公법사가 말하기를[172] 다만 내가 처음 안 것일지언정 그 비춤이 지금에 있는 것이 아니니,

비춤이 지금에 있는 것이 아니라면 곧 이것은 먼저 함이 없는 것으로 대大를 삼은 것이다.

이미 말하기를 대大라고 하였기에 그런 까닭으로 상주常住한다고 이름한다 하였으니,

이에 알아라. 미혹하고 깨달음은 비록 다르지만 열반의 성품은 삼세에 옮긴 적이 없고 담연하여 상주하는 것이다.

알게 되면 곧 부합하고 계합하여 저 성품이 상주하는 것과 같은 것이다.

마치 시각始覺이 본각과 같아 다시 시각과 본각이 다름이 없는 것과 같거늘, 어찌 의심하여 말하기를[173] 비롯함이 있음에 반드시 마침이 있다고 함을 얻겠는가 하였으니,

곧 순타의 의심을 보내는[174] 것이다.

---

172 생공生公법사 운운은, 『열반경집해涅槃經集解』 칠십일권 가운데 제일권에 생공법사의 서문이다. 양보량梁寶亮 등이 찬집하였다.
173 어찌 운운은 영인본 화엄 3책, p.269, 3행에 있다.
174 순타의 의심을 보낸다고 한 것은, 진실인즉 이 소가 다만 순타의 의심뿐만이 아니라 또한 문수의 의심도 보내는 것이다.
다만 동시평등(바로 다음 소문)이라 한 소문 가운데 차별과 무차별이 있는 까닭으로 문장을 취하여 나타내기에 우선 이 소문으로써 순타의 의심을 보내고, 바야흐로 후단으로써 문수의 의심을 보내는 것이다. 역시 『잡화기』의 말이다. 차별과 무차별이 있다고 한 것은 삼승이 차별이 있기도 하고 없기도 하다 한 것이다.

疏

若以性淨而說인댄 則佛與衆生이 現今平等이나 而不妨迷悟之殊니라 是故三乘이 亦有差別하며 亦無差別하나니 衆生寂滅이 卽是法身이요 法身隨緣이 卽是衆生이라 故로 寂滅非無之衆生이 恒不異眞하고 而成立하며 隨緣非有之法身이 恒不異事하고 而顯現이라 是故로 染淨三世와 一切諸法이 無不平等거든 況稱性互收리요

만약 성정열반으로써 설한다면 곧 부처와 더불어 중생이 현재 지금 평등하지만 그러나 미혹하고 깨달음의 다름에 방해롭지 않는 것이다. 이런 까닭으로 삼승三乘이 또한 차별이 있기도 하며 또한 차별이 없기도 하나니
중생의 적멸이 곧 이 법신이요, 법신의 수연隨緣이 곧 이 중생이다. 그런 까닭으로 적멸이 없지 않는 중생이 항상 진리(眞)와 다르지 않고 성립하며
수연이 있지 않는 법신이 항상 사실(事)과 다르지 않고 나타나는 것이다.
이런 까닭으로 염정染淨의 삼세와 일체의 모든 법이 평등하지 아니함이 없거든 하물며 성품에 칭합하여 서로 거두는 것이겠는가.

鈔

若以性淨下는 第二에 約同時平等이니 正是前偈의 下半之意니 以離三世性故니라 現今平等이나 而不妨迷悟之殊者는 卽是論主가 末後에 融其性相하야 令離斷常케하니 若相外有性인댄 性爲斷滅이요 相是定常이라 故離迷悟하야 無別眞性이니 因乖常故로 有三界無常하고 因解無常之實性故로 成常智니라 二理不偏하야 照與之符호미 猶懸鏡高堂하면 萬像斯鑒하나니 經引二鳥가 意在此也니라

만약 성정열반으로써라고 한 아래는 제 두 번째 동시평등同時平等[175]을 잡은 것이니,
바로 이것은 앞의 게송에 아래 반 게송의 뜻이니 삼세[176]의 성품을 떠난 까닭이다.
현재 지금 평등하지만 그러나 미혹하고 깨달음의 다름에 방해롭지 않다고 한 것은, 곧 이것은 논주論主[177]가 말후에 그 자성(性)과 모습(相)을 융합하여 하여금 단견과 상견을 떠나게 한 것이니,
만약 모습 밖에 자성이 있다고 한다면 자성은 단멸斷滅이 될 것이고 모습은 결정코 영원할 것이다.
그런 까닭으로 미혹하고 깨달음을 떠나 따로이 진성眞性이 없나니 영원함에 어긋남을 인유한 까닭으로 삼계가 무상함이 있고,

---

[175] 제 두 번째 동시평등同時平等이라고 한 것은, 첫 번째는 삼세평등三世平等이다.
[176] 원문에 세세世世의 위에 세世 자는 삼三 자의 잘못이라 고쳤다.
[177] 논주論主는 역시 『열반본유금무론』의 천친이다.

무상의 실성을 앎을 인유한 까닭으로 영원한 지혜(常智)를 성취하는 것이다.

두 가지 이치[178]가 치우치지 않아서 비춤이 그로 더불어 부합하는 것이, 비유하자면 거울을 높은 집에 매달면 만 가지 형상이 그 거울에 비치는 것과 같나니,

『열반경』에 두 종류의 새[179]를 인용한 것이 뜻이 여기에 있다.

是故三乘이 亦有差別하며 亦無差別은 卽是涅槃에 文殊領解니 性無二故로 無差別이라하며 迷悟淺深故로 有差別이라하니 則文殊之疑遣矣니라 二疑旣遣하면 迦葉之疑도 亦亡이니 餘如上論하니라 衆生寂滅이 卽是法身下는 示於亦有差別하며 亦無差別之相이니 言衆生

---

[178] 두 가지 이치라고 한 것은 곧 자성과 모습이다. 비춤이 그로 더불어라고 한 등은, 비춘다고 한 것은 곧 지혜이니 말하자면 저 자성과 모습이 일찍이 단편적이지 않은즉 진실로 능히 저 진리에 부합하는 것이 저 거울과 같음이 있을 것이다. 거울을 매단다고 한 것은 지혜에 비유하고, 만 가지 형상이라고 한 것은 두 가지 이치에 비유한 것이다. 『잡화기』의 말이다.

[179] 두 종류의 새라고 한 것은, 저 『열반경』에 두 종류의 새에 대한 비유가 있나니 한 새는 왼쪽 눈이 없고 한 새는 오른쪽 눈이 없다. 따라서 두 새가 서로 도운 연후에 날아감을 얻을 수 있고, 그렇지 않은즉 능히 날 수 없는 까닭이다. 역시 『잡화기』의 말이다. 이 비유는 마치 맹구파별의 비유와 같다 하겠다.

구체적으로 말하면 두 새의 비유는 남경 열반 제팔권 조유품鳥喩品이니, 첫 번째 새는 가린제조迦隣提鳥니 수학水鶴 유형이다. 두 번째 새는 원앙조鴛鴦鳥이다. 이 두 유형의 새는 항상 떠날 수 없나니, 곧 고苦·공空·무상無常·무아無我 등의 법이 또한 항상 떠날 수 없음에 비유한 것이다.

寂滅이 卽是法身者는 生不異佛이요 法身隨緣이 名曰衆生者는 佛不異生이니 則無差別矣니라 寂滅非無之衆生이 恒不異眞하고 而成立下에 一對는 明無差가 不礙差니 寂滅故로 無差요 非無衆生故로 不礙差니라 恒不異眞은 成上寂滅이요 而成立言은 成上非無之衆生이니라 隨緣非有之法身이 恒不異事하고 而顯現者는 隨緣故로 佛不異生이요 非有之法身일새 則不礙異生이니라 恒不異事는 成上隨緣이요 而顯現은 成上非有之法身이라 是故染淨下는 總以融結이라 況稱性互收者는 上但事理無礙니 已是難思는 餘經容有어니와 此則事事無礙니 唯華嚴意니라

이런 까닭으로 삼승이 또한 차별이 있기도 하며 또한 차별이 없기도 하다고 한 것은, 곧 이것은 『열반경』에 문수사리보살이 알았다고 한 것이니[180]

자성이 둘이 없는 까닭으로 차별이 없기도 하다고 한 것이며, 미혹하고 깨달음이 얕고도 깊은 까닭으로 차별이 있기도 하다고 한 것이니

---

180 『열반경』에 문수사리보살이 알았다고 한 것은 남경 십오권, 한글대장경 53 열반부 1, p.310, 상단에 가섭보살과의 대화 속에 본유금무本有今無 등 사구 게송을 부처님이 가섭보살에게 설하시고, 그 전에 이 게송을 중생과 이승과 문수에게 설하였더니 문수가 곧 알았다 하였다. 그때 가섭보살이 문수와 같은 이가 몇이나 되겠습니까. 대중을 위하여 다시 설하여 주소서 하니, 본유자本有者는 아석본유무량번뇌我昔本有無量煩惱 운운이라 하셨다. 영인본 화엄 3책, p.261, 1행에 설출한 것이다.

곧 문수의 의심을 보내는 것이다.
두 사람의 의심을 이미 보냈다면 가섭보살의 의심도 또한 없을 것이니,
나머지는 위의 논에서[181] 인용한 것과 같다.

중생의 적멸이 곧 이 법신이라고 한 아래는 또한 차별이 있기도 하며 또한 차별이 없기도 하다는 모습을 보인 것이니
중생의 적멸이 곧 이 법신이라고 말한 것은 중생이 부처와 다르지 않다는 것이요,
법신의 수연이 이름하여[182] 중생이라고 말한 것은 부처가 중생과 다르지 않다는 것이니
곧 차별이 없다는 것이다.
적멸이 없지 않는 중생이 항상 진리와 다르지 않고 성립한다고 한 아래에 일대一對는 차별이 없는 것이 차별에 걸리지 아니함을 밝힌 것이니
적멸한 까닭으로 차별이 없는 것이요,
중생이 없지 않는 까닭으로 차별에 걸리지 않는 것이다.
항상 진리와 다르지 않다고 한 것은 위에 적멸을 성립하는 것이요,
성립한다고 말한 것은 위에 없지 않는 중생을 성립하는 것이다.

---

181 나머지는 위의 논이라 한 등은, 저 위에 입정의立正義 가운데 자성과 모습이 서로 융합한다 한 문장을 가리킨 것이다. 영인본 화엄 3책, p.267, 1행(p.268, 1행)이다.

182 원문에 명왈名曰은 소문에 즉시卽是라 하였다.

수연이 있지 않는 법신이 항상 사실과 다르지 않고 나타난다고
한 것은 인연을 따르는 까닭으로 부처가 중생과 다르지 않는 것이요,
있지 않는 법신이기에 곧 중생과 다름에 걸리지 않는 것이다.
항상 사실과 다르지 않다고 한 것은 위에 수연을 성립하는 것이요,
나타난다고 한 것은 위에 있지 않는 법신을 성립하는 것이다.
이런 까닭으로 염·정의 삼세라고 한 아래는 모두 융합하여 맺는
것이다.
하물며 성품에 칭합하여 서로 거두는 것이겠는가 한 것은 이 위에는
다만 사리事理 무애이니,
이미 이 사의하기 어려운 것은 여타의 경에도 용이하게 있거니와,
여기는 곧 사사事事 무애이니
오직 『화엄경』의 뜻만 있는 것이다.

疏

如是解者는 名爲善住一切智地니 如地能生이나 終歸於地하야
萬法이 依於佛智나 究竟에 還至一切智也니라

이와 같이 아는 사람은 이름이 일체 지혜의 땅에 잘 머무는 사람이
되는 것이니,
마치 땅에서 능히 생겨나지만 마침에 땅에 돌아가는 것과 같아서
만법이 부처님의 지혜에 의지하지만 구경究竟에 도리어 일체 지혜에
이르는 것이다.

鈔

如是下는 結釋이니 可知라 此上一義는 乃是傍來나 涅槃玄旨를 於是乎見也니라

이와 같이라고 한 아래는 맺어서 해석한 것이니
가히 알 수가 있을 것이다.
이 위에 한 가지 뜻[183]은 이에 곁으로 이끌어 왔으나 열반의 현묘한 뜻을 여기에서 볼 수 있는 것이다.

---

183 이 위에 한 가지 뜻이라고 한 것은, 강사가 말하기를 위에 『열반경』 사출게四出偈의 뜻을 가리킨 것이다. 이 가운데는 오직 사사무애와 그리고 이사무애로 주主를 삼나니, 곧 그 중생과 부처님이 삼세에 평등하다는 뜻은 곧 다만 이것은 곁으로 이끌어 왔을 뿐이다 하였다.
혹은 가히 이 말이 이미 맺어 해석한 뒤에 있은즉 이 위에 한 가지 뜻이라고 한 것은 위에 평등을 거듭 해석한 한 과목을 모두 가리킨 것이니, 말하자면 앞에 지혜가 삼세에 들어간다고 한 소문 가운데 삼세에 평등하다는 것을 갖추어 해석하였기에 곧 저 뜻은 정석이 되고, 지금 여기에 거듭 해석한 한 가지 뜻은 곧 다만 곁으로 이끌어 왔으나 그 가운데 열반의 현묘한 뜻을 가히 여기에서 볼 수 있다는 것이다. 이상의 해석은 이것은 좁은 소견이라 하겠다. 역시 『잡화기』의 말이다.

> 經

無邊福聚를 極善淸淨케하며 虛空法界를 靡不觀察하며 十方世界의 一切國土에 所有佛興을 咸勤供養이니다

끝없는 복덕[184]의 뭉치를 지극히 잘 청정하게 하며
허공계와 법계를 관찰하지 아니함이 없으며
시방세계의 일체 국토에 있는 바 출흥하신
부처님을 다 부지런히 공양하였습니다.

> 疏

後三은 重顯이라 中에 一은 淨前福障이니 故令諸福으로 無邊淸淨이요 二는 成上智慧니 由觀法界虛空이요 三은 近勝緣이니 故成前二니라

뒤에 세 구절은 거듭 나타낸 것이다.
그 가운데 첫 번째는 앞에 복덕의 장애를 청정하게 하는 것이니 그런 까닭으로 모든 복덕으로 하여금 끝없이 청정하게 하는 것이요,

---

184 끝없는 복덕이라고 한 등은, 앞에 바로 밝힌 가운데는 먼저 지혜를 뒤에 복덕을 밝히더니 지금 거듭 나타내는 가운데는 먼저 복덕을 뒤에 지혜를 나타내는 것은 복덕과 지혜가 서로 떠나지 아니함을 나타내는 까닭이며, 또 경문의 편리함을 받아 먼저 복덕을 뒤에 지혜를 나타내는 까닭이다. 『잡화기』의 말이다.

두 번째는 위에 지혜를 이루는 것이니
법계와 허공계를 관찰함을 인유한 것이요,
세 번째는 수승한 인연[185]을 친근한 것이니
그런 까닭으로 앞에 두 가지[186]를 이루는 것이다.

---

185 수승한 인연이라고 한 것은 부처님을 말한다.
186 앞에 두 가지라고 한 것은 一에 복덕과 二에 지혜이다.

> 經

爾時에 海慧自在神通王菩薩摩訶薩이 承佛威力하야 普觀一切
道場衆海하고 卽說頌言호대

그때에 해혜자재신통왕 보살마하살이 부처님의 위신력을 받아
널리 일체 도량에 대중의 바다를 관찰하고 곧 게송을 설하여 말하
기를

> 疏

十에 爾時下는 說偈讚佛이라 中에 十菩薩이 各別說偈하니 卽爲十
段이라 就初海慧頌中하야는 歎佛身座니라

열 번째 그때라고 한 아래는 게송을 설하여 부처님을 찬탄한 것이다.
그 가운데 열 보살이 각각 따로 게송을 설하였으니
곧 십단十段이 되는 것이다.
처음 해혜보살의 게송 가운데 나아가서는 불신佛身의 자리를 찬탄한
것이다.

經

諸佛所悟悉已知호미 如空無礙皆明照하며
光遍十方無量土하고 處於衆會普嚴潔하니다

모든 부처님이 깨달은 바를 다 이미 아는 것이
마치 허공이 걸림 없이 다 밝게 비추는 것과 같으며
광명은 시방의 한량없는 국토에 두루하고
대중이 모인 가운데 거처하시되 널리 단엄하고 깨끗하십니다.

疏

初五는 歎佛身具德이니 一은 讚智慧라

처음에 다섯 게송은 불신佛身이 구족한 공덕을 찬탄한 것이니,
첫 번째 게송은 지혜를 찬탄한 것이다.

經

如來功德不可量하사 十方法界悉充滿하야
普坐一切樹王下하시니 諸大自在共雲集이니다

여래의 공덕은 가히 헤아릴 수 없어
시방법계에 다 넘쳐나
널리 일체 나무왕 아래에 앉으시니,
모든 큰 자재한 사람들이 함께 구름처럼 모여 왔습니다.

疏

二는 讚功德이라

두 번째 게송은 공덕을 찬탄한 것이다.

經

佛有如是神通力하사　一念現於無盡相하시니
如來境界無有邊을　　各隨解脫能觀見이니다

부처님은 이와 같은 신통력이 있어
한 생각에 끝없는 모습을 나타내시니
여래의 경계가 끝이 없는 것을
각각 해탈을 따라 능히 봅니다.

疏

三은 讚神通이라

세 번째 게송은 신통을 찬탄한 것이다.

> 經

如來往昔經劫海하사 在於諸有勤修行하시고
種種方便化衆生하야 令彼受行諸佛法이니다

여래가 지나간 옛날에 세월(劫)의 바다를 지나
제유諸有에 있으면서 부지런히 수행하시고
가지가지 방편으로 중생을 교화하여
저 중생으로 하여금 모든 불법을 받아 행하게 하셨습니다.

> 疏

四는 讚因深이라

네 번째 게송은 옛날의 인연이 깊은 것을 찬탄한 것이다.

經

毘盧遮那具嚴好하사 坐蓮華藏師子座어늘
一切衆會皆淸淨하야 寂然而住同瞻仰이니다

비로자나가 단엄한 상호를 갖추어
연꽃 갈무리 사자의 자리에 앉아 계시거늘
일체 모인 대중이 다 청정하여
고요히 머물러 같이 우러러봅니다.

疏

五는 讚果勝이라

다섯 번째 게송은 과덕이 수승함을 찬탄한 것이다.

> 經

摩尼寶藏放光明하야　普發無邊香焰雲하며
無量華纓共垂布어늘　如是座上如來坐이니다

種種嚴飾吉祥門에　恒放燈光寶焰雲하시니
廣大熾然無不照어늘　牟尼處上增嚴好이니다

種種摩尼綺麗窓의　妙寶蓮華所垂飾에
恒出妙音聞者悅거늘　佛坐其上特明顯이니다

寶輪承座半月形이요　金剛爲臺色焰明이며
持髻菩薩常圍遶어늘　佛在其中最光耀이니다

種種變化滿十方하야　演說如來廣大願하며
一切影像於中現거늘　如是座上佛安坐이니다

마니 보배 창고가 광명을 놓아
널리 끝없는 향기 불꽃 구름을 일으키며
한량없는 꽃들이 휘감아 함께 내려 펼쳐졌거늘
이와 같은 자리 위에 여래가 앉으셨습니다.

가지가지로 장엄하고 꾸민 길상의 문에서

항상 등불 광명과 보배 불꽃 구름을 놓으시니
광대하고 치연熾然하여 비추지 아니함이 없거늘
석가모니불이 그 위에 거처하여 더욱 장엄이 좋으십니다.

가지가지 마니로 화려하게 꾸며진 창문의
묘한 보배 연꽃으로 내려 장식한 바에
항상 묘한 음성을 내어 듣는 이로 기쁘게 하거늘
부처님이 그 위에 앉아 특히 밝게 드러나셨습니다.

보배 바퀴로 자리를 받들되 반달 형상이고
금강으로 좌대가 되었으되 색이 빛나고 밝으며
상투를 가진 보살들이 항상 에워싸고 있거늘
부처님이 그 가운데 계셔 가장 빛나십니다.

가지가지 신통변화를 시방에 넘쳐나게 하여
여래의 광대한 서원을 연설하며
일체 영상을 그 가운데 나타내거늘
이와 같은 자리 위에 부처님이 편안히 앉으셨습니다.

疏

後五는 歎所坐嚴麗라 此衆이 旣從座現일새 故多歎座니 文並可知니라

뒤에 다섯 게송은 앉으신 바가 장엄이 화려함을 찬탄한 것이다. 이 대중이 이미 자리로 좇아 나타났기에 그런 까닭으로 다분히 자리를 찬탄한 것이니,
문장은 아울러 가히 알 수가 있을 것이다.

經

爾時에 雷音普震菩薩摩訶薩이 承佛威力하야 普觀一切道場衆海하고 卽說頌言호대

世尊往集菩提行하시고　供養十方無量佛하실새
善逝威力所加持하사　如來座中無不覩이니다

香焰摩尼如意王으로　塡飾妙華師子座하니
種種莊嚴皆影現거늘　一切衆會悉明矚이니다

佛座普現莊嚴相호대　念念色類各差別하나니
隨諸衆生解不同하야　各見佛坐於其上이니다

寶枝垂布蓮華網하며　華開踊現諸菩薩하야
各出微妙悅意聲하야　稱讚如來坐於座이니다

그때에 뇌음보진 보살마하살이 부처님의 위신력을 받아 널리 일체 도량에 대중의 바다를 관찰하고 곧 게송을 설하여 말하기를,

세존이 지나간 옛날에 보리행을 모으시고
시방의 한량없는 부처님께 공양하셨기에
선서의 위신력으로 가피한 바가 되어

여래의 자리 가운데서 보지 아니함이 없습니다.

향기 불꽃에 마니여의如意보배왕으로
묘한 연꽃의 사자자리를 꾸미니
가지가지 장엄이 다 그림자처럼 나타나거늘
일체 모인 대중이 다 밝게 봅니다.

부처님의 자리에서 널리 장엄의 모습을 나타내되
생각 생각에 색상의 종류가 각각 차별하나니
모든 중생의 아는 것이 같지 아니함을 따라서
각각 부처님이 그 위에 앉아 계심을 봅니다.

보배 가지에 연꽃 그물을 내려 폈으며
연꽃이 핌에 모든 보살들이 솟아 나타나
각각 미묘하고 마음을 기쁘게 하는 음성을 내어
여래가 자리에 앉아 계심을 칭찬합니다.

疏

第二에 雷音菩薩의 十頌은 歎座及地니 文分三別호리라 初四는 直歎座니 可知니라

제 두 번째 뇌음보살의 열 게송은 자리와 그리고 땅을 찬탄한 것이니, 문장을 나누어 세 가지로 분별하겠다.

처음에 네 게송은 바로 자리를 찬탄한 것이니 가히 알 수가 있을 것이다.

> 經

佛功德量如虛空하야　一切莊嚴從此生하며
一一地中嚴飾事를　一切衆生不能了이니다

金剛爲地無能壞하며　廣博淸淨極夷坦하며
摩尼爲網垂布空하야　菩提樹下皆周遍이니다

其地無邊色相殊하며　眞金爲末布其中하며
普散名華及衆寶하야　悉以光瑩如來座이니다

부처님의 공덕은 그 양량이 허공과 같아서
일체 장엄이 이로 좇아 나왔으며
낱낱 땅 가운데 장엄하고 꾸미는 일을
일체중생이 능히 알지 못합니다.

금강으로 땅이 되어 능히 무너뜨릴 수 없으며
넓고 청정하고 지극히 평탄하며
마니로 그물이 되어 허공에 내려 펼쳐져
보리수 아래에 다 두루합니다.

그 땅은 끝이 없고 색상이 수특하며
진금으로 가루를 만들어 그 가운데 흩었으며

널리 유명한 꽃과 그리고 수많은 보배를 흩어
다 여래의 자리를 광명으로 비춥니다.

疏

次三은 歎於場地니 卽轉顯座嚴이라 於中初一은 總顯因深德廣
故로 嚴事難思라 金剛下는 別顯이라 末後一句는 結瑩寶座니라

다음에 세 게송은 도량의 땅을 찬탄한 것이니
곧 전전히 자리의 장엄을 나타낸 것이다.
그 가운데 처음에 한 게송은 인연이 깊고 과덕이 넓은[187] 까닭으로
장엄한 일이 사의하기 어려운 것을 한꺼번에 나타낸 것이다.
금강이라고 한 아래는 따로 나타낸 것이다.
말후에 한 구절은[188] 보배의 자리를 비추는 것을 맺는 것이다.

---

187 인연이 깊다고 한 것은 뜻을 취한 것이고, 과덕이 넓다고 한 것은 문장을
의거한 것이다고 『잡화기』는 말한다.
188 말후의 한 구절이란, 다 여래의 자리를 광명으로 비춘다 한 것이다.

> 經

地神歡喜而踊躍하며　刹那示現無有盡하야
普興一切莊嚴雲하고　恒在佛前瞻仰住이니다

寶燈廣大極熾然하고　香焰流光無斷絶하야
隨時示現各差別거늘　地神以此爲供養이니다

十方一切刹土中에　彼地所有諸莊嚴이
今此道場無不現하나니　以佛威神故能爾이니다

지신들이 환희하고 뛰면서
찰나 간에 시현을 끝없이 하여
널리 일체 장엄 구름을 일으키고
항상 부처님 앞에 우러러보며 머물러 있었습니다.

보배 등불은 광대하여 지극히 치연熾然하고
향기 불꽃은 빛을 내려 끊어짐이 없어서
때를 따라 시현함을 각각 차별하게 하거늘
지신들이 이것으로써 공양합니다.

시방의 일체 국토 가운데
저 땅에 있는 바 모든 장엄이
지금 이 도량에 나타나지 아니함이 없나니

부처님의 위신력인 까닭으로 능히 그렇게 합니다.

疏

後三偈는 歎地上之嚴이니 於中前二는 地神興供嚴이요 後一은 佛力展轉嚴이라

뒤에 세 게송은 지상地上에 장엄을 찬탄한 것이니
그 가운데 앞에 두 게송은 지신들이 공양의 장엄을 일으킨 것이요,
뒤에 한 게송은 부처님의 위신력으로 전전히 장엄을 편 것이다.

經

爾時에 衆寶光明髻菩薩摩訶薩이 承佛威力하야 普觀一切道場
衆海하고 卽說頌言호대

世尊往昔修行時에　　　　見諸佛土皆圓滿하나니
如是所見地無盡을　　　　此道場中皆顯現이니다

世尊廣大神通力으로　　　舒光普雨摩尼寶하시고
如是寶藏散道場하시니　　其地周迴悉嚴麗이니다

如來福德神通力으로　　　摩尼妙寶普莊嚴
其地及以菩提樹하야　　　遞發光音而演說이니다

寶燈無量從空雨하고　　　寶王間錯爲嚴飾하야
悉吐微妙演法音하나니　　如是地神之所現이니다

寶地普現妙光雲하고　　　寶炬焰明如電發하며
寶網遐張覆其上하며　　　寶枝雜布爲嚴好이니다

그때에 중보광명계 보살마하살이 부처님의 위신력을 받아 널리
일체 도량에 대중의 바다를 관찰하고 곧 게송을 설하여 말하기를

세존이 지나간 옛날에 수행할 때에
모든 부처님의 국토가 다 원만함을 보았나니
이와 같이 보신 바 땅이 끝이 없음을
이 도량 가운데 다 나타내시었습니다.

세존이 광대한 신통력으로
광명을 펴 널리 마니 보배를 비 내리시고
이와 같은 보배 창고를 도량에 흩으시니
그 땅 주위가 다 장엄으로 화려합니다.

여래가 복덕과 신통력으로
마니의 묘한 보배로써 널리
그 땅과 그리고 보리수를 장엄하여
빛과 음성을 번갈아 일으켜 연설하십니다.

보배 등불을 한량없이 허공으로 좇아 비 내리고
보배 왕으로 사이에 섞어 장엄하고 꾸며서
미묘한 음성을 다 토해 내어 법음을 연설하나니
이와 같음은 지신들이 나타낸 바입니다.

보배 땅에 널리 묘한 광명의 구름을 나타내고
보배 횃불에 불꽃 광명이 번갯불이 일어나는 것과 같으며
보배 그물을 멀리까지 펴서 그 위를 덮었으며

보배 가지를 섞어 분포하여 장엄이 좋았습니다.

疏

第三에 衆寶光髻菩薩讚中엔 獨讚場地殊異德이라 十頌分二호리니 前五는 德用圓備라

제 세 번째 중보광계 보살의 찬송 가운데는 오직 도량과 땅의 특별히 다른 공덕을 찬탄한 것이다.
열 게송을 두 가지로 분류하리니
앞에 다섯 게송은 공덕의 작용을 원만하게 갖춘 것이다.

經

汝等普觀於此地의　　種種妙寶所莊嚴하라
顯示衆生諸業海하야　　令彼了知眞法性이니다

普遍十方一切佛의　　所有圓滿菩提樹가
莫不皆現道場中하야　　演說如來淸淨法이니다

隨諸衆生心所樂하야　　其地普出妙音聲하야
如佛座上所應演하사　　一一法門咸具說이니다

其地恒出妙香光하고　　光中普演淸淨音하나니
若有衆生堪受法하면　　悉使得聞煩惱滅이니다

一一莊嚴悉圓滿을　　假使億劫無能說이니
如來神力靡不周일새　　是故其地皆嚴淨이니다

그대 등은 널리 이 땅의
가지가지 묘한 보배로 장엄한 바를 관찰하세요.
중생의 모든 업의 바다를 현시하여
저들로 하여금 진실한 법성을 요달하여 알게 합니다.

널리 시방에 두루하신 일체 부처님이

소유한 원만한 보리수가
다 도량 가운데 나타나지 아니함이 없어서
여래의 청정한 법을 연설합니다.

모든 중생의 마음에 좋아하는 바를 따라서
그 땅이 널리 묘한 음성을 내어
부처님이 자리 위에서 응당 연설하시는 바와 같이
낱낱 법문을 다 갖추어 연설합니다.

그 땅이 항상 묘한 향기 광명을 내고
광명 가운데 널리 청정한 법음을 연설하나니
만약 어떤 중생이라도 그 법음을 감당하여 받는다면
다 하여금 얻어 듣고 번뇌를 소멸하게 될 것입니다.

낱낱 장엄이 다 원만함을
가령 억겁 세월에도 능히 설할 수 없나니
여래가 신통력으로 두루하지 아니함이 없으시기에
이런 까닭으로 그 땅이 다 장엄하여 청정합니다.

疏

後五는 法化流通이라 言如佛座上所應演者는 九會五周之文과 一化隨宜之說을 已具演於場地之中이라

뒤에 다섯 게송은 법으로 교화하여 유통케 하는 것이다.
부처님이 자리 위에서 응당 연설하시는 바와 같다고 말한 것은 구회오주九會五周의 문장과 낱낱이 교화함에 마땅함을 따르는 말을 이미 도량과 땅 가운데서 갖추어 연설한 것이다.

鈔

九會五周之文者는 指此一經이요 一化隨宜는 則始從鹿苑으로 終至雙林히 一乘三乘을 場地頓演거든 何況如來之言說耶아

구회오주의 문장[189]이라고 한 것은 이 『화엄경』 한 경을 가리키는 것이요,
낱낱이 교화함에 마땅함을 따른다고 한 것은 곧 처음 녹야원으로 좇아 마침에 쌍림에 이르기까지 일승과 삼승을 도량과 땅에서 문득 연설하였거든, 어찌 하물며 여래의 언설言說이겠는가.

---

189 원문에 문등文等이라 한 등等 자는 연衍이다. 바로 아래 차상此上이라 한 상上 자는 연衍이다.

> 經

爾時에 大智日勇猛慧菩薩摩訶薩이 承佛威力하야 普觀一切道場衆海하고 卽說頌言호대

世尊凝眸處法堂하사　炳然照耀宮殿中하시고
隨諸衆生心所樂하야　其身普現十方土이니다

그때에 대지일용맹혜 보살마하살이 부처님의 위신력을 받아 널리 일체 도량에 대중의 바다를 관찰하고 곧 게송을 설하여 말씀하시기를,

세존이 응수凝眸[190]하며 법당에 거처하여
밝게 궁전 가운데를 비추시고
모든 중생의 마음에 좋아하는 바를 따라서
그 몸에 널리 시방의 국토를 나타내십니다.(眸 자는 남장경에는 眸 자이다.)

> 疏

第四에 大智日頌은 歎佛所處宮殿이라 十頌分二호리니 初一은 總明이요 次段은 讚處彰人이니 故此偈에 標人顯處라 凝者는 嚴整之

---
190 수眸는 맑을, 순수할 수이다. 그러나 소문에는 시視의 뜻이라 하였다.

貌요 睟者는 視也니 謂肅然而視니라

제 네 번째 대지일 보살의 게송은 부처님이 거처한 바 궁전을 찬탄한 것이다.
열 게송을 두 가지로 분류하리니
처음에 한 게송은 한꺼번에 밝힌 것이요,
다음 단락[191]은 처소를 찬탄하여 사람을 밝힌 것이니
그런 까닭으로 이 게송에서 사람을 표하여 처소를 나타낸 것이다.
응凝이라고 한 것은 엄정한 모습이요,
수睟라고 한 것은 본다는 것이니 말하자면 엄숙하게 보는 것이다.

---

[191] 다음 단락이란, 바로 아래 여래궁전 운운한 게송이다. 사람을 밝힌다 한 그 사람은 부처님을 말한다.

經

如來宮殿不思議하고　摩尼寶藏爲嚴飾하며
諸莊嚴具咸光耀어늘　佛坐其中特明顯이니다

摩尼爲柱種種色이요　眞金鈴鐸如雲布하며
寶階四面列成行하고　門闥隨方咸洞啓이니다

妙華繒綺莊嚴帳과　寶樹枝條共嚴飾하고
摩尼瓔珞四面垂어늘　智海於中湛然坐이니다

摩尼爲網妙香幢과　光焰燈明若雲布하고
覆以種種莊嚴具어늘　超世正知於此坐이니다

여래의 궁전은 사의할 수 없고
마니 보배 창고로 장엄되고 꾸며졌으며
모든 장엄기구가 다 광명을 비추거늘
부처님이 그 가운데 앉아 특히 밝게 나타나셨습니다.

마니로 된 기둥은 색깔이 가지가지이고
진금으로 된 요령과 목탁은 구름같이 펼쳐졌으며
보배로 된 층대는 사방으로 나열되어 행대를 이루었고
대문과 창문은 방소를 따라 다 뚫리고 열려 있었습니다.

묘한 꽃에 비단으로 장엄한 휘장과
보배 나뭇가지가 함께 장엄되어 꾸며져 있고
마니 보배 영락은 사방에 내려져 있거늘
지혜의 바다[192]가 그 가운데 고요히 앉아 계십니다.

마니로 된 그물과 묘한 향기 나는 당기와
광명의 불꽃과 등불의 광명은 구름같이 펼쳐졌고,
가지가지 장엄기구로 덮었거늘
세간을 초월한 정변지正遍知가 여기에 앉아 계십니다.

疏

後九는 別明이라 於中二니 前四는 明宮殿體의 攝衆德이니 卽廣其前半이요 後五는 明妙用自在니 卽廣其後半이라 今初니 初一은 宮殿雖耀나 佛坐增明이니 卽廣前炳然照耀宮殿中也니라 次二頌은 略辯七嚴하고 結以智海니 廣上凝睟處法堂也니라 謂內持寶柱하며 簷垂金鈴하며 外列門階하며 上羅華帳하며 寶樹交映하며 寶瓔周垂가 爲七嚴也니라 闥은 小門也요 洞은 達也라 如雲布者는 重重無量하고 次次相承也니라 上云凝睟는 則目視不瞬이니 特由內無識浪이라 故云智海湛然이라하니라 次一頌은 羅以寶網하며 列以香幢하며 布以焰明하며 覆以嚴具라하고 結云超世라하니

---

192 지혜의 바다는 곧 부처님을 말한다.

卽廣上世尊處法堂也니라 光如雲布者는 若彩雲向日하면 上下
齊明也니라

뒤에 아홉 게송은 따로 밝힌 것이다.
그 가운데 두 가지가 있나니
앞에 네 게송은 궁전 자체가 수많은 공덕을 섭수하였음을 밝힌
것이니,
곧 그 앞에 반 게송[193]을 광설한 것이요,
뒤에 다섯 게송은 묘용이[194] 자재함을 밝힌 것이니,
곧 그 뒤에 반 게송[195]을 광설한 것이다.
지금은 처음으로 첫 번째 게송은 궁전이 비록 광명을 비추지만
부처님의 자리는 더욱 밝나니,
곧 앞에 밝게 궁전 가운데를 비춘다고 한 것을 광설한 것이다.
다음에 두 게송은 간략하게 일곱 가지 장엄을 분별하고 지혜의
바다로써 맺었으니,

---

[193] 그 앞에 반 게송이라고 한 것은 영인본 화엄 3책, p.285, 9행에 첫 게송의 앞에 반 게송이니, 세존이 응수하며 법당에 거처하여 / 밝게 궁전 가운데를 비춘다 한 것이다.

[194] 묘용이라고 한 등은, 그 부처님의 몸이 시방에 널리 나타나는 것도 이미 또한 저 궁전으로 좇아 나타난다면 곧 이것은 다 궁전의 묘용이 자재한 것이다.

[195] 그 뒤에 반 게송이라고 한 것은 역시 영인본 화엄 3책, p.285, 9행에 첫 게송의 뒤에 반 게송이니, 모든 중생의 마음에 좋아하는 바를 따라서 / 그 몸에 널리 시방의 국토를 나타내신다 한 것이다.

위에 응수하며 법당에 거처하였다고 한 것을 광설한 것이다.
말하자면 안으로 보배 기둥을 부지하며,
처마에 황금 요령을 달아 내리며,
밖으로 문과 층대를 나열하며,
위로 꽃 휘장을 벌리며,
보배 나무가 서로 비추며,
보배 영락이 두루 내린 것이 일곱 가지 장엄이 되는 것이다.
달闥은 작은 문이요,
통洞은 통달(꿰뚫다)의 뜻이다.
구름같이 펼쳐졌다고 한 것은 중중으로 한량이 없고 차례차례로 서로 이어졌다는 것이다.
위에서 말하기를 응수凝眸한다고 한 것은 곧 눈으로 응시하여 깜짝거리지 않는 것이니,
다만 안으로 업식의 물결이 없음을 인유한 것이다.
그런 까닭으로 말하기를 지혜의 바다가 고요하다고 하였다.
다음에 한 게송[196]은 보배 그물을 벌리며,
향기 나는 당기를 나열하며,
광명의 불꽃과 등불의 광명을 펴며,
장엄기구로 덮었다 하고,

---

[196] 다음에 한 게송이란, 마지막 게송이다. 보배 그물과 향기 나는 당기라고 한 것은 첫 번째 구절이고, 광명의 불꽃과 등불의 광명은 제 두 번째 구절이고, 장엄기구로 덮었다고 한 것은 제 세 번째 구절이다. 그리고 맺어 말하기를 세간을 초월하였다고 한 것은 제 네 번째 구절이다.

맺어 말하기를 세간을 초월하였다 하였으니
곧 위에 세존이 법당에 거처하였다고 한 것을 광설한 것이다.
광명은 구름같이 펼쳐졌다고 한 것은 만약 채색 구름이 태양을
향하면 상上·하下가 똑같이 밝아지는 것과 같은 것이다.

經

十方普現變化雲하시니　其雲演說遍世間하야
一切衆生悉調伏하나니　如是皆從佛宮現이니다

시방에 널리 변화의 구름을 나타내시니
그 구름이 연설하기를 세간에 두루하여
일체중생을 다 조복시킨다 하나니
이와 같은 것은 다 부처님의 궁전으로 좇아 나타난 것입니다.

疏

後五中에 一은 羅身雲以調生이니 正顯前文에 現十方土니라

뒤에 다섯 게송 가운데 첫 번째 게송은 몸의 구름을 펼쳐 중생을 조복하는 것이니,
바로 앞의 문장[197]에 시방의 국토를 나타낸다고 한 것을 나타낸 것이다.

---

[197] 앞의 문장이란, 영인본 화엄 3책, p.285, 말행이다.

> 經

摩尼爲樹發妙華하니　　十方所有無能匹하며
三世國土莊嚴事가　　莫不於中現其影이니다

마니로 된 나무에 묘한 꽃이 피니
시방에 있는 바가 능히 짝할 수 없으며
삼세에 국토를 장엄한 일이
그 가운데 그 그림자를 나타내지 아니함이 없습니다.

> 疏

二는 寶樹에 現三世之嚴이라

두 번째 게송은 보배 나무에 삼세의 장엄을 나타낸 것이다.

經

處處皆有摩尼聚하니　光焰熾然無量種이며
門牖隨方相間開하고　棟宇莊嚴極殊麗하니다

곳곳에 다 마니 뭉치가 있나니
광명의 불꽃이 치성하여 한량없는 종류이며
큰 문과 창문[198]이 방소를 따라 서로 사이에 열려 있고
동우棟宇는 장엄되어 지극히 수려합니다.

疏

三은 略擧多嚴이라

세 번째 게송은 수많은 장엄을 간략하게 거론한 것이다.

---

198 유牖는 들창 유이다.

> 經

如來宮殿不思議하고　淸淨光明具衆相하나니
一切宮殿於中現호대　一一皆有如來坐이니다

여래의 궁전은 사의할 수 없고
청정한 광명은 수많은 모습을 갖추었나니
일체 궁전이 그 가운데 나타났으되
낱낱이 다 여래가 있어 그곳에 자리[199]하셨습니다.

> 疏

四는 卽上諸嚴이 卷攝多嚴에 重重佛坐니라

네 번째 게송은 곧 위에 모든 장엄이 수많은 장엄을 말아 거듭에 중중으로 부처님이 앉아 계시는 것이다.

---

199 자리(座)는 좌坐 자로 된 본도 있다. 바로 아래 소문은 좌坐 자이다.

經

如來宮殿無有邊하야　自然覺者處其中하나니
十方一切諸衆會가　莫不向佛而來集이니다

여래의 궁전은 끝이 없으므로
자연히 깨달은 이가 그 가운데 거처하시나니
시방에 일체 모든 대중들이
부처님을 향하여 와서 모이지 아니함이 없습니다.

疏

五는 結歎無盡의 主伴雲會라

다섯 번째 게송은 끝없는 주主·반伴의 대중이 구름같이 모인 것을 맺어 찬탄한 것이다.

經

爾時에 不思議功德寶智印菩薩摩訶薩이 承佛威力하야 普觀一切道場衆海하고 卽說頌言호대

佛昔修治衆福海가　　一切刹土微塵數니
神通願力所出生일새　道場嚴淨無諸垢이니다

그때에 부사의공덕보지인 보살마하살이 부처님의 위신력을 받아 널리 일체 도량에 대중의 바다를 관찰하고 곧 게송을 설하여 말하기를,

부처님이 옛날에 수많은 복덕의 바다를 닦아 다스린 것이
일체 국토에 작은 티끌 수만치 많나니
신통과 원력으로 출생한 바이기에
도량이 장엄하고 청정하여 모든 때가 없습니다.

疏

第五에 不思議菩薩은 通讚場樹自在德이라 十頌分二호리니 初一은 總顯이니 謂宿因願力이 深廣難思일새 神通現緣이 生果嚴淨이라

제 다섯 번째 부사의 보살은 도량과 나무의 자재한 공덕을 모두 찬탄한 것이다.

열 게송을 두 가지로 분류하리니
처음에 한 게송은 한꺼번에 나타낸 것이니,
말하자면 숙세의 원인과 원력이 깊고도 넓어 사의하기 어렵기에
신통과 현재의 조연助緣이 과보의 장엄하고 청정함을 출생하는 것
이다.

經

如意珠王作樹根하고　　金剛摩尼以爲身거늘
寶網遐施覆其上하니　　妙香氛氳共旋繞이니다

樹枝嚴飾備衆寶하고　　摩尼爲幹爭聳擢하며
枝條密布如重雲하나니　佛於其下坐道場이니다

道場廣大不思議어늘　　其樹周迴盡彌覆하며
密葉繁華相庇映하고　　華中悉結摩尼果이니다

一切枝間發妙光에　　　其光遍照道場中하야
淸淨熾然無有盡하니　　以佛願力如斯現이니다

摩尼寶藏以爲華하야　　布影騰輝若綺雲하며
匝樹垂芳無不遍하야　　於道場中普嚴飾이니다

여의주왕으로 나무의 뿌리가 되고
금강마니로 나무의 몸이 되었거늘
보배 그물로 멀리 베풀어 그 위를 덮었나니
묘한 향기의 기운[200]이 함께 돌아 에워쌌습니다.

---

200 분氛은 기운 분이다. 온氳은 기운 온이다.

나뭇가지는 장엄하고 꾸몄으되 수많은 보배를 갖추었고
마니로 된 줄기는 다투어 솟아나왔으며
나뭇가지가 빽빽하게 펼쳐진 것은 마치 중첩된 구름과 같나니
부처님이 그 아래 도량에 앉아 계십니다.

도량이 광대하여 사의할 수 없거늘
그 나무가 두루 돌아 다 가득히 덮었으며
빽빽한 잎과 번성한 꽃이 서로 덮어[201] 비추고
꽃 가운데 다 마니의 열매를 맺었습니다.

일체 나뭇가지 사이로 묘한 광명을 일으킴에
그 광명이 도량 가운데 두루 비치어
청정하고 치성한 것이 끝이 없나니
부처님의 원력으로써 이와 같이 나타났습니다.

마니 보배 창고로 꽃을 삼아
그림자를 펼쳐 빛을 오르게 하는 것이 마치 비단 구름과 같으며
나무를 감아 돌아 내려진 향기 좋은 꽃[202]은 두루하지 않음이 없어서
저 도량 가운데 널리 장엄하여 꾸몄습니다.

---

201 비庇는 덮을 비이다.
202 방芳은 향기 좋은 꽃 방이다.

疏

後九는 別顯이니 分三호리라 初五는 歎樹具德嚴場이니 於中初二 는 身幹森聳이요 次二는 枝葉蔭映이요 後一은 華果芬輝라

뒤에 아홉 게송은 따로 나타낸 것이니
셋으로 분류하겠다.
처음에 다섯 게송은 나무가 공덕 장엄의 도량을 구족한 것을 찬탄한 것이니,
그 가운데 처음에 두 게송은 나무의 몸과 줄기가 섞이어 솟아난 것이요,
다음에 두 게송은 가지와 잎이 덮어 비추는 것이요,
뒤에 한 게송은 꽃과 열매와 향기가 빛나는[203] 것이다.

---

203 꽃과 열매와 향기가 빛난다고 한 것은, 열매란 말은 비록 경문에 없으나 이미 꽃 가운데 열매가 맺는다고 말하였다(영인본 화엄 3책, p.290, 10행 華中悉結摩尼果)면, 곧 꽃을 거론하였으나 열매는 따라오는 것이다. 역시 『잡화기』의 말이다.

經

汝觀善逝道場中하라　蓮華寶網俱淸淨하며
光焰成輪從此現하며　鈴音鐸響雲間發이니다

그대들은 선서의 도량 가운데를 관찰하세요.
연꽃과 보배 그물이 함께 청정하며
광명의 불꽃이 바퀴를 이루어 이로 좇아 나타나며
요령 소리와 목탁 소리가 구름 사이에서 흘러나옵니다.

疏

二에 有一偈는 歎場地蓮網이니 謂蓮華布地하면 則下轉光輪하고
寶網羅空하면 則雲間響發이라

두 번째 한 게송이 있는 것은 도량의 땅에 연꽃과 그물을 찬탄한 것이니,
말하자면 연꽃이 땅에 펼쳐지면 곧 아래로 광명의 바퀴가 돌고,
보배 그물이 허공에 나열되면 곧 구름 사이에서 소리가 나오는 것이다.

> 經

十方一切國土中에　　所有妙色莊嚴樹가
菩提樹中無不現거늘　佛於其下離衆垢이니다

道場廣大福所成이며　樹枝雨寶恒無盡이니
寶中出現諸菩薩하야　悉往十方供事佛이니다

諸佛境界不思議하야　普令其樹出樂音케하나니
如昔所集菩提道를　　衆會聞音咸得見이니다

시방의 일체 국토 가운데
있는 바 묘한 색상으로 장엄한 나무가
보리수 가운데 나타나지 아니함이 없거늘
부처님이 그 아래서 수많은 때를 떠나셨습니다.

도량이 광대하되 복덕으로 이루어진 바며
나뭇가지가 보배를 비 내리되 항상하여 끝이 없나니
보배 가운데 모든 보살이 출현하여
다 시방으로 가 부처님께 공양하고 섬기었습니다.

모든 부처님의 경계는 사의할 수 없어서
널리 그 나무로 하여금 좋은 소리를 내게 하나니

옛날에 모은 바와 같은 보리의 도를
모인 대중들이 소리를 듣고 다 봄을 얻었습니다.

疏

三에 有三偈는 歎樹自在니 初一은 收入이요 後二는 出生이라

세 번째 세 게송이 있는 것은 나무가 자재함을 찬탄한 것이니
처음에 한 게송은 거두어들이는[204] 것이요,
뒤에 두 게송은 출생케 하는[205] 것이다.

---

204 처음에 한 게송은 거두어들인다고 한 것은, 일체 장엄한 나무를 보리수 가운데 거두어들이는 것이다.
205 뒤에 두 게송은 출생케 한다고 한 것은, 첫 번째는 보배 가운데 보살을 출생케 하는 것이고, 두 번째는 나무로 하여금 음악을 출생케 하는 것이다.

經

爾時에 百目蓮華髻菩薩摩訶薩이 承佛威力하야 普觀一切道場
衆海하고 卽說頌言호대

一切摩尼出妙音하야　　稱揚三世諸佛名하나니
彼佛無量神通事를　　　此道場中皆現覩이니다

衆華競發如纓布하고　　光雲流演遍十方하나니
菩提樹神持向佛하야　　一心瞻仰爲供養이니다

摩尼光焰悉成幢하고　　幢中熾然發妙香하며
其香普熏一切衆일새　　是故其處皆嚴潔이니다

蓮華垂布金色光하니　　其光演佛妙聲雲하야
普蔭十方諸刹土하야　　永息衆生煩惱熱이니다

菩提樹王自在力으로　　常放光明極淸淨하나니
十方衆會無有邊이　　　莫不影現道場中이니다

寶枝光焰若明燈하나니　其光演音宣大願호대
如佛往昔於諸有에　　　本所修行皆具說이니다

樹下諸神刹塵數가　悉共依於此道場하야
各各如來道樹前에　念念宣揚解脫門이니다

世尊往昔修諸行하며　供養一切諸如來하니
本所修行及名聞이　摩尼寶中皆悉現이니다

道場一切出妙音에　其音廣大遍十方하니
若有衆生堪受法하면　莫不調伏令淸淨이니다

그때에 백목연화계 보살마하살이 부처님의 위신력을 받아 널리 일체 도량에 대중의 바다를 관찰하고 곧 게송을 설하여 말하기를,

일체 마니가 묘한 음성을 출생하여
삼세에 모든 부처님의 명호를 칭양하나니
저 부처님의 한량없는 신통의 일을
이 도량 가운데서 다 현재에 봅니다.

수많은 꽃들은 앞다투어 피어남이 마치 영락이 펼쳐진 것과 같고
광명의 구름은 끝없이 흘러내려[206] 시방에 두루하나니
보리수 신이 받아 가져 부처님을 향하여
일심으로 우러러보며 공양하였습니다.

---

206 연연(演演)은 흐를 연 자이다.

마니의 광명 불꽃이 다 당기를 이루고
당기 가운데 치성하게 묘한 향기가 나오며
그 향기를 일체 대중이 널리 맡기에
이런 까닭으로 그 처소가 다 장엄하고 청결합니다.

연꽃이 금색 광명을 내려 펼치니
그 광명이 부처님의 묘한 음성의 구름을 연설하여
널리 시방의 모든 국토를 덮어
영원히 중생의 번뇌 열기를 쉬게 합니다.

보리수왕의 자재한 힘으로
항상 광명을 놓되 그 광명이 지극히 청정하나니
시방에 모인 대중의 그 끝없는 이들이
그림자 같이 도량 가운데 나타나지 아니함이 없습니다.

보배 나뭇가지에 광명의 불꽃이 밝은 등불과 같나니
그 광명이 음성을 내어 큰 서원을 선설하되
마치 부처님이 지나간 옛날에 제유諸有에서
본래 수행하신 바와 같이 다 갖추어 선설합니다.

나무 아래 모든 신들의 국토 티끌 수만치 많은 이들이
다 함께 이 도량에 의지하여
각각 여래의 도수道樹 앞에서

생각 생각에 해탈문을 선양합니다.

세존이 지나간 옛날에 모든 행을 닦았으며
일체 모든 여래에게 공양하였나니
본래 수행하신 바와 그리고 명성이
마니 보배 가운데 다 나타납니다.

도량의 일체에서 묘한 음성을 출생함에
그 음성이 광대하여 시방에 두루하나니
만약 어떤 중생이라도 그 법음을 감당하여 받는다면
조복하여 하여금 청정케 아니함이 없을 것입니다.

疏

第六에 百目菩薩頌中엔 雙歎場樹의 備德自在와 法化宣流니 前九偈는 各一門이라

제 여섯 번째 백목보살 게송 가운데는 도량과 나무에서 공덕을 갖추어 자재한 것과 법으로 교화하여 선전宣傳하여 유통케 한 것을 함께 찬탄한 것이니,
앞에 아홉 게송은 각각 한 법문이다.

> 經

如來往昔普修治 一切無量莊嚴事일새
十方一切菩提樹에 一一莊嚴無量種이니다

여래가 지나간 옛날에 널리
일체 한량없는 장엄의 일을 닦아 다스렸기에
시방의 일체 보리수에
낱낱 장엄이 한량없는 종류입니다.

> 疏

後一은 結嚴周遍이니 並顯可知니라

뒤에 한 게송은 장엄이 두루함을 맺는 것이니, 아울러 나타난 것은 가히 알 수가 있을 것이다. (十普菩薩에 第七을 今依北藏과 幷疏證定하니라 舊方冊엔 作普淸淨無盡福德威光菩薩摩訶薩은 得普入一切世間行하야 出生菩薩無邊行門解脫門이라하야 幷八九일새 疏皆云譯者之訛라하니라 : 十普菩薩[207]에 제 일곱 번째 普覺悅意聲菩薩은 지금에 북장경[208]과 아울러 疏를 의지하여 證定하였다. 또 舊方冊[209]에는 普淸淨無盡福德

---

[207] 십보보살 운운은 금본今本에는 없으나 북장경을 의지하여 보증하였다. 타본에는 제칠과 제팔과 제구 보살의 처소에서 자세히 밝혔다. 그러나 여기서는 권말卷末에 작은 주註로 밝혀 놓았으니 살펴볼 것이다.
[208] 지금에 북장경과 아울러 소문을 의지한다고 한 등은, 말하자면 청량스님이

威光菩薩摩訶薩은 得普入一切世間行하야 出生菩薩無邊行門解脫門이라 하야 여덟 번째와 아홉 번째를[210] 병합하여 놓았기에 疏에서 다 말하기를 번역한 사람의 잘못이라[211] 하였다.)

이미 제칠에 人法이 함께 빠졌다 말하고, 또 그 북장경에 이미 따로 제칠에 人法이 있는 까닭으로 지금에 북장경과 그리고 소문의 말을 의지하여 증정함을 얻은 것이다.
구방책은 그 번역자가 잘못하여 빠진 본책이니, 말하자면 만약 구본(구방책)인즉 원래 제칠에 人法이 없고, 다만 제팔 보살과 제구 법문이 제칠에 해당하는 까닭으로 소가가 그것이 제팔이 되고 제구가 됨을 밝힌 것이다. 또 이미 제팔에 그 法이 빠지고 제구에 그 人이 빠진 까닭으로 그 소문에 다 번역한 사람이 잘못이 있음을 밝혔으니, 여기에 곧 지금 이미 낱낱이 북장경을 의지하여 증정한 까닭으로 제팔·제구의 두 소문에 또한 번역한 사람의 잘못된 말을 제거하였다. 역시 『잡화기』의 말이다.

[209] 구방책이란, 타본에는 범본이라 하였다. 영인본 화엄 3책, p.240 제칠과 제팔과 p.241 제구 보살을 비교하여 여기 작은 주를 살펴보면 더욱 여실할 것이다.
[210] 여덟 번째 보살은 영인본 화엄 3책, p.240, 9행이고, 아홉 번째 보살은 영인본 화엄 3책, p.241, 1행이다.
[211] 번역한 사람의 잘못이라고 한 것은, 결국 제팔과 제구 보살은 따로 두어야 하는데 병합하여 두었기에 여기서는 따로 나누어 바로잡았다는 것이다.

영인본 3책 辰字卷之二

대방광불화엄경수소연의초 제오권의 이권
大方廣佛華嚴經隨疏演義鈔 第五卷之二卷

우진국 삼장사문 실차난타 번역
청량산 대화엄사 사문 징관 찬술
대한민국 조계종 사문 수진 현토역주

세주묘엄품 제일의 오권
世主妙嚴品 第一之五卷

疏

第七에 金焰頌은 歎佛十方功德이니 一頌이 一力이라 下諸經文에 屢明十力하니 是佛不共之德이며 佛佛等有며 菩薩緣此發心이라 梵行品云호대 復應修習하야 一一力中에 有無量義를 悉應諮問이라하니 故不可不知니라

제 일곱 번째 금염원만광 보살의 게송은 부처님의 십력 공덕을 찬탄한 것이니
한 게송이 한 힘(一力)이다.
아래 모든 경문[212]에서 누차 십력을 밝혔으니
이것은 부처님의 불공不共한 공덕이며,
부처와 부처가 평등하게 있는 것이며,
보살이 이것을 인연하여 발심한 것이다.
범행품에 말하기를[213] 다시 응당 닦아 익혀 낱낱 힘 가운데 한량없는

---

[212] 아래 모든 경문이란, 십주품과 범행품 등이다.

뜻이 있는 것을 다 응당 물어라 하였으니,
그런 까닭으로 가히 알지 아니할 수 없는 것이다.

鈔

下諸經文에 屢明十力下는 文分三호리라 初는 立章所由니 卽七門中初門이라 恐當宗責其名相일새 故로 總出斯意니라 文有五意하니 一은 經文多故니 解斯一節하면 餘處例然하니라 二는 是不共德이요 三은 佛佛等有니 此二는 是瑜伽二門이라 四에 菩薩緣此發心은 卽十住品이니 不識十力인댄 如何發心이리요 五는 梵行令觀이니 不了十力인댄 非眞梵行이라

아래 모든 경문에서 누차 십력을 밝혔다고 한 아래는 소문疏文을 세 가지로 분류하겠다.
처음에는 문장을 세우는 까닭이니[214]
곧 칠문七門 가운데 처음 문門이다.[215]

---

213 범행품 운운은, 범행품에는 일일력중——力中 앞에 어여래십력於如來十力에 일일관찰——觀察이라는 말이 더 있고 부응수습復應修習이라는 말은 없다. 단 4줄 앞에 부응수습십종법復應修習十種法이니 하자위십何者爲十고라 하여 열 가지 지혜를 말하고 있으나 아니다. 편집자의 착오라 하겠다.
214 처음에는 문장을 세우는 까닭이라고 한 것은, 곧 이미 소문에서 칠문七門을 세운 이유이다.
215 칠문七門 가운데 처음 문門이라고 한 것은, 경에서 십력을 세운 뜻이니 그 뜻이 진실로 다름이 있을지언정 지금에 취한 것은 곧 같은 까닭으로

당종當宗이 그 명상名相을 꾸짖을까[216] 염려하기에 그런 까닭으로 이 뜻을 한꺼번에 설출한 것이다.
문장에 다섯 가지 뜻이 있나니,[217]
첫 번째는 경문이 많은 까닭이니
여기에 일절一節만 알면 나머지 처소에 예例도 그러한 줄 알 것이다.
두 번째는 이것[218]은 불공한 공덕이요,
세 번째는 부처와 부처가 평등하게 있는 것이니
이 두 가지는 이 『유가론』의 이문二門이다.
네 번째 보살이 이것을 인연하여 발심한다고 한 것은 곧 십주품이니
십력을 알지 못했다면 어떻게 발심하였겠는가.
다섯 번째는 범행梵行으로 하여금 보게 하는 것이니
십력을 알지 못한다면 참다운 범행이 아니다.

칠문 가운데 처음 문이라고 가리킨 것이다. 또 다섯 가지 뜻 가운데 처음에 하나는 오직 소문에서 칠문을 세운 이유에 해당하고, 뒤에 네 가지는 또한 경에 십력을 세운 뜻에 통하나니 그런 까닭으로 같다고 가리킨 것이다. 이상은 다 『잡화기』의 말이다.
[216] 당종은 화엄종이고, 명상은 법상종이다. 꾸짖는다고 한 책責 자가 북장경에는 귀貴 자이니, 그렇다면 당종에서 그 명상을 귀하게 여길까 염려하기에로 번역할 것이다.
[217] 다섯 가지 뜻이 있다고 한 것은, 처음에 하나는 오직 소문에서 칠문을 세운 이유에 해당하고, 뒤에 네 가지는 경에서 십력을 세운 뜻에 통한다고 앞서 말한 바가 있다.
[218] 이것이란, 부처님의 십력이다.

疏

然이나 大般若五十三과 顯揚第四와 對法第十四에 廣辯하니 今略以七門分別호리라 一은 立意요 二는 釋名이요 三은 自性이요 四는 作業이요 五는 次第요 六은 差別이요 七은 釋文이라 然了其名하면 則知作業하고 對文料揀하면 差別易見일새 故將作業差別과 并釋別名하야 並於釋文中顯하니라 今初立意者는 智論意云호대 顯佛大人이 有眞實力하야 令外道心伏케하며 二乘希向케하며 菩薩倣之케하야 能成辦大事하고 終獲其果일새 故須辯之라하니라 如來는 唯一諸法實相智力이니 此力이 有十種用일새 故說爲十이니 謂於十境에 皆委悉正知故니라 由時品類와 相續分別하야 有無量力이나 度人因緣일새 故但說十하야 足辯其事니 謂以初力으로 知可度不可度하고 次業力으로 知有障無障하고 以定力으로 知味著不味著하고 以根力으로 知智多少하고 以欲力으로 知所樂하고 以性力으로 知深心所趣하고 以至處力으로 籌量衆生解脫門하고 以宿命力으로 分別先所從來하고 以生死力으로 分別生處好醜하고 以漏盡力으로 知衆生得涅槃하나니 佛以此十으로 度生審諦일새 故但說十이니라

그러나 『대반야경』 오십삼권과 『현양론』 제사권과 『대법론對法論』 제십사권에 폭넓게 분별하였으니,
지금에는 간략하게 칠문七門으로써 분별하겠다.
첫 번째는 뜻을 세운 것이요,

두 번째는 이름을 해석한 것이요,
세 번째는 자성이요,
네 번째는 작업[219]이요,
다섯 번째는 차례요,
여섯 번째는 차별이요,
일곱 번째는 문장을 해석한 것이다.
그러나 그 이름을 알게 되면 곧 작업을 알게 되고, 문장을 상대하여 헤아려 가려 보면 차별을 쉽게 볼 수 있기에 그런 까닭으로 작업과 차별과 아울러 별명別名을 해석함을 가져 모두 문장을 해석하는 가운데 나타내었다.

지금은 처음으로 뜻을 세운다고 한 것은, 『지도론』[220]의 뜻에 말하기를 부처님의 대인이 진실한 힘이 있어서 외도로 하여금 마음을 조복케 하며
이승二乘으로 하여금 취향하길 희망하게 하며,[221]
보살로 하여금 본받게 하여 능히 일대사를 성취하여 갖추고 마침내 그 과보를 얻게 함을 나타내기에 그런 까닭으로 반드시 그것을 분별한다 하였다.
여래는 오직 하나인 제법실상의 지혜 힘뿐이지만 이 힘이 열 가지

---

219 작업이라고 한 것은 곧 작용이다.
220 『지도론』은 이십칠권이다.
221 취향하길 희망하게 한다고 한 것은, 이승으로 하여금 대승에게로, 부처에게로 취향하게 하는 것이다.

작용이 있기에 그런 까닭으로 말하기를 열 가지가 된다 하나니, 말하자면 열 가지 경계에 다 자세히 바르게 아는 까닭이다.

시분時分과 품류品類와[222] 상속相續의 분별을 인유하여 한량없는 힘이 있지만 사람을 제도하는 인연이기에 그런 까닭으로 다만 열 가지만 설하여 족히 그 사실을 분별[223]하였나니,

말하자면 처음 힘[224]으로써 가히 제도하고 가히 제도하지 못함을 알고,

다음에 업력[225]으로써 장애가 있고 장애가 없음을 알고,

정력定力[226]으로써 의미에 집착하고 의미에 집착하지 아니함을 알고,

근력根力으로써 지혜의 많고 적음을 알고,

욕력欲力으로써 좋아하는 바를 알고,

성력性力으로써 깊은 마음의 나아갈 바를 알고,

지처력至處力[227]으로써 중생의 해탈문을 헤아리고,

---

222 시분과 품류 운운은, 소지所知의 경계가 한량이 없음을 인유하여 능지能知의 힘이 한량이 없이 많이 있다면 그 이치가 반드시 하나를 얻어 많은 것을 이루는 것이고, 또 한량이 없음에 나아가 다만 열 가지 힘만 설하여도 또한 다 한량이 없는 힘을 구족하는 까닭으로 열 가지 힘만 설하는 것이다. 역시 『잡화기』의 말이다.

223 변辨은 『잡화기』에 판辦의 잘못이라 하였다.

224 말하자면 처음 힘이라 한 아래는 『지도론』의 문장을 뜻으로 간략하게 설출한 것이다. 처음 힘이란 처비처지력處非處智力이다.

225 업력은 제 두 번째 힘이다.

226 정력定力은 정려靜慮를 말한다.

227 지처력至處力은 변취력徧趣力이니, 어디든지 이르는 힘을 말한다.

숙명력으로써 먼저 좇아온 바를 분별하고,
생사력으로써 태어날 곳이 좋고 추함을 분별하고,
누진력으로써 중생이 열반 얻음을 아나니
부처님이 이 십력으로써 중생을 제도함에 자세히 살피기에 그런 까닭으로 다만 열 가지만 설하였을 뿐이다.

鈔

由時下는 三에 成多所以니 卽瑜伽中分別門이라 然瑜伽도 亦說七門이나 與此小異하니 一은 自性이요 二는 分別이요 三은 不共이요 四는 平等이요 五는 作業이요 六은 次第요 七은 差別이라하니라 前有二門하고 今有分別하니 云何分別고 瑜伽云호대 由三分別하야 當知無量이니 一은 由時分分別이니 謂墮三世인 一切所知에 隨悟入故요 二는 由品類分別이니 謂一切有爲인 自相共相의 一切行相에 隨悟入故요 三은 由相續分別이니 謂諸有情이 各各差別한 一切相續과 一切事義에 隨悟入故라하니라

시간과 품류와 상속의 분별을 인유한다고 한 아래는 세 번째 많은 힘을 이루는 까닭이니
곧 『유가론』 가운데 분별문分別門이다.
그러나 『유가론』에도 또한 칠문을 설하였지만 여기로 더불어 조금 다르나니
첫 번째는 자성이요,

두 번째는 분별이요,
세 번째는 불공이요,
네 번째는 평등이요,
다섯 번째는 작업이요,
여섯 번째는 차례요,
일곱 번째는 차별이라 하였다.
앞에 이문二門이 있었고[228] 지금에 분별문이 있나니
어떤 것이 분별인가.
『유가론』에 말하기를 세 가지 분별을 인유하여 마땅히 한량없는 힘이 있는 줄 아나니
첫 번째는 시분분별時分分別을 인유한 것이니,
말하자면 삼세에 빠진 일체 소지所知에 따라 오입悟入하는 까닭이요,
두 번째는 품류분별品類分別을 인유한 것이니,
말하자면[229] 일체 유위有爲인 자상自相과 공상共相의 일체 행상에 따라 오입하는 까닭이요,
세 번째는 상속분별相續分別을 인유한 것이니,
말하자면 모든 유정이 각각 차별한 일체 상속과 일체 사의事義에 따라 오입하는 까닭이라 하였다.

---

228 앞에 이문二門이 있었다고 한 것은 불공덕문不共德門과 불평등문佛平等門이니 『유가론』의 이문二門이다. 분별문分別門도 역시 『유가론』의 말이니 『유가론』의 칠문七門이 성립된다는 말이다.
229 분별이라 한 아래에 위謂 자가 있어야 한다. 따라서 보증하여 번역하였다.

疏

第二에 釋名은 初總後別이라 今初總名力者는 能摧怨敵義며 不可屈伏義일새 故說名力이라 瑜伽云호대 與一切種이 饒益一切有情하는 功能으로 具相應故며 畢竟勝伏一切魔怨의 大威力故로 說名爲力이라하니라 對法云호대 善除衆魔하며 善記問論故로 十名力이라하니 十者는 是數니 帶數釋也라 別名은 至文當釋호리라

제 두 번째 이름을 해석한다고 한 것은, 처음에는 총명(總)이요 뒤에는 별명(別)이다.
지금은 처음으로 모두 이름을 힘(力)이라고 한[230] 것은 능히 원수와 적敵을 꺾는다는 뜻이며, 가히 굴복하지 않는다는 뜻이기에 그런 까닭으로 말하기를 이름을 힘이라 하는 것이다.
『유가론』에 말하기를 일체 종류[231]가 일체 유정을 요익케 하는 공능功能으로 더불어 갖추어 상응하는 까닭이며, 필경에[232] 일체 마군과

---

[230] 지금은 처음으로 모두 이름을 힘(力)이라고 한다 한 등은, 처음에는 『지도론』의 뜻이다. 삼론三論이 각각 두 가지 뜻이 있으나, 마군을 꺾어 절복하는 한 가지 뜻은 다 같고 나머지 한 가지 뜻은 다 다르다. 혹자가 말하기를 나머지 한 가지 뜻도 글은 다르지만 뜻은 다 같다 하였다. 이상은 『잡화기』의 말이다. 삼론이라고 한 것은 『지도론』과 『대법론』과 『유가론』이다.

[231] 일체 종류라고 한 것은, 유정을 요익케 하는 공덕이 일체 종류가 있다는 것이다. 혹은 말하기를 일체종지라 하나, 만약 상응하는 바가 이 일체종지라면 과연 그 능히 상응하지 못하는 십지十智는 저 일체종지가 아닐 것이니 다시 이 무엇이란 말인가. 역시 『잡화기』의 말이다.

원수의 큰 위력을 이겨 절복케 하는 까닭으로 말하기를 이름을 힘이라 한다 하였다.

『대법론』에 말하기를 수많은 마군을 잘 제멸하며 묻고 논의한 것을 잘 기억하는 까닭으로 열 가지 이름을 힘이라 한다 하였으니, 열 가지라고 한 것은 이 숫자이니

대수석帶數釋[233]이다.

따로 이름한(別名) 것은 문장에 이르러 마땅히 해석하겠다.

疏

三에 自性者는 瑜伽五十七云호대 佛具知根과 慧根으로 爲體라하며 對法論云호대 若定若慧와 及彼相應하는 諸心心所로 爲性이라하며 菩薩地엔 總以五根으로 爲性이라하니 統其文義하면 應具六種이라 一은 最勝體故니 決擇分中에 慧根으로 爲性이요 二는 引生體니 對法兼定이요 三은 剋實體니 菩薩地云호대 五根爲性이라하니라 由慧勝故로 且說十力이 慧爲自性이니 所以로 但言處非處等 智力하고 不言信進等力이라 四는 相應體니 對法에 兼取相應心法인 四蘊하야 爲性이라 五는 眷屬體니 五蘊爲體하고 定共道共과 無漏色等의 助로 爲體故니라 此雖無文이나 理必應爾하나니 遮犯

---

232 필경 운운은, 필경에 일체 마군과 원수를 이겨 절복하는 큰 위력이 있는 까닭이라고도 해석할 수 있다.

233 대수석帶數釋은 육이합석六異合釋의 하나이다.『현담』에서 많이 설명하였고, 미진하면『불교사전』도 참고할 것이다.

戒垢하야 助摧怨故니라 六은 依此經인댄 融一切法으로 以爲其性하나니 無礙法界가 理應爾故니라

세 번째 자성이라고 한 것은, 『유가론』 오십칠권에 말하기를[234] 부처는 구지근具知根[235]과 혜근慧根으로 자체 삼는다 하였으며 『대법론』에 말하기를 혹 정定과 혜慧와 그리고 저 상응하는 모든 심왕心王과 심소心所로 자성을 삼는다 하였으며
보살지품[236]에는 모두 오근五根으로 자성을 삼는다 하였으니,
그 문장과 뜻을 통합統合하여 보면 응당 여섯 가지를 구족하였다.
첫 번째는 최승으로 자체성을 삼는 까닭이니
선결택분善決擇分[237] 가운데 혜근으로 자성을 삼는다 한 것이요,
두 번째는 인생引生으로 자체성을 삼는[238] 까닭이니

---

234 『유가론』 오십칠권 운운은, 『유가론』 오십칠권에 모든 부처님의 열 가지 힘은 여래의 몸 가운데 혜근에 섭수하는 바이며, 그리고 구지근과 사무소외와 오근五根에 섭수하는 바라 하였다.
235 구지근具知根이라고 한 것은 곧 삼무루근三無漏根이니, 무학위無學位에 해당하며 진지盡智와 무생지無生智로 그 자체를 삼는다. 금자권金字卷 하권 십일장十一丈에 있다. 그 자체를 삼는다고 한 것은 십력十力의 자체성이다. 삼무루근이라고 한 것은 一은 미지당지근未知當知根이니 견도위見道位이고, 二는 이지당지근已知當知根이니 수도위修道位이고, 三은 구지당지근具知當知根이니 무학위無學位이다. 제 세 번째 구지근은 아라한위(무학위)에서 생기하는 지혜이다. 『대법론』 제칠권에 있다.
236 보살지품은 『유가론』 보살지품이니, 『유가론』 제오십권에 해당한다.
237 선결택분善決擇分은 위에서 말한 『유가론』 오십칠권 가운데 분分의 이름이다.
238 인생引生으로 자체성을 삼는다고 한 것은, 선정(定)이 능히 지혜(慧)를 이끌어

『대법론』에서 선정(定)과 지혜(慧)를 겸하였다 한 것이요,
세 번째는 극실赳實로 자체성을 삼나니
보살지품에 말하기를 오근으로 자성을 삼는다 한 것이다.
지혜가 수승함을 인유한 까닭으로 또한 십력이 혜근으로 자성을 삼는다 말한 것이니,
그런 까닭으로 다만 처비처處非處 등의 지력智力만 말하고 신신·진進 등의 힘(力)은 말하지 아니한 것이다.
네 번째는 상응함으로 자체성을 삼나니
『대법론』에 상응하는 심법心法인 사온四蘊[239]을 겸하여 취해서 자성을 삼는다 한 것이다.
다섯 번째는 권속으로 자체성을 삼나니
오온으로 자체성을 삼고 정공계定共戒와 도공계道共戒와 무루색無漏色 등[240]이 도움으로 자체성을 삼는 까닭이다.

생기하는 까닭으로 인생引生이라 하는 것이니, 경에 말하기를 걸림이 없는 청정한 지혜가 다 선정을 의지하여 생기한다 하였다. 운자권雲字卷 오십일권에 말하기를 이끌어 발생하는 자체이니, 혹 선정과 혹 지혜라 하였으니 곧 지혜가 선정을 겸한 것이다. 역시 『잡화기』의 말이다.

239 심법心法인 사온四蘊이란, 오온 가운데 색온만 색법이고 나머지 수상행식 등 사온은 다 심법이다.

240 정공계라고 한 것은, 신역에는 정려율의精慮律儀라 말하였으니 일체 위에 두 세계(색계·무색계)의 유류정과 함께하는 현행의 사상思上에 욕계의 악계惡戒를 막는 공능으로 자체를 삼는 것이 있는 것이다. 도공계라고 한 것은, 신역에 무루율이라 말하였으니 일체 상지上地에 있는 바 무루도와 함께하는 현행의 사상에 능히 욕계의 범계犯戒를 막는 공능으로 자체를 삼나니, 다

이것은 비록 문장이 없지만 이치는 반드시 응당 이와[241] 같나니,
범계犯戒의 때를 막아서 원수를 꺾음에 도우는 까닭이다.
여섯 번째는 이 『화엄경』을 의지한다면 일체법을 융합함으로 그 자체성을 삼나니,
무애법계의 이치가 응당 그러한 까닭이다.

疏

四에 作業者는 卽是辯相이니 至文當顯호리라

네 번째 작업이라고 한 것은 곧 이것은 모습(相)을 분별한 것이니, 문장에 이르러 마땅히 현시하겠다.

疏

五에 次第者는 諸文에 或有前却은 各有所由니 此文에 所列次第

무표색이기에 거짓으로 색이라는 이름을 세운 것이니 『회현기』 십오권 삼십이장을 볼 것이다. 무루색 등이라고 한 등等 자는 나머지 사온(색을 제외)을 등취한 것이니, 이 가운데 무루의 오온은 곧 오분법신이니 운자권 삼십일장을 볼 것이다. 그러나 여기 제 다섯 번째 가운데 다만 색온이 자체가 되는 까닭만 밝히고, 미처 나머지 사온四蘊을 밝히지 아니한 것은 앞의 제 네 번째 가운데 이미 그 사온의 뜻을 겸하여 밝힌 까닭이다. 역시 『잡화기』의 말이다.

241 원문에 응시應是는 응이應爾와 상통한다 하겠다.

는 與十住로 全同하고 淨行品은 則界在解前하며 梵行品은 禪定解脫이 當其第三하고 宿命이 居天眼之後하며 餘同此次니라 瑜伽四十九와 及智論二十七도 亦禪居第三하며 餘同此次니라 且依論하야 明次第者인댄 智論云호대 初力은 爲總이요 餘九는 爲別이니 於初力中에 分別有九故니라 初一力은 通知萬法하고 下九는 展轉開之니 謂初는 令知因緣果報일새 故起業力이요 次는 業煩惱故로 縛거든 淨禪定解脫故로 解할새 令去縛就解요 次는 根有利鈍하니 鈍者는 爲有造業하고 利者는 爲不生故로 集業하며 由善惡二欲하야 成上下根하며 此二種欲이 由二種性하며 以有種種性의 因緣故로 行二種道하나니 謂善道惡道니라 次는 知其過去하며 審彼未來하며 次以方便으로 壞其因緣果報相續일새 故說漏盡이라하니라 瑜伽에 有多門次第하나니 廣如第五十說하니라 上來엔 依論次第어니와 而今禪이 居第七者는 二論과 梵行엔 爲對自業이 有離欲과 不離欲일새 故禪居第三하고 此經十住엔 爲對遍趣行이 有淸淨과 不淸淨일새 故居第七이라 若習欲成性인댄 卽界居欲後하고 若由性起欲인댄 則界居欲前하며 若執常者엔 先說宿住하고 若爲執斷하야는 先辯其天眼하리라 餘無別理일새 故로 經論皆定하니라

다섯 번째 차례라고 한 것은 모든 문장에 혹 앞뒤 순서가 바뀐 것이 있는 것은 각각 인유하는 바가 있나니,
여기 문장에 열거한 바 차례는 십주품으로 더불어 온전히 같고,
정행품은 곧 종종계지력이 종종승해지력 앞에 있으며,

범행품은 선정해탈지력이 그 제 세 번째에 해당하고 숙명통 지력이 천안통 지력 이후에 있으며,
나머지는 여기 차례와 같다.
『유가론』 사십구권과 그리고 『지도론』 이십칠권에도 또한 선정해탈 지력이 제 세 번째에 있으며,
나머지는 여기 차례와 같다.

우선 『지도론』을 의지하여 차례를 밝힌다면, 『지도론』[242]에 말하기를 처음에 힘은 총이 되고 나머지 아홉 가지 힘은 별別이 되나니, 처음 힘 가운데 분별하여 아홉이 있게 된 까닭이다.
처음에 한 가지 힘(一力)은 만법을 통지通知한 것이고,
아래에 아홉 가지 힘(九力)은[243] 전전히 그것[244]을 개석開釋한 것이니,
말하자면 처음은 하여금 인연 과보를 알게 하기에 그런 까닭으로 업지력을 일으키는 것이요,
다음은 업의 번뇌인 까닭으로 얽히었거든 선정 해탈을 청정히 한

---

[242] 『지도론』은 이십사권이고, 처음에 힘은 一에 처비처지력이다.
[243] 아래에 아홉 가지 힘 운운은 바로 아래 말하자면 처음 운운은 처음이고, 그 아래 다음은 업의 운운은 두 번째이고, 그 아래 다음은 근기에 운운은 세 번째이고, 그 아래 선과 악 운운은 네 번째이고, 그 아래 이 두 가지 욕락이 운운은 다섯 번째이고, 그 아래 가지가지 운운은 여섯 번째이고, 그 아래 다음은 그 과거는 일곱 번째이고, 그 아래 저 미래는 여덟 번째이고, 그 아래 다음은 방편으로 운운은 아홉 번째 힘이다.
[244] 그것이라고 한 것은 처음에 힘을 말하는 것이니, 곧 처음에 힘을 확대하여 해석하였다는 것이다.

까닭으로 해탈하기에 하여금 얽힘을 보내고 해탈에 나아가게 하는 것이요,
다음은 근기에 영리하고 우둔함이 있나니
우둔한 사람은[245] 난 적이 있다고 하여 업을 짓고 영리한 사람은 난 적이 없다고 한 까닭으로 업을 모으며,
선과 악의 두 가지 욕락을[246] 인유하여 상근기와 하근기를 이루며,
이 두 가지 욕락이 두 가지 자성을 인유하며[247]
가지가지 자성의 인연이 있는 까닭으로 두 가지 도道를 행하나니 말하자면 선도와 악도이다.
다음은 그 과거를 알며
저 미래를 살피며

---

[245] 우둔한 사람이라 운운한 것은, 『지도론』 24권에 갖추어 말하기를 우둔한 사람은 몸을 받기 위한 까닭으로 업을 짓고, 영리한 사람은 몸을 소멸하기 위한 까닭으로 업을 모은다 하였으니, 곧 위에 상업上業은 삼계유루선악업이고 하업下業은 이 무루선업이다. 역시 『잡화기』의 말이다.

[246] 선과 악의 두 가지 욕락이라고 한 것은, 선은 출세간에 해당하고 악은 세간에 해당하나니, 세간이 비록 선이 있으나 만약 출세간을 바라보면 다 악이라 이름함을 얻는 것이다. 역시 『잡화기』의 말이다.

[247] 두 가지 욕락이 두 가지 자성을 인유한다고 한 것은(由二等者), 만약 열거한 차례를 의거한다면 욕락을 익혀 자성을 이루는 뜻을 쓴 것이고, 지금에 해석한 뜻을 관찰한다면 도리어 자성을 인유하여 욕락을 일으키는 뜻을 의지한 것이니 그 뜻이 일정한 방처가 없는 까닭이다. 욕락을 익혀 자성을 이룬다고 한 것은 현재 욕락을 인유하여 미래 종자(자성)를 이루는 까닭이요, 자성을 인유하여 욕락을 일으킨다고 한 것은 과거의 자성을 인유하여 현재의 욕락을 일으키는 까닭이다. 역시 『잡화기』의 말이다.

다음은 방편으로 그 인연 과보가 상속함을 무너뜨리기에 그런 까닭으로 말하기를 누진지력이라 하였다.
『유가론』에 많은 문門의 차례가 있나니
폭넓게는 『유가론』 제오십권에 설한 것과 같다.
상래에는 논의 차례를 의지하였거니와 그러나 지금에는 선정해탈지력이 제 일곱 번째에 있는 것은 지도·유가 이론二論과 범행품에는 자업지력[248]이 욕락을 떠남과 욕락을 떠나지 못함이 있음을 상대하기에 그런 까닭으로 선정해탈지력이 제 세 번째에 있고,
이 『화엄경』 십주품에는 변취행지력이 청정함과 청정하지 못함이 있음을 상대하기에 그런 까닭으로 제 일곱 번째에 있는 것이다.
만약 욕락을 닦아 자성을 이루고자 한다면 곧 종종계지력이 욕락의 뒤에 있어야 하고,
만약 자성을 인유하여 욕락을 일으킨다면 곧 종종계지력이 욕락[249]의 앞에 있어야 할 것이며,
만약 상견常見에 집착하는 이[250]에게는 먼저 숙주지력을 말해야 하고,

---

248 자업지력은 업보지력業報智力이라고도 하고 업이숙지력業異熟智力이라고도 한다.
249 욕락이라고 한 것은 해력解力이니 곧 승해력勝解力이다. 소문을 기준한다면 종종해력이 제 네 번째이고, 종종계지력이 제 다섯 번째이다. 사실 욕락을 분별하는 것이 해력解力이다.
250 만약 상견常見에 집착하는 이 등이라고 한 것은, 숙주지력이라고 한 것은 과거의 본생과 본사가 번복하여 다단함을 보게 하는 까닭으로 가히 상견을 다스리고, 천안지력이라고 한 것은 하여금 미래의 과보가 결정코 없지 아니함을 보게 하는 까닭으로 가히 단견을 제멸하는 것이다. 이상은 역시 『잡화

만약 단견斷見에 집착하는 이를 위해서는 먼저 그 천안지력을 말해야 할 것이다.
나머지는 다른 이치가 없기에 그런 까닭으로 경론에서 다 확정하였다.[251]

鈔

瑜伽有多門下는 指廣在餘라 言多門者는 論云호대 如來가 初成正覺에 卽頓證得十力하시고 後方次第現前하시니 謂初起處非處力하사 觀察諸法하야 建立一切無倒因果하시며 旣觀察已에 次起自業智力하시니 謂有希求欲界勝果인댄 方便爲說하야 令離不善故며 若有希求世間의 離欲之道인댄 敎授令趣禪定功德일새 故起定力이며 若諸有情이 希求出世의 離欲法者인댄 爲說出世之道하시니 謂於此中에 先起根力하사 觀根勝劣하시며 次觀彼根으로 爲先하사 所有意樂하시며 次觀意樂으로 爲先하사 所有隨眠하시며 旣知根欲과 及隨眠已에 次令於所緣中에 而得趣入케하시며 次由於所緣趣入門에 加行하사 攝住心已하시며 淨修行已에 爲說中道하사 令離斷常 하시니 謂宿命除常하고 天眼除斷하시며 次令永斷一切煩惱와 及諸習氣일새 起漏盡力하시니라 更有異門次第나 恐繁不引하시니라

『유가론』에 많은 문의 차례가 있다고 한 아래는 폭넓게 다른 곳에도

기』의 말이다.
[251] 경론에서 다 확정하였다고 한 것은, 단 제칠만 뒤바뀌었다.

있음을 지시한 것이다.

많은 문이라고 말한 것은, 『유가론』에 말하기를 여래가 처음 정각을 이룸에 곧 문득 십력을 증득하시고 뒤에 바야흐로 차례대로 앞에 나타내시니,

말하자면 처음에 처비처지력을 일으켜 모든 법을 관찰하여 일체 거꾸로 됨이 없는 인과를 건립하시며,

이미 관찰하여 마치심에 다음에는 자업지력을 일으키시니,

말하자면 어떤 사람이 욕계의 수승한 과보를 구하기를 희망한다면 방편으로 설하여 하여금 불선不善을 떠나게 하는 까닭이며,

만약 어떤 사람이 세간의 욕락을 떠난 도를 구하기를 희망한다면 가르침을 주어 하여금 선정의 공덕에 나아가게 하기에 그런 까닭으로 정지력을 일으키시며,

만약 모든 유정이 출세간의 욕락을 떠난 법을 구하기를 희망한다면 출세간의 도를 설하시니,

말하자면 이 가운데 먼저 근지력을 일으켜 근기의 수승하고 하열함을 관찰하시며,

다음에 저 근기로 우선을 삼아 소유한 마음에 욕락을 관찰하시며,

다음에 마음의 욕락으로 우선을 삼아 소유한 수면隨眠[252]을 관찰하시며,

이미 근기와 욕락과 그리고 수면을 알아 마침에 다음에 하여금

---

[252] 수면은 종자이니, 곧 종종계지력이 이것이다고 『잡화기』는 말한다. 영인본 화엄 3책, p.310, 7행 이하 소초문을 보라.

반연할 바 가운데 나아가 들어감을 얻게 하시며,
다음에 반연하여 나아가 들어갈 바 문에 가행으로 정진함을 인유하여 마음을 섭수하여 머물게 하여 마치시며,
수행을 청정히 하여 마침에 중도를 설하여 하여금 단견과 상견을 떠나게 하시니,
말하자면 숙명으로 상견을 제멸하시고 천안으로 단견을 제멸하시며,
다음에 하여금 영원히 일체 번뇌와 그리고 모든 습기를 끊게 하기에 누진지력을 일으키는 것이다.
다시 다른 문의 차례가 있지만 번잡함을 싫어할까 인용하지 않는다.

疏

六에 差別者는 謂此十力을 展轉相望에 亦有差別하며 亦無差別하니 至文當明호리라

여섯 번째 차별이라고 한 것은, 말하자면 이 십력을 전전히 서로 바라봄에 또한 차별이 있기도 하며
또한 차별이 없기도 하나니
문장에 이르러 마땅히 밝히겠다.[253]

---

[253] 문장에 이르러 마땅히 밝히겠다고 한 것은 바로 아래 게송이니 영인본 화엄 3책, p.306, 1행 게송 등이다. 그 소문에 처비처지력이라 한 등이다.

疏

七에 釋文은 然此經宗은 異義도 皆融攝故로 一一力中에 具攝十力하며 乃至包盡法界하나니 是以로 宿命엔 乃云호대 智包三世라 하니라 天眼엔 則見盡法界라하니 非唯見盡이니라 佛眼은 如空하야 卽是法界라하니 非唯智包라 亦能毛孔頓現이니라 業力은 卽觀法性거니 豈唯但是有爲리요 約門有殊故로 他宗도 不壞니라

일곱 번째 문장을 해석한다고 한 것은, 그러나 이 『화엄경』의[254] 종취는 다른 종의 뜻[255]도 다 융합하여 섭수하는 까닭으로 낱낱 힘 가운데 십력을 갖추어 섭수하며 내지 모든 법계를 포함하나니, 이런 까닭으로 숙명에[256]는 이에 말하기를 지혜가 삼세를 포함한다 하였다.

천안天眼에[257]는 곧 모든 법계를 본다 하였으니

---

[254] 그러나 이 『화엄경』이라 한 등은, 어떤 사람이 또 말하기를 앞에 여섯 문門을 의지한다면 십력이 다 결정코 다르거니 차별교差別敎로 더불어 어떻게 다른가 할까 염려하기에 그런 까닭으로 여기에 그것을 해석한 것이다. 역시 『잡화기』의 말이다.

[255] 원문에 이의異義라고 한 것은 곧 다른 종의 뜻이라는 말이다. 이 소문 마지막에 다른 종(他宗)이라 하였다.

[256] 숙명에라 한 것은 과목을 가리키는 것이니, 영인본 화엄 3책, p.318, 2행 제팔력第八力이다.

[257] 천안天眼에라 한 것도 역시 과목을 가리킨다. 원문에 진법계盡法界라고 한 것은 영인본 화엄 3책, p.320, 7행에는 보견법계진무여普見法界盡無餘라 하였다.

오직 모든 법계를 보는 것뿐만이 아니다.

또 불안佛眼은²⁵⁸ 허공과 같아서 곧 이 법계를 본다 하였으니 오직 지혜가 삼세를 포함할 뿐만이 아니라 또한 능히 털구멍에 문득 삼세를 나타내는 것이다.

업력은 곧 법성을 관찰하거니 어찌 오직 다만 유위만 관찰할 뿐이겠는가.

문門이 다름이 있음을 잡은²⁵⁹ 까닭으로 다른 종의 뜻도 무너뜨리지 않는 것이다.

---

258 또 불안佛眼이라고 한 아래는 천안과天眼科에 속하나니, 영인본 화엄 3책, p.320, 7행을 뜻으로 인용한 것이다.
259 문이 다름이 있음을 잡는다고 한 등은, 어떤 사람이 또 말하기를 이미 원융교를 잡았다면 하필 십력을 차례차례 거론하여 차례를 이루는가 할까 염려하기에 그런 까닭으로 여기에 그것을 해석한 것이니, 그 뜻은 비록 원융교이지만 그 문門은 이미 다름이 있는 까닭으로 저 차별교의 모습을 무너뜨리지 않는다 하니, 이것은 곧 처음(차별)의 뜻과 다름을 가리는 것이니 깊은 것을 의거한 것이요, 뒤에는 거두는 것이니 넓은 것에 나아간 것이다. 역시 『잡화기』의 말이다.

經

爾時에 金焰圓滿光菩薩摩訶薩이 承佛威力하야 普觀一切道場
衆海하고 卽說頌言호대

佛昔修習菩提行하사　　於諸境界解明了일새
處與非處淨無疑하나니　此是如來初智力이니다

그때에 금염원만광 보살마하살이 부처님의 위신력을 받아 널리
일체 도량에 대중의 바다를 관찰하고 곧 게송을 설하여 말하기를,

부처님이 옛날에[260] 보리의 행을 닦아 익혀
모든 경계에 바로 알고 분명하게 요달하였기에
시처是處와 더불어 비처非處에 청정하여 의심이 없으시나니
이것은 이 여래의 처음 지력智力입니다.

疏

第一偈는 卽處非處智力이니 謂善因樂果는 斯有是處요 善因苦
果는 無有是處니 惡因苦果等도 例上可知니라

---

260 경문에 부처님이 옛날에라 한 등은, 이 십력의 경문에 다분히 먼저 원인을
　　거론한 것은 사람(부처님)이 원인(보리행)을 모아 바야흐로 얻는 것을 보인
　　까닭이다고 『잡화기』는 말한다.

處者는 建立義며 依義起義니 能建立果하며 與果爲依하며 能起果法일새 故立處名이라 於此正知일새 故名智力이라

첫 번째 게송은 곧 처비처지력이니,
말하자면 선인善因에 낙과樂果는 이것은 시처是處가 있는 것이요,
선인善因에 고과苦果는 시처是處가 없는 것이니,
악인惡因에 고과苦果 등[261]도 이 위에 말을 비례하면 가히 알 수가 있을 것이다.[262]

처處[263]라고 한 것은 건립의 뜻이며 의지의 뜻이며 생기의 뜻이니, 능히 과법果法을 건립하며 과법으로 더불어 의지가 되며, 능히 과법을 생기하기에 그런 까닭으로 처處라는 이름을 세운 것이다. 여기[264]에 바로 알기에 그런 까닭으로 지력이라고 이름하는 것이다.

---

261 등이라고 한 것은 악인에 낙과를 말한다.
262 이 위에 말을 비례하면 가히 알 수가 있을 것이라고 한 것은, 악인에 고과는 이것은 시처是處가 있는 것이요, 악인에 낙과는 시처是處가 없다는 것이다.
263 처라고 한 것은 건립의 뜻이다 운운한 것은, 하래 소문(영인본 화엄 3책, p.315, 10행. 고본은 진자권 下 10장 10행)에 말하기를 처음에 힘(十力中初力)은 원인이 과법을 얻는 처소를 가리킨 것이다 하였으니, 곧 처소는 다분히 원인을 명목한 것이다고 『잡화기』는 말한다.
264 여기란, 처處와 비처非處이다.

鈔

第一偈下는 一에 釋名이니 卽因果相當인댄 名之爲處요 若不相當인댄 名爲非處니라

첫 번째 게송이라고 한 아래는 첫 번째 이름을 해석한 것이니 곧 인과가 서로 해당한다[265]면 이름을 처處라 하고, 만약 서로 해당하지 않는다면 이름을 비처라 하는 것이다.

疏

其作業者는 卽如實知因之與果하며 及能降伏無因惡因의 種種諍論하야 旣遍知已에 可度者度하고 不可度者는 爲作因緣이라 文中上半은 往因이요 下半은 顯智力이라 於諸境界에 正解明了는 卽辯此力이 通知一切法也니라

그 작업[266]이라고 한 것은 곧 여실하게 인과 더불어 과를 알며, 그리고 능히 무인無因이다 악인惡因[267]이다 하는 가지가지 쟁론을 항복 받아 이미 두루 안 이후에 가히 제도할 사람은 제도하고 가히

---

265 인과가 서로 해당한다고 한 것은, 소문 가운데 처處를 해석한 세 가지 뜻이 통틀어 말하면 인과가 서로 해당한다는 한마디 말을 벗어나지 않는 것이다.
266 그 작업이라 한 그는 곧 처處와 비처非處이다.
267 무인無因이라고 한 것은 말가리외도의 주장이고, 악인惡因이라고 한 것은 교치가등외도가 우계牛鷄 등의 계戒를 받는 것이다. 다 『잡화기』의 말이다.

제도하지 못할 사람은 제도할 인연을 짓는 것이다.
문장 가운데 위에 반 게송은 지나간 옛날의 인연이고
아래 반 게송은 지력智力을 나타낸 것이다.
모든 경계에 바로 알고 분명하게 요달하였다고 한 것은 곧 이 힘[268](力)
이 일체법을 모두 안다는 것을 분별한 것이다.

---

268 이 힘이란, 처비처지력處非處智力이다.

經

如昔等觀諸法性하고　一切業海皆明徹하야
如是今於光網中에　普遍十方能具演이니다

옛날에 평등하게 모든 법성을 관찰하시고
일체 업의 바다를 다 분명하게 사무친 것과 같아서
이와 같이 지금도 광명의 그물 가운데서
널리 시방에 두루하여 능히 갖추어 연설하십니다.

疏

第二偈는 卽過未現在의 業報智力이니 瑜伽엔 名自業智力이라하니라 今言一切業者는 謂於三世中에 善等三業과 及順現等이 皆名自業이니 於自所作에 受用果業을 如實知故니라 與初何別고 若正了知所造善等業이 感愛等果인댄 此由初力이요 若了能造善惡等業이 感愛等果인댄 是自業力이라 文中上半은 往因이요 下半은 現果라

제 두 번째 게송은 곧 과거·미래·현재 업보지력[269]이니,
『유가론』에는 이름을 자업지력이라 하였다.
지금에 일체업이라고 말한 것은 말하자면 삼세 가운데 선·악 등

---

269 업보지력이란, 과보를 거론하여 그 업을 성립한 것이라고 『잡화기』는 말한다.

삼업과 그리고 순현업順現業 등270이 다 이름하여 자업自業이니, 스스로 지은 바에271 과보업을 수용하는 것을 여실히 아는 까닭이다.
두 번째 지력이 처음 지력으로 더불어 어떻게 다른가.
만약 바로 지은 바272 선·악 등의 업이 애락 등의 과보를 감득하는 줄 요달하여 안다면 이것은 처음 지력을 인유한 것이요,
만약 능히273 선·악 등의 업을 짓는 것이 애락 등의 과보를 감득하는 줄 요달하여 안다면 이것은 자업지력이다.
경문 가운데 위에 반 게송은 옛날의 인연이고,
아래에 반 게송은 현재의 과보이다.

鈔

與初何別下는 次에 辯差別也니 初力은 約所造요 自業은 約能造라 此猶未了니 云何能所고 謂以人望業에 已殺等竟인댄 此殺等業이 必招於果일새 名爲所造요 此人이 若行於殺인댄 必墮地獄일새 此名能造라 卽上自業이 各隨善惡하야 而感果故니 卽是作業이라

---

270 순현업順現業 등이라고 한 것은 역 삼업三業이니, 一에 순현업은 금생에 업을 지어 금생에 과보를 받는 것이고, 二에 순생업順生業은 금생에 없을 지어 내생에 과보를 받는 것이고, 三에 순후업順後業은 금생에 업을 지어 제삼생 뒤에 과보를 받는 것이다.
271 스스로 지은 바 운운은, 智力을 맺어 성립하는 것이며 역시 업을 짓는 것이니, 그 뜻은 『지도론』을 볼 것이다고 『잡화기』는 말한다.
272 원문에 소조所造라고 한 것은 과거에 지은 바이다.
273 원문에 능조能造라고 한 것은 현재 능히 짓는 것이다.

두 번째 지력이 처음 지력으로 더불어 어떻게 다른가라고 한 아래는 다음에 차별함을 분별한 것이니[274]

처음에 지력은 소조所造를 잡은 것이요,

여기 자업지력은 능조能造를 잡은 것이다.

이것은 오히려 명료하지 못하니, 어떤 것이 능조이고 소조인가.[275]

말하자면 사람으로서 업을 바라봄에 이미 죽이는 등의 업을 마쳤다면 이 죽이는 등의 업이 반드시 과보를 초래하기에 이름을 소조라 하고,

이 사람이 만약 죽이는 업을 행하면 반드시 지옥에 떨어지기에 이 이름을 능조라 하는 것이다.

곧 위에서 자업지력이 각각 선·악업을 따라 과보를 감득하는 까닭이라고 한 것이니

곧 이것은 작업이다.

---

274 다음에 차별함을 분별한 것이라고 한 것은, 一은 이름을 해석한 것이니 이미 설출하였다.

275 어떤 것이 능조이고 소조인가 한 등은, 능조라고 한 것은 사람을 대동하지 않고 단적으로 업을 잡는다면 소조가 되고, 사람으로써 업을 바라본다면 능조가 되는 것이다. 『잡화기』의 뜻도 이와 같다.

經

往劫修治大方便하사　　隨衆生根而化誘하시고
普使衆會心淸淨케할새　故佛能成根智力이니다

지나간 세월에 큰 방편을 닦아 다스려
중생의 근성을 따라 꾀어서 교화하시고
널리 모인 대중으로 하여금 마음을 청정케 하기에
그런 까닭으로 부처님이 능히 근지력을 성취하셨습니다.

疏

第三偈는 卽根勝劣智力이니 謂信等五根이라 此軟中上을 名爲
勝劣이니 於此正知하고 及能於彼에 如應如宜히 爲說正法이니 卽
是作業이라 偈中三句는 往因이요 一句는 今果라

제 세 번째 게송은 곧 근승열지력이니,
말하자면 신신 등 오근이다.
이 하·중·상 근근을 이름하여 승·열이라 하나니,
여래가 여기에 바로 아시고 그리고 능히 저기에 응함과 같고 마땅함
과 같이 정법을 설하시니
곧 이것은 작업이다.
게송 가운데 앞에 세 구절은 옛날의 인연이요
뒤에 한 구절은 지금의 과보이다.

鈔

及能於彼下는 二에 明作業이라 其於此正知는 向上하야는 釋智力字요 向下하야는 釋能作業이니 下皆準之니라

그리고 능히 저기라고 한 아래는 두 번째 작업을 밝힌 것이다. 그것을 여기에 바로 안다고 한 것은 위로 향하여서는 지력이라는 글자를 해석한 것이고,
아래로 향하여서는 능히 작업한다고 한 것을 해석한 것이니 이 아래는 다 여기를 기준할 것이다.

經

如諸衆生解不同하야　　欲樂諸行各差別거늘
隨其所應爲說法하시니　佛以智力能如是이니다

모든 중생의 아는 것이 같지 아니함과 같아서
욕락과 모든 행도 각각 차별하거늘
그들의 응하는 바를 따라서 법을 설하시니
부처님이 지력으로써 능히 이와 같이 설하십니다.

疏

四는 卽種種解智力이며 亦名勝解니 謂若從他起信으로 以爲其先하며 或觀諸法으로 以爲其先하야 成軟中上愛樂인댄 名種種勝解라 亦名爲欲이니 欲은 爲信喜好樂이라 如或貪財利하며 或好名聞하며 好定好慧하야 種種不同을 如來正知하시고 令捨不淨하고 增長於淨케하니라 此與前根으로 何異닛가 根은 約宿成이니 智有多少요 解는 約現起니 好樂不同이라 論云호대 若照諸根爲先하야 彼彼法中에 種種意樂인댄 是根智力이요 若正分別意樂差別인댄 是解智力이라하니라 在文可見이니라

네 번째 게송은 곧 종종해지력이며 또한 이름이 승해력이니, 말하자면 만약 타인을 좇아 믿음을 일으킴[276]으로 그 우선을 삼으며, 혹은 모든 법을 관찰함으로 그 우선을 삼아 하·중·상의 애락을

이룬다고 한다면 이름을 종종승해라 할 것이다.
또한 이름을 욕망이라고도 하나니,[277]
욕망이라고 하는 것은 믿음과 기쁨과 좋아함과 즐거워함이 되는 것이다.
혹은 재물과 이익을 탐하며 혹은 명성을 좋아하며 선정을 좋아하고 지혜를 좋아함과 같아서 가지가지 같지 아니함을 여래가 바로 아시고 하여금 부정不淨을 버리고 정정淨을 증장케 하는 것이다.
이것은 앞에 근지력으로 더불어 어떻게 다른가.
근지력은 숙세에 이루어진 것을 잡은 것이니
지혜가 많고 적음이 있는 것이요,
해지력은 현재에 일어남을 잡은 것이니
좋아하고 즐거워함이 같지 않는 것이다.
『유가론』에 말하기를[278] 만약 제근으로 우선을 삼아 저기 저 모든

---

276 만약 타인을 좇아 믿음을 일으킨다고 한 등은, 상·중·하근기는 자심自心의 힘이 없는 까닭으로 다른 사람을 좇아 믿음을 일으키는 것이다. 타인을 좇는다고 한 등은 그런 까닭으로 중·하품品의 애락이 되고, 혹은 모든 법을 관찰한다고 한 등은 그런 까닭으로 상품의 애락이 된다고 『잡화기』는 말한다.
277 또한 이름을 욕망이라고도 한다 한 것은, 이 위에 승해라고 한 것은 정淨뿐이고, 여기에 욕망이라고 한 것은 염染과 정淨에 통하는 것이니 이 두 가지가 다 종종해지력의 이명異名이다. 역시 『잡화기』의 말이다.
278 『유가론』에 말하였다고 한 등은 유가론 50권 1, 본지품 12 보살지에 있는 말이니 문장도 앞뒤가 바뀌었고 인용도 간략하게 하였다. 구체적으로 말하면 만약 바로 곧 저 제근의 상·중·하품의 가지가지 차별을 분별한다면 마땅히 알아라. 이것은 근승열지력을 인유한 까닭이요(지금 소문의 뒤에 부분), 만약

법 가운데 가지가지 마음에 욕락을 관조한다면 이것은 근지력이요, 만약 바로 마음에 욕락의 차별을 분별한다면 이것은 해지력이라 하였다.
문장에 나타나 있으니 가히 볼 것이다.

鈔

此與前根下는 三에 辯差別이라 此有二解하니 一은 約宿現起別이니 故智論云호대 以二種欲으로 作上下根因緣이라하니라 故로 十地論中에 別歎根欲호대 如有根無欲하면 能解不樂이요 有欲無根하면 雖聞不解라하니라 二에 論云下는 卽瑜伽揀이니 依根起樂은 卽是根力이요 正分別欲樂은 卽名解力이라

이것은 앞에 근지력으로 더불어 어떻게 다른가라고 한 아래는 세

바로 제근을 취하여 우선을 삼아 저기 저 모든 법 가운데 가지가지 마음에 욕락을 관조한다면 마땅히 알아라. 이것은 근승열지력을 인유한 까닭이다(지금 소문의 앞에 부분) 하였다. 『잡화기』에 말하기를 그윽이 비난하는 뜻(의심, 질문)이 있기에 그런 까닭으로 여기에 그것을 답하는 것이니, 제 다섯 번째 종종계지력 가운데 초문을 비례하여 볼 것이다. 그러나 이 『유가론』에서 가린 바는 곧 앞에는 넓고 여기는 좁거니와, 또한 응당 가려 앞에는 좁고 여기는 넓다고 말해야 하리니, 제근(모든 근기)은 오직 선에만 국한하고 욕락은 선과 악에 통하는 까닭이다. 그러나 바로 앞에 지혜가 많고 적음이 있다고 한 것과 좋아하고 즐거워함이 같지 않다고 한 말이 이미 이 뜻에 포함되는 것이니, 지혜는 곧 오직 선뿐이고 좋아하고 즐거워하는 것은 선과 악에 통하는 까닭이다 하였다.

번째 차별을 분별한 것이다.

여기에 두 가지 해석이 있나니

첫 번째는 숙세와 현재에 일어남이 다름을 잡은 것이니, 그런 까닭으로 『지도론』에 말하기를[279] 두 가지 욕락[280]으로써 상근기·하근기의 인연을 짓는다 하였다.

그런 까닭으로 『십지론』[281] 가운데 근성과 욕락을 따로 찬탄하되 근성만 있고 욕락이 없으면 능히 알았지만 즐기지 못하는 것이요, 욕락만 있고 근성이 없으면 비록 들었지만 알지 못하는 것과 같다 하였다.

두 번째[282] 『유가론』에 말하기를이라고 한 아래는 곧 『유가론』에서

---

279 『지도론』에 말하기를 두 가지 욕락이라고 한 등은 『대지도론』 24권이니, 인연을 짓는다고 한 말 아래 두 가지 욕락의 선·악이 가지가지로 다른 것을 부처님은 다 두루 알기에 그런 까닭으로 역力이라 이름한다는 말이 더 있다. 이상은 나의 말이다.

강사가 말하기를 현재 욕락의 선·악을 인하여 숙세 근기의 상·하를 나타내는 까닭으로 두 가지 욕락이 상·하 근기의 인연이 되는 것이다. 또 이미 제근은 오직 선에만 국한한다 하였거늘 선악의 두 가지 욕락으로 인연을 삼는다고 말한 것은, 대개 그 현재의 욕락이 오히려 악을 좋아함이 있다면 곧 숙세의 선근이 하열함을 나타내는 것이요, 현재의 욕락이 순수하게 그 선을 좋아한다면 곧 숙세의 선근이 상승上勝함을 나타내는 것이니, 그러한즉 근성이 비록 오직 선뿐이지만 선악의 욕락을 인하여 상·하근기를 나누어 이루는 것에 방해롭지 않은 것이다 하였다. 역시 『잡화기』의 말이다.

280 두 가지 욕락이란, 선과 악이다.
281 『십지론』 운운은 『화엄경』 탐현기 9권에도 이 말이 보인다.
282 二 자는 소문에는 없다.

헤아려 가린 것이니
제근을 의지하여 욕락을 일으킨다고 한 것은[283] 곧 이것은 근지력이요,
바로 욕락을 분별한다고 한 것은[284] 곧 이름이 해지력이다.

---

283 제근을 의지하여 욕락을 일으킨다고 한 것이란, 소문에 『유가론』의 말로써 만약 제근으로 우선을 삼아 운운한 것을 뜻으로 인용한 것이다.
284 바로 욕락을 분별한다고 한 것이란, 역시 소문에 『유가론』의 말로써 만약 바로 마음에 욕락의 차별을 분별한다 운운한 것을 뜻으로 인용한 것이다.

經

普盡十方諸刹海에　　所有一切衆生界를
佛智平等如虛空하사　悉能顯現毛孔中이니다

널리 모든 시방의 모든 국토 바다에
있는 바 일체중생의 세계를
부처님의 지혜는 평등하기 허공과 같아서
다 능히 털구멍 가운데 나타내십니다.

疏

五는 卽種種界智力이니 界卽性也니 謂或一二三四五乘性等과 或貪瞋癡와 等分行等으로 乃至八萬四千行을 名種種性이라 性卽種子요 解卽現行이니 故智論云호대 性名積集相이라하며 又九十云호대 性內欲外니 用性作業에 必受果報어니와 欲或不爾라하니라 瑜伽云호대 若照勝解所起가 相似種子인댄 此由解力이요 若照卽彼種子의 差別인댄 由界智力이라하니라

다섯 번째는 곧 종종계지력이니
계계는 곧 성性이니
말하자면 일승·이승·삼승·사승·오승의 성품(性) 등과 혹은 탐·진·치와 등분행等分行[285] 등으로 내지 팔만사천 행을 이름하여 종종 성이라 하는 것이다.

성性은 곧 종자요 해解는 곧 현행現行이니,
그런 까닭으로『지도론』에 말하기를 성性은 이름이 적집상積集相[286]
이라 하였으며
또『지도론』구십권에 말하기를 성性은 안(內)이요, 욕欲은 밖(外)이
니 성품을 이용하여 업을 지음에 반드시 과보를 받거니와 욕欲은
혹 그렇지 않기도 한다 하였다.
『유가론』에 말하기를 만약 승해력[287]으로 일으킨 바가 종자와 상사함
을 관조한다면 이것은 승해력을 인유한 것이요,
만약 곧 저 종자가 차별함을 관조한다면 계지력을 인유한 것이라
하였다.

鈔

瑜伽云下는 應有問言호대 勝解力中에 亦知彼解가 當成此種인댄 與
此界性으로 有何別耶아할새 故疏答云호대 照解起種은 卽是解力이
요 但照種子는 卽是界力이라하니라 然智度論은 卽明種現이 內外之
殊하며 瑜伽는 卽解兼種現하고 性唯種子니라

---

285 등분행等分行이라고 한 것은 삼독을 한꺼번에 같은 분분으로 행하는 것이다.
286 적집상積集相이라고 한 것은 곧 종자이다.
287 『유가론』에 말하기를 만약 승해력이라고 한 등은, 현행이 당래의 종자를
 일으킨다면 곧 이것은 욕락을 익혀 자성을 이룬다는 뜻이다. 종자와 상사하다
 고 한 것은 선종자로 더불어 상사하며 선현행으로 더불어 상사하다고 한
 등이 이것이다. 역시『잡화기』의 말이다.

『유가론』에 말하기를이라고 한 아래는, 응당 어떤 사람이 물어 말하기를 승해력 가운데 또한 저 해력이 마땅히 이 종자를 이루는 줄 알았다면 이 계성界性[288]으로 더불어 무엇이 다름이 있습니까 하기에, 그런 까닭으로 소에서 답하여 말하기를 승해력으로 일으킨 종자를 관조한다고 한 것은 곧 이것은 해지력이요,
다만 종자만을 관조한다고 한 것은 곧 이것은 계지력이라 하였다. 그러나 『지도론』은 곧 종자와 현행이 안과 밖이 다름을 밝혔으며, 『유가론』은 곧 해지력은 종자와 현행을 겸하였고 성(界)지력은 오직 종자뿐이라고 하였다.

疏

若習欲成性인댄 復云何別고 欲唯大地의 一數요 性通諸數니 卽寬陜不同也니라 智論云호대 習欲成性인댄 性名深心事요 欲名隨緣起라하니라

만약 욕欲을 닦아 성性[289]을 이룬다고 한다면 다시 어떻게 다릅니까. 욕欲은 오직 대지법大地法[290]에 하나의 수數일 뿐이요,

---

288 계성界性이라고 한 것은 계지력이니, 계界는 성性이라 하였다.
289 욕欲은 욕지력欲智力이니, 곧 승해력勝解力이고 현행現行이다. 성性은 계지력界智力이고 종자種子이다.
290 대지법大地法이란, 선·악·무기 등 심식이 일어날 때 따라 일어나는 심소心所의 총칭이다. 즉 수受·상想·사思·촉觸·욕欲·염념·작의作意·승해勝解·삼마지三摩地의 십법十法이다.

성性은 모든 수數[291]에 통하나니
곧 넓고 좁은 것이 같지 않는 것이다.
『지도론』에 말하기를[292] 욕欲을 닦아 성性을 이룬다고 한다면 성性은
이름이 심심사深心事[293]요,
욕欲은 이름이 수연기隨緣起[294]라 하였다.

초鈔

若習欲成性下는 二에 解妨이니 此對智論이라 若依性起欲인댄 義如
前說거니와 若習欲成性인댄 則欲前性後이니 復云何別고할새 故以
寬狹通之니 則欲狹性寬이니라 言欲唯大地一數者는 卽俱舍頌에 通
大地十法云호대 受想思觸欲과 慧念與作意와 勝解三摩地는 遍於
一切心이라하니 今卽十中에 第五欲也니라 言性通諸數者는 旣有貪
等八萬四千心所인댄 則廣이요 數는 卽心所니라 次는 引智論하야 帖
成正義니라

---

291 모든 수數라고 한 것은 열 가지 대지법이다.
292 『지도론』에 말하였다고 한 등은, 강사가 말하기를 위에 넓고 좁은 것을
    성립한다면 곧 심심사深心事라고 한 것은 탐·진 등의 자성이 동시에 이미
    결정한 까닭으로 넓은 것이고, 수연기隨緣起라고 한 것은 다만 한 인연만을
    따라 일어나는 까닭으로 좁은 것이라 하였다. 역시 『잡화기』의 뜻이다.
293 심심사深心事라고 한 것은, 삼독의 자성이 이미 정해진 것이니 곧 과거
    전생부터 해온 상습적인 것이다. 따라서 넓다 하는 것이다.
294 수연기隨緣起라고 한 것은, 그때그때 인연 따라 일어나는 것이다. 따라서
    좁다 하는 것이다.

만약 욕을 닦아 성을 이룬다고 한 아래는 두 번째 해방함을 해석한 것이니,

이것은 『지도론』을 상대한 것이다.

만약 성을 의지하여 욕을 일으킨다고 한다면 뜻이 앞에서 설한 것과 같거니와,[295]

만약 욕을 닦아 성을 이룬다고 한다면 곧 욕이 앞이고 성이 뒤이니 다시 무엇이 다릅니까 하기에, 그런 까닭으로 넓고 좁은 것으로써 그 물음에 통답通答하였으니,

곧 욕欲은 좁고 성性은 넓다는 것이다.

욕[296]은 오직 대지법에 하나의 수일 뿐이라고 한 것은, 곧 『구사론』 게송에 대지십법大地十法을 통답하여 말하기를

수受·상想·사思·촉觸·욕欲과

혜慧·념念과 더불어 작의作意와

승해勝解와 삼마지三摩地는

일체 마음에 두루하는 것이다 하였으니,

지금에는 곧 십법 가운데 제 다섯 번째가 욕欲[297]이다.

---

295 뜻이 앞에서 설한 것과 같다고 한 등은, 비난하여 묻는 뜻에 말하기를 만약 자성을 의지하여 욕락을 일으킨다면 곧 저 『지도론』 가운데 자성은 종자이고 욕락은 현행이라 한 같지 않은 바 뜻이 옳거니와, 만약 욕락을 닦아 자성을 이룬다면 곧 욕락이 앞이고 자성이 뒤이거늘, 어찌 가히 말하기를 자성은 종자이고 욕락은 현행인 까닭으로 다름이 있다 하겠는가 하였다. 역시 『잡화기』의 말이다. 바로 말하면 영인본 화엄 3책, p.310, 9행에서는(앞에서는) 성이 먼저이고 욕이 뒤라고 하였다.

296 원문에 성관性寬이라고 한 아래에 욕欲 자가 빠졌기에 보증하였다.

성은 모든 수에 통한다고 한 것은 이미 탐·진 등 팔만사천 심소心所가 있었다면 곧 성은 넓은[298] 것이요, 수數는 곧 심소이다.
다음은 『지도론』을[299] 인용하여 바른 뜻을 표하여 성립한 것이다.

疏

若性卽種子인댄 與根何異고 根은 唯信等優劣이요 性은 通善惡不同이라 以信等望果인댄 寬長하야 能生人天과 三乘聖道일새 爲道之根거니와 三善根은 但是翻對하야 不望果義일새 尙不名根거든 況性通於惡거니 豈得同耶아

만약 성이 곧 종자라고 한다면 근根으로 더불어 무엇이 다릅니까. 근根은 오직 신信·진進 등이 우열優劣함에 국한할 뿐이요, 성性[300]은 선과 악이 같지 아니함에도 통하는 것이다.
신·진 등으로 과보를 바라본다면 넓고도 장대하여 능히 인간과 천상과 삼승의 성도聖道를 생장하기에 도道의 뿌리(根)가 된다 하거니와, 세 가지 선한 뿌리(三善根)[301]는 다만 이것은 세 가지 선하지 못한 뿌리(三不善根)를 번복하여 상대하여[302] 과보의 뜻을 바라보지

---

297 욕욕은 좁은 것(狹)이다.
298 광廣은 성성이니 넓은 것(寬)이다.
299 다음은 『지도론』 운운은, 다음이란 소문 가운데 『지도론』에 말하기를이라고 한 아래 문장이다. 첩帖 자는 표제標題 첩이다.
300 성성이라고 한 것은 성성은 신信 등 오근과 선악에도 통한다.
301 세 가지 선한 뿌리(三善根)란, 무탐無貪과 무진無瞋과 무치無痴이다.

알기에 오히려 뿌리(根)라 이름할 수 없거든, 하물며 성性은 악惡에도 통하거니 어찌 같다 함을 얻겠는가.303

鈔

若性卽種子下는 對根辯異라 於中有二하니 先은 約寬狹正通이요 以信等下는 通於伏難이라 難云호대 性旣寬通인댄 何不名根고 答云호대 特由寬故로 不得名根이라 以信等望果인댄 三乘聖道는 有勝用增上일새 故得名根거니와 性無此能거니 安得名根이리요 三善根下는 擧況以成이니 三善根은 是善이라도 尙不得名根거든 性兼貪瞋等거니 何得名根이리요 言三善根者는 但翻三不善根하야 立三善根이언정 不同信等의 體相昭著일새 故不立爲根이니라 且依一義어니와 若二十二根인댄 則所望不同耳니 根은 約勝用增上이요 性은 約不改니라

만약 성이 곧 종자라고 한다면이라고 한 아래는 근根을 상대하여 다름을 분별한 것이다.
그 가운데 두 가지가 있나니
먼저는 넓고 좁은 것을 잡아서 바로 통답한 것이요,
신·진 등이라고 한 아래는 숨어서 의심하는 것304을 통답한 것이다.

---

302 원문에 번대飜對라고 한 것은 세 가지 불선근(三不善根)을 번복하여 상대한다는 것이니, 세 가지 불선근은 즉 탐과 진과 치이다.
303 어찌 같다 함을 얻겠는가 한 것은, 어찌 뿌리(根)와 같다고 함을 얻겠는가 하는 뜻이다.
304 복난伏難은 잠복하여 비난하는 것, 또는 숨어서 의심하는 것이라고 이미

의심하여 말하기를 성性이 이미 관통寬通하였다면 어찌 근根이라 이름할 수 없습니까.

답하여 말하기를 다만 관통함을 인유한 까닭으로 근이라 이름함을 얻을 수 없다.

신·진 등으로써 과보를 바라본다면 삼승의 성도는 수승한 작용이 증상增上함이 있기에 그런 까닭으로 근이라 이름함을 얻거니와, 성性은 이러한 능력이 없거니 어찌 근이라 이름함을 얻겠는가. 세 가지 선한 뿌리라고 한 아래는 비교를 들어서 성립한 것이니, 세 가지 선한 뿌리(三善根)는 이것이 선일지라도 오히려 근이라 이름함을 얻을 수 없거든, 성性은 탐·진 등을 겸하였거니 어찌 근이라 이름함을 얻겠는가.

세 가지 선한 뿌리라고 한 것은, 다만 세 가지 선하지 못한 뿌리를 번복하여 세 가지 선한 뿌리를 세웠을지언정 신·진 등의 체상體相이 밝게 나타나는 것과는 같지 않기에 그런 까닭으로 근이라 이름함을 세우지 않는 것이다.

우선 일의一義[305]만을 의지하였거니와, 만약 이십이근[306]이라면 곧

해석한 바 있다.

305 일의라고 한 것은, 저 세 가지 선이 진실로 근이라고 하고 근이라 하지 못하는 두 가지 뜻이 있다면 곧 위에 근이라 하지 못하는 것이 곧 그 한 가지 뜻이니, 그 뜻에 말하기를 위에서는 한쪽 면만 잡은 까닭으로 근이라 하지 못한다 말하였거니와, 만약 이십이근을 잡는다면 세 가지 선이 또한 근이라 이름함을 얻는 것이다.

306 이십이근이라고 한 것은, 안근 등 오근과 내지 신근信根 등 오근과 그리고 삼무루근이다. 구체적으로 말하면 육근과 남근과 여근과 명근과 오수근과

바라보는 바가 같지 않나니[307]
근根은 수승한 작용이 증상함을 잡은 것이요,
성性은 무너지지 아니함을 잡은 것이다.

疏

偈云호대 悉能顯現毛孔中者는 謂非唯佛智如空하야 包納衆生之性이라 毛孔內空에도 亦現衆生之界耳니라

게송에 말하기를 다 능히 털구멍 가운데 나타내신다고 한 것은, 말하자면 오직 부처님의 지혜는 허공과 같아서 중생의 성품을 안아 용납할 뿐만 아니라 털구멍에 용납한 허공에도 또한 중생의 세계를 나타내시는 것이다.

鈔

謂非唯佛智者는 此有二種의 超勝之相하니 尋常界力은 但以佛智라야 能知하나니 能所不同거니와 今云호대 佛智平等如虛空은 則衆生之界가 皆是如來智中之物이니 此爲一勝이요 二者는 智能包納은 猶

오선근과 삼무루근이다. 오수근五受根은 우憂·희喜·고苦·락樂·사捨이다.
307 바라보는 바가 같지 않다고 한 것은, 말하자면 안근 등 오근은 장엄신 등 네 가지 일을 바라보아 근이라 이름함을 얻고 내지 신근 등 오근과 삼무루근은 저 청정한 법에 근이라 이름함을 얻는 것이니, 금자권金字卷 하권 11장을 볼 것이다. 이상은 다 『잡화기』의 말이다.

是智類어니와 今毛孔頓現은 則細色能收니 良以色性智性이 融無礙故로 以性融相하야 爲華嚴宗之界力也니라

말하자면 오직 부처님의 지혜는 허공과 같아서 중생의 성품을 안아 용납할 뿐만 아니라고 한 것은 여기에 두 가지 초승한 모습이 있나니, 보통의 계지력은 다만 부처님의 지혜라야 능히 아나니 능·소[308]가 같지 않거니와
지금에는 말하기를 부처님의 지혜는 평등하기 허공과 같다고 한 것은 곧 중생의 세계가 다 이 여래의 지혜 가운데 사물이니 이것이 한 가지 초승한 모습이 되는 것이요,
두 번째는 부처님의 지혜는 능히 중생의 성품을 안아 용납한다고 한 것은 오히려 이것은 지성智性의 유형이거니와, 지금에 털구멍에 문득 중생의 세계를 나타낸다고 한 것은 곧 작은 색성色性이 능히 거두는 것이니,
진실로 색성과 지성이 원융하여 걸림이 없는 까닭으로 자성(性)으로써 모습(相)을 융합하여 화엄종의 계지력을 삼은 것이다.

---

[308] 능·소라고 한 것은, 능은 부처님의 지혜이고, 소는 중생의 세계이다.

經

一切處行佛盡知하시고　一念三世畢無餘하시며
十方刹劫衆生時를　　　悉能開示令現了이니다

일체 처소에 행하는 바를 부처님이 다 아시고
한 생각에 삼세도 다 남김없이 아시며
시방의 국토와 세월과 중생의 시간을
다 능히 개시하여 하여금 현재 알게 하십니다.

疏

六은 卽一切至處道智力이니 論엔 名遍趣行智力이라하니라 遍卽
一切요 趣卽至也요 行卽道也니 謂諸衆生의 種種所行이 若出離
行이어나 不出離行이어나 各能至果니 如行有漏行이면 生五道中
하고 行無漏行이면 至涅槃果일새 名遍趣行이니라

여섯 번째 게송은 곧 일체지처도지력이니,
『유가론』에는 이름을 변취행지력遍趣行智力이라 하였다.
변遍은 곧 일체라는 뜻이요,
취趣는 곧 이른다는 뜻이요,
행行은 곧 길이라는 뜻이니,
말하자면 모든 중생의 가지가지 행하는 바가 혹 출리出離하는 행이거
나 출리하지 못하는 행이거나 각각 능히 과보에 이르나니,

만약 유루행을 행하면 오도五道 가운데 태어나고 무루행을 행하면 열반의 과보에 이르기에 이름을 변취행이라 하는 것이다.

鈔

若出離行이어나 不出離行者는 標也요 如行有漏下는 別顯이라 瑜伽 又云호대 如貪行者가 修不淨觀等은 名遍趣行이요 又趣一切五趣之 行과 或諸外道와 沙門婆羅門의 各各異見과 品類와 諸行과 或此世 他世의 無罪趣行은 名遍趣行이라하니라 名下之事는 卽爲作業이라

혹 출리하는 행이거나 출리하지 못하는 행이라고 한 것은 한꺼번에 표한 것이요,
만약 유루행을 행하면이라고 한 아래는 따로 나타낸 것이다.
『유가론』에 또 말하기를[309] 저 탐욕을 행하는 사람이 부정관 등을 수행하는[310] 것은 이름이 변취행이요,

---

[309] 『유가론』에 또 말하였다고 한 아래는 『유가론』 사십구권이니, 갖추어 말하면 저 탐욕을 행하는 사람이 운운하고 다시 다른 문門이 있나니, 말하자면 일체 오취에 나아가는 행은 마땅히 알아라. 이 같은 등은 변취행이요, 다시 다른 문이 있나니, 말하자면 가지가지 당류들의 차별이 다시 서로서로 어김을 의지하여 각각 다른 소견과 다른 욕망으로 쟁론하여 서로서로 위배하는 모든 외도의 유형과 혹 모든 사문과 혹 바라문의 소유한 모든 행과 혹 나머지 일체 품류의 차별과 이 세상과 다른 세상의 죄 없는 데 나아가는 행은, 마땅히 알아라. 이와 같은 등은 이름이 변취행이니 『가라마경迦羅摩經』 등에 널리 설한 것과 같다 하였다.

[310] 부정관 등을 수행한다고 한 등은 곧 출리하는 행이고, 또 오취법의 세

또 일체 오취五趣에 나아가는 행과 혹 모든 외도와 사문과 바라문의 각각 다른 소견과 일체 품류品類와 있는 바 모든 행과 혹 이 세상과 다른 세상의 죄 없는 데 나아가는 행은 이름이 변취행이라 하였다. 도지력이라는 이름[311] 아래에 사실은 곧 작업作業이다.

疏

若知如是種類와 行跡趣入인댄 此由界智요 若知卽彼行跡과 一切品類에 如是行跡으로 能令雜染케하며 如是行跡으로 能令淸淨케하면 此由遍趣智力이니라

만약 이와 같은[312] 종류와 행적에 취입함을 안다면 이것은 계지력을 인유한 것이요,
만약 곧 저 행적과 일체 품류에 이와 같은 행적으로 능히 하여금 잡염雜染케 하며 이와 같은 행적으로 능히 하여금 청정케 하는 줄

가지는 다 출리하지 못하는 행이니, 처음에 한 가지는 총이고 뒤에 두 가지는 별이다. 별 가운데 처음에 한 가지는 선과 악에 통하고, 뒤에 한 가지는 오직 선에만 통한다. 2행에 之門이라 한 門은 논에 행行 자이니, 차본此本에는 교정이 되어 행 자로 되어 있다. 역시 『잡화기』의 말이다.
311 도지력이라는 이름 운운은, 一은 석명釋名이고, 二는 작업作業이고, 三은 차별差別이니 즉 석명이라 한 과목 아래이니, 곧 위제중생謂諸衆生 이하는 곧 작업이라는 것이다.
312 여시如是라 한 시是 자는 『유가론』에는 계界 자이니, 此本에도 계界 자로 교정되어 있으나 초문에 여시如是로 되어 있어 시是 자를 그대로 두고 번역하였다. 그렇지 않다면 초문도 고쳐야 할 것이다.

안다면 이것은 변취지력을 인유한 것이다.

鈔

若知如是下는 次辯差別이라 先은 對界辯異니 意云호대 從性趣行은 卽屬性攝이요 但觀其行은 卽屬趣行이라

만약 이와 같은 종류와 행적에 취입함을 안다면이라고 한 아래는 다음에 차별함을 분별한 것이다.
먼저는 계지력을 상대하여 다름을 분별한 것이니,
그 뜻에 말하기를 성으로 좇아 취행하는 것은 곧 성섭性攝에 속하는 것이요,
다만 그 행만을 관찰하는 것은 곧 취행趣行에 속하는 것이다.

疏

初力은 處對非處요 此中은 但明至處라 又初力은 指因爲得果之處요 此는 約果是酬因之處니 故不同也니라

처음 지력은 처處가 비처非處를 상대한 것이요,
여기 가운데는 다만 지처至處만을 밝힌 것이다.
또 처음 지력은 원인(因)이 과보(果)를 얻는 처소가 됨을 지시한 것이요,
여기는 과보(果)가 이 원인(因)을 갚는 처소임을 잡은 것이니

그런 까닭으로 같지 않는 것이다.

○ 鈔

初力下는 對初力辯異니 有二義는 可知라 然이나 對他辯自인댄 自亦作業이라

처음 지력이라고 한 아래는 처음 지력을 상대하여 다름을 분별한 것이니,
두 가지 다른 뜻이 있는[313] 것은 가히 알 수가 있을 것이다.
그러나 타업他業을 상대하여[314] 자업을 분별한다면 자업도 또한 작업이라 할 것이다.

○ 疏

經中初句는 總標요 次一念은 卽能知迅速이요 下十二字는 所知

---

[313] 두 가지 다른 뜻이 있다고 한 것은, 구체적으로는 두 가지에 두 가지 다른 뜻이 있다 해야 할 것이다. 첫 번째 두 가지 다른 뜻은 소문 초두에 처음 지력은 처가 비처를 상대한 것이라고 한 것과 여기 가운데는 다만 지처만 밝힌 것이라고 한 것이요, 두 번째 두 가지 다른 뜻은 또 처음 지력은 원인이 과보를 얻는 처소라 한 것과 여기는 과보가 원인을 갚는 처소라 한 것이다.
[314] 그러나 타업을 상대한다고 한 등은, 곧 이단은 작업을 분별하여 가리지 않는다는 뜻을 설출한 것이라고 『잡화기』는 말한다.

時處요 後一句는 委悉開示라

경전 가운데 처음 구절은 한꺼번에 표한 것이요,
다음에 한 생각이라고 한 것은 곧 능히 신속한 줄 아는 것이요,
아래에 열두 자[315]는 알 바의 시간과 처소요,
뒤에 한 구절은 자세히 다 개시한 것이다.

---

315 아래에 열두 자는 "삼세필무여 시방찰겁중생시"라 한 것이다.

經

禪定解脫力無邊하며 三昧方便亦復然거늘
佛爲示現令歡喜케하시고 普使滌除煩惱闇이니다

선정의 해탈 힘이 끝이 없으며
삼매의 방편도 또한 다시 그러하거늘
부처님이 시현하여 하여금 환희케 하시고
널리 하여금 번뇌의 어둠316을 씻어 제거케 하십니다.

疏

七은 卽禪定解脫三昧智力이니 淨行品中에 加於染淨은 通漏無漏故니라 佛皆善知하며 及知依此하야 所得諸果일새 故名智力이니라

일곱 번째 게송은 곧 선정해탈삼매지력이니,
정행품 가운데 염染317과 정淨을 더한 것은 유루有漏와 무루無漏에 통하는 까닭이다.
부처님은 다 잘 알며 그리고 이 힘을 의지하여 얻은 바 모든 과보를

---

316 암闇 자는 영각사본에는 개開 자로 되어 있으니 암闇 자가 좋다.
317 염染은 유루有漏이고, 정淨은 무루無漏이다. 즉 정행품에는 선(성정)해탈삼매 염정지력이라 했다는 것이다. 정행품에는 정定 자는 없다. 교림화엄 1책, p.434, 1행에 있다.

알기에 그런 까닭으로 이름을 지력이라 한 것이다.

鈔

七禪定下는 初釋名이니 瑜伽엔 名爲靜慮解脫等持等至智力이라하니라 佛皆善知下는 結成智力이니 卽爲作業이라

일곱 번째 게송은 선정해탈이라고 한 아래는 처음에 이름을 해석한 것이니,
『유가론』에는 이름을 정려해탈등지等持등지等至[318]지력이라 하였다. 부처님은 다 잘 안다고 한 아래는 지력을 맺어 성립한 것이니 곧 작업이 되는 것이다.

疏

此與自業智力으로 何別고 若了諸有가 能修諸定하야 卽彼能入하고 而非所餘인댄 名自業力이요 若了依如是靜慮等定하야 現三神變하야 無倒敎授所化有情인댄 此由靜慮智力이라

---

318 등지等持등지等至라 한 앞에 등지等持는 말하자면 모든 정려의 정정이니 심일경성心一境性이고, 뒤에 등지等至는 말하자면 모든 무색의 정(사무색정)이니 정수(正受: 三昧)가 현전하는 것이다. 검자권劍字卷 상권 3장을 볼 것이다. 역시 『잡화기』의 말이다. 모든 정려의 정이란, 사정려로 색계 사선정이고, 모든 무색의 정이란, 무색계 사선정이다.

이 선정력이 자업지력으로 더불어 무엇이 다릅니까.

만약 제유諸有[319]의 사람이 능히 모든 선정을 닦아서 곧 저 삼매에 능히 들어가고[320] 나머지 사람은 들어갈 바가 아닌 줄 안다면 이름이 자업지력이요,

만약 이와 같은 정려 등의 선정을 의지하여 세 가지 신변[321]을 나타내어 거꾸러짐이 없이 교화할 바 유정을 교수할 줄 안다면 이것은 정려지력을 인유한 것이다.

鈔

此與下는 二에 辯差別이라 此에 有問云호대 自業有三하니 一은 罪요 二는 福이요 三은 不動이라 不動業이 卽是禪定이어니 與此何別고 亦應答言호대 業通定散이나 今唯約定일새 居然不同이니라 今疏所通은 是瑜伽意니 若唯知定體인댄 卽是自業이요 知定體用인댄 便是禪力이라

---

319 제유라고 한 것은 삼유의 중생이다.
320 곧 저 삼매에 능히 들어간다고 한 것은, 말하자면 저 삼유의 중생이 능히 선정을 닦는 사람이 스스로 들어가고, 나머지(닦지 않는 사람) 사람은 가히 들어갈 바가 아니다고 『잡화기』는 말한다.
321 세 가지 신변이라고 한 것은, 신통神通과 교계敎誡와 기심記心으로 삼륜三輪이라 한다. 『잡화기』는 세 가지 신변은 곧 삼륜의 작용이니 유루와 무루의 정定이 비록 다르지만 이미 그 정에 들어갔다면 곧 저 작용이 있는 것이다 하였다.

이 선정력이 자업지력으로 더불어라고 한 아래는 두 번째 차별함을 분별한 것이다.

여기에 어떤 사람이 물어 말하기를 자업에 세 가지가 있나니 첫 번째는 죄업이요, 두 번째는 복업이요, 세 번째는 부동不動업이다. 부동업이 곧 이 선정이거니 이것으로 더불어 무엇이 다릅니까. 또한 응답하여[322] 말하기를 업이 선정(定)과 산란(散)에 통하지만 지금에는 오직 선정(定)만을 잡았기에 거연居然히 같지 않은 것이다. 지금 소문에서 통석한 바는 이『유가론』의 뜻이니 만약 오직 선정의 자체만을 안다면 곧 이것은 자업지력이요, 선정의 자체와 작용까지 안다면 곧 이것은 선정의 힘이다.

疏

偈中上半은 所知요 下半은 善用이라 言佛爲示現者는 示其諸定하고 現三神變하야 令有情喜케하니라 使滌煩惱는 卽今去染하야 而得淸淨케하니라

게송 가운데 위에 반 게송은 알 바요,
아래 반 게송은 좋은 작용이다.

---

[322] 또한 응답한다고 한 등은 소문의 뜻 밖에 또 다른 뜻이니, 이것은 곧 앞에는 통通의 뜻이고 지금은 국한의 뜻이요, 소문의 뜻은 곧 앞에는 국한의 뜻이고 여기는 통의 뜻이라 하겠다. 역시『잡화기』의 말이다. 통이란 선정과 산란에 통하고, 국이란 선정에만 국한한다는 것이다.

부처님이 시현하였다고 말한 것은 그 모든 선정을 시현하고 세 가지 신변을 나타내어 유정으로 하여금 환희케 하는 것이다. 하여금 번뇌의 어둠을 씻어 제거케 한다고 한 것은 곧 지금에 더러운 것(번뇌)을 제거하여 청정함을 얻게 하는 것이다.

經

佛智無礙包三世하고　刹那悉現毛孔中에
佛法國土及衆生하나니　所現皆由隨念力이니다

부처님의 지혜는 걸림이 없어서 삼세를 포함하고
찰나에 다 털구멍 가운데
불법과 국토와 그리고 중생을 나타내나니
나타낸 바는 다 수념지력隨念智力을 인유한 것입니다.

疏

八은 卽宿住隨念智力이니 謂過去境에 本生本事가 住宿世故로
名爲宿住요 於此宿住에 而起隨念하야 念俱行智가 名宿住智力
이라 瑜伽云호대 若知前際隨念하야 一切趣因인댄 是遍趣力이요
若知前際에 名姓苦樂等事인댄 名宿住力이라하니라

여덟 번째 게송은 곧 숙주수념지력이니,
말하자면 과거의 경계에 본생本生과 본사本事가 숙세에 머무는 까닭
으로 이름이 숙주宿住요,
이 숙주에 수념隨念을 일으켜 생각과 함께 행하는 지혜가 이름이
숙주지력이다.
『유가론』[323]에 말하기를 전제前際에 생각을 따라 일체에 취향하는
원인을 안다면 이것은 변취력이요,

만약 전제에 명名·성姓, 고苦·락樂 등의 일을 안다면 이름이 숙주지력이라 하였다.

鈔

第八宿住力中에 初는 釋名이니 兼顯作業이라 瑜伽云下는 辯差別이니 謂有問言호대 宿住智中에 知彼修因인댄 則與遍趣로 何異고 答中有三하니 初依瑜伽正答이니 謂唯知因은 是遍趣行이요 兼能知果는 卽宿住攝이라 名姓苦樂者는 瑜伽에 知過去所有自體가 有八言說句하니 一은 如是名이요 二는 生類요 三은 種姓이요 四는 飮食이요 五는 受苦樂이요 六은 長時요 七은 久住요 八은 壽量邊際라하니 今但列三하고 等取餘五니라

여덟 번째 숙주지력 가운데 처음에는 이름을 해석한 것이니 겸하여 작업도 나타낸 것이다.
『유가론』이라고 한 아래는 차별함을 분별한 것이니,
말하자면 어떤 사람이 물어 말하기를 숙주지력 가운데 저 수행한 원인을 알았다고 한다면 곧 변취지력으로 더불어 무엇이 다릅니까.
답하는 가운데 세 가지가 있나니,
처음에는 『유가론』을 의지하여 바로 답한 것이니
말하자면 오직 수행한 원인만 아는 것은 이것은 변취력이요,
겸하여 능히 과보까지 아는[324] 것은 곧 숙주지력에 섭속되는 것이다.

---

323 『유가론』은 제오십권이다.

명·성·고·락이라고 한 것은, 『유가론』³²⁵에 과거에 소유한 자체를 아는 것이 여덟 가지 언설의 구절이 있나니

첫 번째는 여시명如是名이요,

두 번째는 생류生類요,

세 번째는 종성種姓이요,

네 번째는 음식飮食이요,

다섯 번째는 수고락受苦樂이요,

여섯 번째는 장시長時³²⁶요,

일곱 번째는 구주久住³²⁷요,

여덟 번째는 수량변제壽量邊際라 하였으니,

지금에는 다만 세 가지만 열거하고³²⁸ 나머지 다섯 가지는 등취等取하였다.

此與智論으로 云何會釋고 謂彼論云호대 但知宿命所經하고 不知

---

324 겸하여 능히 과보까지 안다고 한 것은, 그 문장이 비록 원인을 상대하여 과보를 말한 것이지만 그 뜻은 진실로 원인과 과보를 함께 아는 까닭으로 지금에 그 뜻을 의거하여 겸하여 능히 과보까지 안다 말한 것이다. 역시 『잡화기』의 말이다.

325 『유가론』은 제사십구권이다.

326 장시長時라고 한 것은 고락의 장시長時이다.

327 구주久住라고 한 것은 처소가 구주久住한다는 것이다.

328 세 가지만 열거하였다고 한 것은 명名과 성姓과 고락苦樂이다.

諸業의 因緣相續인댄 但名爲通이니 凡夫亦得이요 若兼知業의 因緣相續인댄 則名爲明이니 二乘能得이요 若知上二의 無量無邊인댄 則名爲力이라하니 斯則力으로 亦知因矣니라 故應通云호대 若但知因인댄 是遍趣力이요 若雙知者인댄 卽宿住力이라 瑜伽는 爲對遍趣之因일새 故但云果耳니라

이것이 『지도론』[329]으로 더불어 회석이 어떠합니까.
말하자면 저 논에 말하기를 다만 숙명으로 경과한 바만 알고 모든 업의 인연이 상속함을 알지 못한다면 다만 이름을 통通이라 할 뿐이니 범부도 또한 얻은 것이요,
만약 겸하여 업의 인연이 상속함도 안다면 곧 이름을 명明이라 하나니 이승二乘이 능히 얻은 것이요,
만약 위에 두 가지가 한량도 없고 끝도 없는 줄 안다면 곧 이름을 력力이라 한다 하였으니
이것은 곧 력力으로 또한 업의 인연을 아는 것이다.
그런 까닭으로 응당 통답通答하여 말하기를 만약 다만 인연만 안다고 한다면 이것은 변취력이요,
만약 인연과 과보를 둘 다 안다고 한다면 곧 숙주지력이라 해야 할 것이다.
『유가론』은 변취행의 인연을 상대하였기에 그런 까닭으로 다만 과보만을 말하였을[330] 뿐이다.

---

[329] 『지도론』이란, 『지도론』 이십사권이다.

㋒

瑜伽爲對下는 出瑜伽宿住엔 無有因意니 若以等字로 收之인댄 於理可也니라

『유가론』은 변취행의 인연을 상대하였다고 한 아래는 『유가론』의 숙주지력에는 인연이 없다는 뜻을 설출한 것이니,
만약 등等 자로써[331] 거둔다면 이치에 틀린 것이 없다 하겠다.

㋓

文中初句는 標能念이니 智包三世者는 三世가 全在佛智之中커든 況於隨念이 不知三世리요 從門別故로 但云宿住라하니라 刹那悉現은 卽包現之時가 極促이요 現毛孔中은 卽能現之處가 至微니라 第三句는 卽所現所念之事가 廣이요 第四句는 結歸智力이니 非唯能念이라 亦能現也니라

경문 가운데 처음 구절은 능념能念을 표한 것이니,

---

330 다만 과보만을 말하였다고 한 것은, 『유가론』은 다만 과보만 말하였으나 그러나 지금에는 나머지 원인도 등취함을 밝히고 있다 하겠다.
331 만약 등等 자로써 운운은, 이것은 곧 또 다른 뜻이니 앞에서는 다만 과보 가운데 나머지 다섯 가지를 등취함만 밝혔고, 지금에는 그 원인도 겸하여 등취함을 밝힌 것이다. 이상은 『잡화기』의 말이다. 앞에서라고 한 것은 영인본 화엄 3책, p.319, 3행이다.

지혜는 삼세를 포함하였다고 한 것은 삼세가 온전히 부처님의 지혜 가운데 있거든 하물며 수념지력이 삼세를 알지 못하겠는가.
법문을 따라 다른 까닭으로 다만 숙주라고만 말하였을 뿐이다.
찰나에 다 나타낸다고 한 것은 곧 포함하고 나타내는 때가 지극히 짧은 것이요,
털구멍 가운데 나타낸다고 한 것은 곧 능히 나타내는 처소가 지극히 작은 것이다.
제 세 번째 구절은 곧 소현所現과 소념所念의 일이 넓은 것이요,
제 네 번째 구절은 수념지력에 귀결하는 것이니
오직 능념뿐만 아니라 또한 능현까지 귀결하는 것이다.

經

佛眼廣大如虛空하사　普見法界盡無餘라
無礙地中無等用이시니　彼眼無量佛能演이니다

부처님의 눈은 광대하기 허공과 같아서
널리 법계를 보되 다 남김없이 봅니다.
걸림이 없는 지위 가운데 비등할 수 없는 작용이시니
저 눈이 한량이 없지만 부처님이 능히 연설하십니다.

疏

九는 天眼智力이니 獨此從所依하야 以立名也라 若從境者인댄 瑜伽엔 名生死智力이라하니 謂死此生彼호대 墮善惡趣와 大小好醜를 皆能正知니라 知前際生死인댄 名爲宿住요 要知後際하야사 得此力名이라 今文에 乃云佛眼者는 若約五眼인댄 餘眼在佛하야는 皆佛眼故니라 此非經宗이어니와 今依十眼하야 佛眼能見如來十力故니라 故此一力이 卽攝十力하니라 擧一爲例하니 餘九皆然하니라

아홉 번째 게송은 천안지력이니,
말하자면 유독 이것만 소의所依를 좇아 이름을 세운[332] 것이다.

---

332 유독 이것만 소의所依를 좇아 이름을 세웠다고 한 것은, 본래 제 아홉 번째

만약 경계를 좇는다면 『유가론』에는 이름을 생사지력이라 하였으니,
말하자면 이곳에서 죽어 저곳에 태어나되 선취·악취와 대大·소小·
호好·추醜의 처소에 떨어지는 것을 다 능히 바로 아는 것이다.
전제에 생사를 안다면 이름이 숙주가 되는 것이요,
반드시 후제를 알아야 이 천안지력[333]이라 이름함을 얻는 것이다.

지금의 경문에 이에 부처님의 눈(佛眼)이라 말한 것은, 만약 오안五眼
을 잡는다면 나머지 눈이 부처님에게 있어서는 다 불안인 까닭이다.
이것은 『화엄경』의 종취가 아니거니와, 지금에 화엄종은 십안을
의지하여[334] 불안이 능히 여래의 십력을 보는 까닭이다.
그런 까닭으로 이 일력一力이 곧 십력을 섭수하는 까닭이다.
하나를 들어 비례하였으니[335] 나머지 구력九力도 다 그러한 것이다.

   힘의 이름이 생사지력인데 천안지력이라 했다는 것이다. 운허 『불교사전』에
   는 사생지력死生智力이라 하였다.
333 원문에 차력此力이란, 여기 제 아홉 번째 천안지력을 말한다 하겠다.
334 지금에 화엄종은 십안을 의지한다고 한 등은, 말하자면 십안 가운데 불안이
   능히 십력을 보기에 지금에 경문의 뜻이 천안의 한 지혜가 능히 십지十智를
   갖추고 있는 까닭으로 천안이라 이름하지 않고 불안이라 이름함을 얻는다고
   현시하는 것이다. 역시 『잡화기』의 말이다. 지금에 십안을 의지한다고 한
   아래는 이 화엄종의 종취이다.
335 하나를 들어 비례하였다고 한 것은, 십안十眼 가운데 불안이 능히 십력을
   본다는 것이다. 『잡화기』는 십안 가운데 일안一眼도 나머지 구안九眼도
   또한 다 십력을 잡아 말한 것이다 하였다.

鈔

五眼十眼은 如離世間品하니라

오안과 십안은 이세간품에 설한 것과 같다.[336]

疏

文中初句는 體大요 次句는 用廣이요 次句는 用勝이니 以無等故니라 後句는 結其甚深이니 故唯佛能演이라하니라 旣言普見法界인댄 非局未來어니와 約宗別故로 於未來門에 普見法界也라하니라

경문 가운데 처음 구절은 불안의 자체가 큰 것이요,
다음 구절은 불안의 작용이 넓은 것이요,
다음 구절은 불안의 작용이 수승한 것이니 비등할 수 없는 까닭이다.
뒤의 구절은 그 불안이 깊고도 깊음을 맺는 것이니,

---

336 오안과 십안은 이세간품에 설한 것과 같다고 한 것은 이세간품 제38권의 5에 있나니 자세히 말하면 이렇다. 불자야 보살마하살이 열 가지 눈이 있나니 말하자면 육안이니 일체색을 보는 까닭이요, 천안이니 일체중생의 마음을 보는 까닭이요, 혜안이니 일체중생의 제근諸根과 경계를 보는 까닭이요, 법안이니 일체법의 여실한 모습을 보는 까닭이요, 불안이니 여래의 십력을 보는 까닭이요(이상은 오안이다), 지안智眼이니 모든 법을 알아보는 까닭이요, 광명안光明眼이니 부처님의 광명을 보는 까닭이요, 출생사안出生死眼이니 열반을 보는 까닭이요, 무애안無礙眼이니 보는 바가 장애가 없는 까닭이요, 일체지안一切智眼이니 보문법계普門法界를 보는 까닭이라 하였다.

그런 까닭으로 오직 부처님만이 능히 연설하신다 한 것이다. 이미 법계를 널리 본다고 말하였다면 미래에만 국한한 것이 아니거니와, 종취가 다름을 잡은 까닭으로 미래문에서 법계를 널리 본다고 한 것이다.

經

一切衆生具諸結과　　所有隨眠與習氣를
如來出現遍世間하사　悉以方便令除滅케하니다

일체중생이 구족한 제결諸結과
소유한 수면과 더불어 습기를
여래가 출현하여 세간에 두루하사
다 방편으로써 하여금 제멸케 하십니다.

疏

十은 漏盡智力이니 於自解脫에 無惑無疑하며 亦知衆生漏盡涅槃호대 於此正知를 名爲智力이라 文中初二句는 所斷이니 諸結은 卽現行이요 隨眠은 卽種子요 習氣는 卽餘習이니 二乘은 不能盡習하고 亦不能盡他漏일새 故不名力이니라 後半은 顯佛能滅이라

열 번째 게송은 누진지력이니,
자기의 해탈에 미혹도 없고 의심도 없으며
또한 중생의 번뇌루漏가 다한 열반을 알되 여기에 바로 아는 것을
이름하여 지력이라 하는 것이다.
경문 가운데 처음에 두 구절은 끊을 바이니
제결諸結은 곧 현행現行이요,
수면은 곧 종자요,

습기는 곧 여습餘習이니,
이승二乘은 능히 자기의 습기도 다하지 못하고 또한 능히 다른 이의 번뇌루도 다하지 못하였기에 그런 까닭으로 역力이라 이름할 수 없는 것이다.
뒤에 게송 받은 부처님이 능히 제멸케 하심을 나타낸 것이다.

鈔

文中下는 二에 釋文이니 以漏盡無濫일새 故로 不辯差別이라 餘習有四하니 謂貪瞋癡慢이라 貪習은 如迦留陀夷하고 瞋習은 如身子하고 癡習은 如周利槃特하고 慢習은 如畢陵伽婆蹉하니라 曾無教說見疑習氣하니 疑見有習하면 不見理故니라 通說하면 或有耳니라

경문 가운데라 한 아래는 두 번째[337] 경문을 해석한 것이니, 누진지력은 범람함이 없기에 그런 까닭으로 차별함을 분별하지 않는 것이다.
여습餘習에 네 가지가 있나니
말하자면 탐·진·치·만이다.
탐습貪習은 가류타이와 같고,[338]
진습瞋習은 신자와 같고,[339]

---

337 원문에 一은 二의 잘못이다. 一은 석명釋名이고, 二는 석문釋文이다.
338 탐습貪習은 가류타이와 같다고 한 것은 운허『불교사전』, p.4를 참고할 것이다.

치습痴習은 주리반특과 같고,[340]

만습慢習은 필릉가바차와 같다.[341]

일찍이 가르침 가운데[342] 견見과 의疑의 습기를 설한 적이 없나니, 의와 견이 습기가 있다면 그 이치를 볼 수 없는 까닭이다.

통으로 설한다면[343] 혹 있기도 하다 할 것이다.

---

339 진습瞋習은 신자와 같다고 한 것은 영인본 화엄 2책, p.698, 5행에 말한 바 있다.

340 치습痴習은 주리반특과 같다고 한 것은, 부처님이 기원정사에 계실 때 천하에 둔하기로 소문난 주리반특카가 있었다. 한 구절을 가르쳐 주어도 돌아서면 잊어버리는 것이다. 스스로 화가 난 주리반특카가 청소를 하다 울고 있으니 부처님이 너는 오늘부터 청소와 빗자루라는 말만 외워라 하였다. 그러나 청소를 외우면 빗자루를, 빗자루를 외우면 청소라는 말을 잊어버리더니 어느 날 청소와 빗자루라는 단어를 외우고 빗자루로 세상의 더러움을 쓸어버리듯이 사람은 지혜의 빗자루로 마음에 번뇌를 깨끗이 쓸어야 합니다 하고 부처님께 말하니 착하다 반특카야 비로소 네가 지혜의 눈을 떴구나 하였다.

341 만습慢習은 필릉가바차와 같다고 한 것은 영인본 화엄 2책, p.696, 9행에 말한 바 있다.

342 일찍이 가르침 가운데라 한 등은, 말하자면 이 탐·진·치·만이 이 여섯 가지 번뇌 가운데 네 가지이니 곧 그 나머지 의疑와 견見도 또한 응당 습기가 있지만, 그러나 가르침(敎) 가운데는 일찍이 이 말이 없는 것은 이 나머지 습기는 이 이치를 보는 사람의 소유이기에 그렇다. 곧 만약 의와 견의 습기가 있다면 이치를 볼 수 없는 까닭이다. 역시 『잡화기』의 말이다.

343 통으로 설한다고 한 등은, 여기는 이 별설의 뜻이니 말하자면 이 위에는 별설을 잡은 까닭으로 네 가지는 습기가 있고 두 가지는 습기가 없거니와, 만약 또한 통설이라고 한다면 곧 여섯 가지가 다 습기가 있다 할 것이다. 역시 『잡화기』의 말이다.

疏

然이나 上十力에 智는 卽是體요 力은 卽是用이라 然이나 智卽力이니 更無別性이라

그러나 위에 십력에 지智라는 것은 곧 이 자체요,
역力이라는 것은 곧 이 작용이다.
그러나 지智가 곧 역力이니 다시 다른 성품이 없는 것이다.

鈔

然이나 上十力下는 三에 重以諸門料揀이라 先은 總名이니 但云智力인댄 卽持業釋이요 若云十力인댄 卽帶數釋이라

그러나 위에 십력이라고 한 아래는 세 번째 거듭 제문諸門[344]으로 헤아려 가린 것이다.
먼저는 총명總名이니
다만 지력智力이라고만 말한다면 곧 지업석持業釋이요,
만약 십력이라고 말한다면 곧 대수석帶數釋이다.

疏

此中에 宿住隨念相應智力은 是隣近釋이요 自餘는 從境일새 皆依

---

[344] 제문이란, 곧 육리합석을 말한다.

主釋이라 說天眼從所依라도 亦依主釋이요 若宿住是境인댄 隨念相應智力도 亦依主釋이라

이 십력 가운데 숙주수념상응지력은 이것은 인근석隣近釋이요, 자연스레 나머지는³⁴⁵ 경계를 좇기에 다 의주석依主釋이다.
천안이 의지하는 바를 좇는다 말할³⁴⁶지라도 또한 의주석이요, 만약 숙주가 이 경계라면 수념상응지력도 또한 의주석이다.

鈔

此中宿住下는 會別名이니 宿住名隣近者는 智近於念일새 故로 言宿住니라 亦依主者는 宿住境之隨念故니라

이 십력 가운데 숙주수념상응지력이라고 한 아래는 다른 이름을 회석한 것이니,
숙주를 인근석이라고 이름한 것은 지혜가 생각에 가깝기에 그런 까닭으로 숙주라고 말한 것이다.
또한 의주석이라고 한 것은 숙주의 경계가 생각을 의지하여 따르는 까닭이다.

---

345 원문에 자여自餘라 한 자自는 저절로 자연스레라는 뜻이다. 즉 숙주수념상응지력이 인근석이라면 그밖에 나머지는 자연스레 의주석이라는 뜻이다.
346 설說이라는 글자가 설設 자라면 설사라고 먼저 해석할 것이다. 說 자든 設 자든 그 뜻은 같다 하겠다.

疏

然此十力이 望於自事인댄 各於自事中에 大가 如水能淨하며 如火能燒하야 各有自力이라 若約總攝인댄 初力이 爲大요 若約辨得인댄 涅槃漏盡이 爲大요 若以無碍解脫로 而爲根本인댄 則平等平等이라

그러나 이 십력이 자사自事를 바라본다면 각각 자사 가운데 대력大力이 마치 물이 능히 맑게 하는 것과 같으며 불이 능히 태우는 것과 같아서 각각 자력自力이 있는 것이다.
만약 모두 거듭을 잡는다면 처음 힘(初力)이 대력大力이 되는 것이요, 만약 갖추어 얻음을 잡는다면 열반의 누진이 대력이 되는 것이요, 만약 무애해탈로써 근본을 삼는다면 곧 평등하고 평등한 것이다.

鈔

然此十力下는 辯功能이니 可知라 十力略義는 亦已釋周니라 更欲廣引이나 恐翳玄理니라

그러나 이 십력이라고 한 아래는 공능功能을 분별한 것이니 가히 알 수가 있을 것이다.
십력의 간략한 뜻은 또한 이미 두루 해석하였다.
다시 폭넓게 인용하고자 하지만 현묘한 이치를 가릴까 염려하여 그만둔다.

經

爾時에 法界普音菩薩摩訶薩이 承佛威力하야 普觀一切道場衆
會海하고 卽說頌言호대

佛威神力遍十方하시고　廣大示現無分別하시며
大菩提行波羅蜜의　　　昔所滿足皆令見케하시다

그때에 법계보음 보살마하살이 부처님의 위력을 받아 널리 일체
도량에 모인 대중의 바다를 관찰하고 곧 게송을 설하여 말하기를,

부처님의 위신력은 시방에 두루하시고
광대하게 시현하지만 분별이 없으시며
큰 보리행인 바라밀의
옛날에 만족한 바를 다 하여금 보게 하십니다.

疏

第八에 法界頌中엔 歎佛往修十度行滿하사 今得果圓이라 十一
頌을 分二호리니 初一은 總이요 餘十은 別이라 今初也라 佛威神力
이 略有三類하니 一者는 俱生力이니 謂風不動衣等이요 二者는
聖威力이니 謂通明等의 種種功德이요 三者는 法威力이니 謂波羅
蜜의 圓滿法力이라

제 여덟 번째 법계보음 보살의 게송 가운데는 부처님이 옛날에 십바라밀행을 닦아 만족하여 지금에 과보(果)가 원만함을 얻은 것을 찬탄한 것이다.

열한 게송을 두 가지로 분류하리니
처음에 한 게송은 한꺼번에 나타낸 것이요,
나머지 열 게송은 따로 나타낸 것이다.
지금은 처음으로 부처님의 위신력이 간략하게 세 가지 유형이 있나니
첫 번째는 구생력俱生力이니
말하자면 바람에도 옷을 움직이지 않는다는 등이요,
두 번째는 성위력聖威力이니
말하자면 신통·삼명 등 가지가지 공덕이요,
세 번째는 법위력法威力이니
말하자면 바라밀의 원만한 법력이다.

鈔

佛威神力者는 卽當瑜伽三十七中이라 彼有二類하니 初列三種云호대 一은 聖威力이요 二는 法威力이요 三은 俱生威力이라하며 次又云호대 復有五種하니 一은 神通威力이요 二는 法威力이요 三은 俱生威力이요 四는 共二乘威力이요 五는 不共二乘威力이라하야 彼廣釋相하니라 今疏引三이나 而不依彼次하고 及至釋文하야는 二處參用하니라 風不動衣等은 卽五中俱生이라 俱生有多하니 謂佛菩薩이 常右脇臥하사대 如師子王이 雖現安處草葉等蓐이나 一脇而臥에 曾無動亂인

달하야 一切如來應正等覺이 雖現睡眠이나 而不轉側하시며 大風卒起라도 不動身衣하시며 行如牛王하시며 步如師子等이라하야어늘 今但云風不動衣等이라하니 等取餘事니라 五中望三인댄 神通은 卽聖威力이요 共與不共은 但顯超勝이라 疏中에 皆含二處法威力이니 疏中에 謂波羅蜜의 圓滿法力은 卽是語因이라

부처님의 위신력이라고 한 것은 곧 『유가론』 삼십칠권 가운데 해당한다.
저 『유가론』에 두 가지 유형이 있나니
처음에는 세 가지 위력을 열거하여 말하기를
첫번째는 성위력이요,
두 번째는 법위력이요,
세 번째는 구생위력이라 하였으며
다음에 또 말하기를 다시 다섯 가지 위력이 있나니
첫 번째는 신통위력이요,
두 번째는 법위력이요,
세 번째는 구생위력이요,
네 번째는 공이승위력共二乘威力이요,
다섯 번째는 불공이승위력不共二乘威力이라 하여 저 『유가론』에 폭넓게 그 위력의 모습을 해석하였다.
지금 소문疏文에는 세 가지 위력만을 인용하였지만, 저 『유가론』의 차례를 의지하지 않고 급기야 문장을 해석함[347]에 이르러서는 두 곳[348]에서 섞어 인용하였다.

바람에도 옷을 움직이지 않는다는 등이라고 한 것은 곧 다섯 가지 위력 가운데 구생위력이다.

구생俱生이 많이 있나니,

말하자면 부처님과 보살이 항상 우협右脇으로 누우시되 마치 사자왕이 비록 풀잎 등의 자리[349]에 편안하게 거처함을 나타내지만, 한 번 우협으로 누움에 일찍이 움직임이 없는 것과 같아서 일체 여래·응공·정등각이 비록 수면을 나타내시지만 곁으로 구르는 적이 없으시며,

큰 바람이 마침내 일어나도 몸에 옷을 움직이지 않으시며,

행동이 우왕牛王과 같으시며,[350]

걸음이 사자와 같으시다 한 등이라 하였거늘, 지금에는 다만 말하기를 바람에도 옷을 움직이지 않는다 한 등이라고만 하였으니 나머지 사실을 등취한 것이다.

---

347 문장을 해석한다고 한 것은, 소문에 一에 위謂 자와 二에 위謂 자와 三에 위謂 자 이하를 가리키는 것이라고 『잡화기』는 말하였다.
348 두 곳이란, 삼종三種과 오종五種이다.
349 욕蓐은 깔개 욕이니 자리를 말한다 하겠다.
350 행동이 우왕牛王과 같다고 한 등은, 먼저 오른발을 들고 바야흐로 발을 행보하는 것이 걸음이 되는 것이니 걸음이 우왕과 같은 것이요, 행동할 때 자유자재하여 두려움이 없는 행보가 행동이 되는 것이니 행동이 사자와 같은 것이다. 이것은 이 『유가론』을 의지하여 해석한 것이다. 그러한즉 이 가운데 행보行步라는 두 글자가 앞뒤로 바뀐 것이 아닌가 염려한다. 이상은 『잡화기』의 말이다. 두 글자가 앞뒤로 바뀐 것이란, 즉 행여우왕行如牛王이요 보여사자步如師子라 해야 한다는 것이다.

다섯 가지 위력 가운데 세 가지를 바라본다면 신통위력은 곧 성위력이요,
공위력과 더불어 불공위력은 다만 초승[351]함만을 나타낸 것이다. 소문疏文 가운데는 두 곳(二處)[352]의 법위력을 포함하였으니, 소문 가운데 말하자면 바라밀의 원만한 법력이라고 한 것은 곧 이것은 법위력의 원인(因)[353]을 말한 것이다.

疏

令五根中에 無諸非淨하고 四支百節에 有無量力일새 故名堅固不可壞法身이며 常身이며 無邊之身이니라 言遍十方者는 卽無邊身이요 廣大示現은 謂變化身이요 無分別者는 平等智身이요 大菩提行者는 波羅蜜身이라 昔所滿足者는 衆行先成이요 皆令見者는 大果今出이라

하여금 오근五根 가운데 모든 깨끗하지 못한 것은 없고, 사지백절四支百節에 한량없는 힘이 있기에 그런 까닭으로 이름을 견고하여 가히 파괴되지 않는 법신이며 상신常身[354]이며 무변신無邊身이라 하는 것

---

351 초승이란, 이승보다 초승하다는 것이다.
352 두 곳(二處)의 운운은, 『잡화기』에 고래의 吐는 二處의 위력威力하니 吐이고, 지금은(사기는) 이처나라. 위력도 吐라 하였다. 나는 고래의 토로 보았다.
353 법위력의 원인이라고 한 것은, 법위력에 인과를 나눈 가운데 원인을 말한 것이다.
354 상신이라고 한 것은 세 가지 항상함에 통하는 것이다. 이 가운데 먼저는

이다.

시방에 두루한다고 말한 것은 곧 무변신이요,
광대하게 시현한다고 한 것은 변화신을 말한 것이요,
분별이 없다고 한 것은 평등지신이요,
큰 보리행이라고 한 것은 바라밀신이다.
옛날에 만족한 바라고 한 것은 수많은 행[355]을 먼저 성취한 것이요,
다 하여금 보게 한다고 한 것은 대과大果[356]가 지금에 나온 것이다.

鈔

令五根下는 辯其果相이라 彼法威力中에 諸度가 各有四相하니 一은 斷所對治요 二는 資糧成就요 三은 饒益自他요 第四는 辯果라 果各不同하나니 施는 得大財寶와 朋黨眷屬이요 戒는 生人天이요 忍은 臨終之時에 心無憂悔하고 生於天界요 進은 得愛樂殊勝과 士夫功業이요 定은 得神通하야 生靜慮天이요 慧果는 能離煩惱所知의 二種重障이

십신의 과보상을 분별하고 뒤에는 경으로써 회통하되, 오직 무변신만 서로 같고 나머지는 다 서로 그윽이 생략되었으니, 만약 갖추어 설하고자 한다면 십신의 과보상이 원만하게 구족함이 있어야 한다 할 것이다. 이상은 다 강사의 말이다. 역시 『잡화기』의 말이다. 세 가지 항상함에 통한다고 한 것은 법신·상신·무변신은 항상하다는 것이다. 차라리 파괴되지 않고 항상한 몸이 이 세 가지 법신과 상신과 무변신이라 할 것이다.

355 수많은 행이란, 인행이다.
356 대과大果란, 불과이다.

라하니 上瑜伽中엔 多是近果며 又是別明이어니와 今是究竟之果며
又是總明이라 無諸非淨은 卽離繫果요 百節有力은 是施等果요 堅固
不壞는 是戒度果라 故普眼長者가 以十度因으로 成十身果니라 言遍
十方下는 疏以經文으로 會上果義니라

하여금 오근이라고 한 아래는 그 과상果相을 분별한 것이다.
저『유가론』법위력357 가운데 모든 바라밀이 각각 사상四相에 있나니
첫 번째는 상대하여 다스릴 바를 끊는 것이요,
두 번째는 자량資糧을 성취하는 것이요,
세 번째는 자·타를 요익케 하는 것이요,
네 번째는 과보를 분별하는 것이다.
과보가 각각 같지 않나니
보시는 큰 재보와 많은 벗과 권속을 얻는 것이요,
지계는 인간과 천상에 태어나는 것이요,
인욕은 임종시에 마음에 근심과 후회가 없고 천상계에 태어나는
것이요,
정진은 좋아하고 즐거워함이 수승한 것과 사부士夫의 공업358을 얻는

---

357 저『유가론』법위력이라 한 저(彼)는『유가론』삼십칠권이다.
358 사부士夫의 공업이라고 한 것은 곧 사용과士用果이니, 강사가 말하기를 보살은
 수행하여 중생을 이익케 하는 것으로 작용을 삼고, 사대부士大夫는 부지런히
 배워 과거에 급제하는 것으로 작용을 삼는 등이라 하였다.『잡화기』의 말이
 다. 사부士夫는 士와 대부大夫 또는 사대부라고도 한다. 사부의 공업을 사대부
 가 사업을 성공한다고도 해석할 수 있다.

것이요,
선정은 신통을 얻어 정려천³⁵⁹에 태어나는 것이요,
지혜의 과보는 능히 번뇌와 소지의 두 가지 무거운 장애를 떠나는 것이다 하였으니
위에 『유가론』 가운데는 다분히 천근한 과보³⁶⁰이며 또 별명別明이거니와,
지금에는 구경의 과보이며 또 총명總明이다.

모든 깨끗하지 못한 것은 없다고 한 것은 곧 이계과離繫果³⁶¹요,
백절에 힘이 있다고 한 것은 이것은 보시 등의 과보요,
견고하여 파괴되지 않는다고 한 것은 이것은 지계바라밀의 과보이다.
그런 까닭으로 보안장자가 십바라밀의 인연으로써 십신의 과보를 성취하였다.
시방에 두루한다고 한 아래는 소가疏家가 경문으로써 위에 과보의 뜻을 회석한 것이다.

---

359 정려천靜慮天은 오정거천五淨居天이니 오불환천五不還天이다.
360 천근한 과보라고 한 것은, 재보財寶와 천상에 태어나는 등은 다 천근한 과보이다. 『잡화기』의 말이다.
361 이계과離繫果는 번뇌의 얽힘에서 벗어나 얻은 과보이니 오과五果의 하나이다. 오과는 이숙과異熟果, 등류과等流果, 이계과離繫果, 사용과士用果, 증상과增上果이다.

㋙

二에 有十頌은 別顯이니 一頌이 一度라 皆上半은 往修因이요 下半은 今得果라

두 번째 열 게송이 있는 것은 따로 나타낸 것이니,
한 게송이 한 바라밀이다.
다 위에 반 게송은 지나간 옛날의 수행한 인연이요,
아래 반 게송은 지금에 과보를 얻은 것이다.

㋒

十頌別顯下는 疏二니 先總指文이라

열 게송이 있는 것은 따로 나타낸 것이라고 한 아래는 소문에 두 가지가 있나니,
먼저[362]는 모두 경문을 가리킨 것이다.

㋙

十度之義는 十行十地와 一經始末에 亦多辯之어니와 須粗識其相일새 略啓十門호리라 一은 釋名이요 二는 出體요 三은 辯相이요

---

[362] 먼저 운운은, 一은 총지문總指文이고, 二는 개장별석開章別釋이다. 개장별석에 두 가지가 있나니 一은 서의별장叙意別章이고, 二는 입장광석立章廣釋이다.

四는 建立이요 五는 次第요 六은 相攝이요 七은 修證이요 八은 約敎요 九는 觀心이요 十은 釋文이라 今初又二니 先은 通名이요 後는 別稱이라 今初니 通稱波羅蜜多者는 唯識云호대 要七最勝之所攝受하야사 方可建立波羅蜜多니 一은 安住最勝이니 謂要安住菩薩種性이요 二는 依止最勝이니 謂要依止大菩提心이요 三은 意樂最勝이니 謂要慈愍一切有情이요 四는 事業最勝이니 謂要具行一切事業이요 五는 巧便最勝이니 謂要無相智之所攝受요 六은 迴向最勝이니 謂要迴向無上菩提요 七은 淸淨最勝이니 謂要不爲二障間雜이니 卽三時無悔니라 若七隨闕인댄 非到彼岸이니 故此十度를 應各四句分別이라하니라 其別稱과 及出體와 三辨相은 至文當釋호리라

십바라밀의 뜻은 십행과 십지와 화엄 일경의 처음과 끝에 또한 다분히 분별하였거니와, 반드시 그 십바라밀의 모습도 대강 알아야 하기에 간략하게 십문을 열어 밝히겠다.
첫 번째는 이름을 해석한 것이요,
두 번째는 자체를 설출한 것이요,
세 번째는 그 모습(相)을 분별한 것이요,
네 번째는 건립하는 것이요,
다섯 번째는 차례요,
여섯 번째는 서로 섭수하는 것이요,
일곱 번째는 닦아 증득하는 것이요,

여덟 번째는 교教³⁶³를 잡은 것이요,
아홉 번째는 마음을 관찰하는 것이요,
열 번째는 경문을 해석한 것이다.

지금은 처음으로 또한 두 가지가 있나니
먼저는 통틀어 이름한 것이요,
뒤에는 따로 이름한 것이다.

지금은 처음으로 통틀어 바라밀다라고 이름한 것은, 『유식론』에 말하기를³⁶⁴ 일곱 가지 최승最勝의 섭수하는 바를 요망하여야 바야흐로 가히 바라밀을 건립하나니
첫 번째는 안주최승이니
말하자면 보살의 종성에 안주하기를 요망하는 것이요,
두 번째는 의지최승이니
말하자면 대보리심에 의지하기를 요망하는 것이요,
세 번째는 의락최승이니
말하자면 일체 유정을 자비로 어여삐 여기기를 요망하는 것이요,
네 번째는 사업최승이니
말하자면 일체 사업을 갖추어 행하기를 요망하는 것이요,
다섯 번째는 교편巧便최승이니

---

363 교教라고 한 것은 모든 교教이다.
364 『유식론』 운운은 『성유식론』 제구권이다.

말하자면 모습이 없는 지혜(無相智)의 섭수하는 바를 요망하는 것이요,
여섯 번째는 회향최승이니
말하자면 무상보리에 회향하기를 요망하는 것이요,
일곱 번째는 청정최승[365]이니
말하자면 이장二障이 사이에 끼어들어 잡란雜亂함이 되지 않기를 요망하는 것이니,
곧 삼시[366]에 번뇌(悔)가 없는 것이다.
만약 일곱 가지에 하나라도 빠짐을 따른다면 저 언덕에 이르지 못하나니,
그런 까닭으로 이 십바라밀을 응당 각각 사구四句로 분별한다 하였다.

그 따로 이름한 것과 그리고 자체를 설출한 것과 세 번째 모습(相)을[367] 분별한다고 한 것은 문장에 이르러 마땅히 해석하겠다.

---

365 청정최승이라고 한 것은, 『유식론술기』 제십권에 말하기를 청정최승 가운데 이장二障을 떠나기 위하여 바라밀을 행하는 것이니, 저 이장에 잡란함이 되지 않는 것은 말하자면 삼시에 번뇌가 없는 등이라 하였다.
366 삼시三時라고 한 것은, 무릇 바라밀에 다 삼시가 있나니, 우선 보시를 잡아 말한다면 一은 가행심시加行心時니 보시를 행할 때이고, 二는 근본심시根本心時니 보시를 바로 행할 때이고, 三은 후득심시後得心時니 보시를 마칠 때이다. 역시 『잡화기』의 말이다.
367 이름과 자체와 모습이라고 한 것은, 바라밀의 이름과 바라밀의 자체와 바라밀의 모습이니, 영인본 화엄 3책, p.343, 9행을 볼 것이다.

鈔

此中立章은 多依唯識第九라 安住菩薩種性者는 若依五性인댄 則揀餘四性하고 唯取菩薩種性거니와 今法性宗은 約習以成性하고 非約本有니 本有平等故니라 故攝論中엔 但有六種最勝하고 無初安住하니 或云菩提心攝이라하니 則知唯約習成이니라 然이나 無性引頌은 亦似證有安住種性이니 頌云호대 麟角喩無有하고 六波羅蜜多은 唯我最勝尊이 上品到彼岸이라하니 此最勝尊은 義似初一이라 然依此釋이라도 亦是習成이요 非約本有니라 謂要無相智者는 卽三輪空也니 故離世間品云호대 三輪淸淨施는 施者受者와 及以施物을 正念觀察하야 如虛空故라하니라 六에 迴向最勝은 問호대 旣言迴向菩提인댄 何異依止리요 釋曰호대 彼有道心이나 未必一切迴向菩提어니와 此乃迴向하니라 又依止者는 卽行前心이요 今迴向者는 乃行後願이니라 七에 淸淨最勝者는 約分說耳니 通說淸淨인댄 爲離二障하야 行於六度니라 卽三時無悔者는 此乃大乘法師가 釋論意也니 悔는 卽煩惱나 由不了故로 卽是所知요 又卽此悔心이 障於眞智일새 亦所知也라하니라

이 가운데 문장을 세운 것은[368] 다분히 『유식론』 제구권을 의지하였다.

보살의 종성에 안주한다고 한 것은 만약 오성五性[369]을 의지한다면

---

[368] 이 가운데 문장을 세운 것이라고 한 것은, 개장별석開章別釋 가운데 수장첩석隨章牒釋이다. 북장경에는 입장광석立章廣釋이라 하였다.

곧 나머지 사성四性을 가리고 오직 보살의 종성만 취할 것이어니와,
지금에 법성종은 닦음으로써370 종성을 이룸을 잡고 본유本有를 잡지
않았으니 본유는 평등한 까닭이다.
그런 까닭으로『섭론』가운데는371 다만 여섯 가지 최승만 있고
처음에 안주최승이 없나니,
혹자가 말하기를 보리심에 섭속된다 하였으니
곧 오직 닦아 이룸만을 잡은 것인 줄 알아야 할 것이다.
그러나『무성섭론』에 인용한 게송은 또한 안주종성이 있다고 증거함
과 같나니,
게송에 말하기를

기린 뿔372은 없는 데 비유하고
육바라밀다는
오직 우리 최승존만이
상품上品으로 저 언덕에 이르게 한다 하였으니
이 최승존이라는 것은 그 뜻이 초일初一에 안주최승과 같다.

---

369 오성은 오성중생이다. 그러나 혹은 오성종五性宗이라 하기도 한다. 곧『잡화
기』의 말이다.
370 닦음으로써 운운은, 닦음으로써 종성을 이룬다고 한 것은 후천後天을 잡은
것이고, 본유를 잡은 것이 아니라고 한 것은 선천先天을 잡은 것이 아니다.
371 그런 까닭으로『섭론』가운데라 한 등은, 대개 만약 보살성을 세운다면
곧 사람들이 본래 보살성이 있다고 착오할까 염려하는 것이다. 역시『잡화
기』의 말이다.
372 기린 뿔이란, 독각에 비유한 것이니, 기린 뿔이 하나뿐이기 때문이다.

그러나 이 해석을 의지한다 하더라도 역시 닦음으로 이룸을 잡은 것이고 본유를 잡은 것은 아니다.

말하자면 모습이 없는 지혜를[373] 요망한다고 한 것은 곧 삼륜三輪이 공하다는 것이니,
그런 까닭으로 이세간품에 말하기를
삼륜이 청정한 보시는 보시하는 사람과 받는 사람과 그리고 보시하는 물건을 바른 생각으로 관찰하여 허공과 같이 하는 까닭이라 하였다.
여섯 번째 회향최승이라고 한 것은, 묻기를 이미 보리에 회향한다고 말하였다면 어찌 두 번째 대보리심에 의지한다고 함과 다르겠는가.
해석하여 말하기를 저기[374]서는 도심道心이 있었지만 아직 반드시 일체 보리에 회향하지는 않았거니와, 여기[375]서는 이에 보리에 회향하였다.
또 두 번째 의지依止라고 한 것은 곧 십행 전에 마음이요,
지금에 여섯 번째 회향이라고 한 것은 이에 십행 이후에 서원이다.
일곱 번째 청정최승이라고 한 것은 부분을 잡아 설하였을[376] 뿐이니,

---

373 말하자면 모습이 없는 지혜 운운은, 다섯 번째 교편최승이다.
374 저기란, 제 두 번째 의지최승이다.
375 여기란, 제 여섯 번째 회향최승이다.
376 부분을 잡아 설한다면이라고 한 것은, 강사가 말하기를 『유식론』에는 곧 비록 이장이 사이에 끼어들어 잡란함이 되지 않기를 요망한다 말하였으나(영인본 화엄 3책, p.328, 7행), 이미 대승법사가 다만 소지장을 떠나는 것으로만

청정을 통틀어 설한다면 이장二障을 떠나기 위하여 육바라밀을 수행하는 것이다.
곧 삼시에 번뇌가 없다고 한 것은, 이것은 이에 대승법사[377]가 논을 해석한 뜻이니
회悔[378]는 곧 번뇌장이지만 알지 못함을 인유한 까닭으로 곧 이것은 소지장이요,
또 곧 이 회심悔心이 진지眞智를 장애하기에 또한 소지장이라 한 것이다.

四句分別者는 有三四句하니 一者는 一一自望種類하야 而有四句하나니 施中四者는 一은 是施非度니 不與七勝으로 相應施故요 二는 是度非施니 隨喜他施호대 具七勝故요 三은 亦施亦度니 具七勝施故요 四는 非施非度니 隨喜他施호대 不與七勝으로 共相應故니라 二者는 不約種類하고 次第修者로 以明四句니 唯施一種이 但有二句요

『유식론』의 뜻을 설출한 까닭으로 그렇게 부분을 잡아 말하였을 뿐이라 한 것이니, 그렇다면 자은(규기)스님은 다만 소지장을 부분적으로 떠나는 것만 말하였거늘, 청량스님은 이장을 함께 떠나는 것을 통틀어 밝힌 것이다 하였다. 역시 『잡화기』의 말이다.

377 대승법사 운운은 규기법사의 『유식론술기』의 뜻이다.
378 회悔는 곧 번뇌장이라고 한 등은, 스스로 두 가지 뜻으로써 회가 소지장이 된다고 밝혔으니, 번뇌로대 吐거니와 어리석은 나(私記主)는 그렇지 않을까 염려한다. 이 부분을 잡았다는 분(約分) 자가 이미 삼시에 번뇌悔가 없다고 말하였다면 곧 이것은 부분 부분적으로 점점 떠난다는 뜻인 까닭으로 회悔는 이장에 통하는 것이니 회요 吐이다. 역시 『잡화기』의 말이다.

未成餘度하야 闕二句故니 謂是度非施와 及非施非度니라 餘戒等五
는 得有四句니 前有施度일새 得爲是度非戒等故니라 謂一은 是戒非
度니 謂不與七勝으로 共相應故요 二는 是度非戒니 卽前施度가 具七
勝故요 三은 亦戒亦度니 具七最勝하야 而持戒故요 四는 非戒非度니
謂前布施가 不具七故니라 忍度望戒하며 進度望忍하면 次第如戒니
라 三은 非次第修者로 諸度가 各得具於四句니 如施가 得望戒忍等
度인댄 得有是度非施等句故니 可以思準이니라 此上釋度는 卽彼論
疏에 明相門也니 謂顯波羅蜜多相故니라 故此論初云호대 此十相者
는 要七最勝等이라하니라

사구로 분별한다고 한 것은 세 가지 사구가 있나니
첫 번째는 낱낱이 스스로 종류를 바라보아 사구를 삼나니,
보시 가운데 사구는 첫 번째는 이 보시이고 바라밀이 아니니,
일곱 가지 최승으로 더불어 상응하는 보시가 아닌 까닭이요,
두 번째는 이 바라밀이고 보시가 아니니,
다른 사람이 보시하는 것을 따라 기뻐하되[379] 일곱 가지 최승을

---

379 다른 사람이 보시하는 것을 따라 기뻐한다고 한 등은, 이미 따라 기뻐한즉 스스로 또한 이미 일곱 가지 최승을 갖춘 까닭으로 이 바라밀이고, 진실로 나의 보시가 아닌 까닭으로 보시가 아니니 이 가운데 첫 번째와 세 번째의 두 구절은 단적으로 자기에 나아가 말한 것이고, 두 번째와 네 번째의 두 구절은 겸하여 타인을 상대하여 설한 것이다. 이상은 첫 번째 四句이고, 뒤에 두 번째 四句는 다 오직 자기에만 나아가 설한 것이다. 역시 『잡화기』의 말이다.

갖춘 까닭이요,
세 번째는 또한 보시이고 또한 바라밀이니
일곱 가지 최승을 갖춘 까닭이요,
네 번째는 보시도 아니고 바라밀도 아니니
다른 사람이 보시하는 것을 따라 기뻐하되 일곱 가지 최승으로 더불어 함께 상응하지 않는 까닭이다.

두 번째는 종류를 잡지 않고 차례를 수행함으로 사구를 밝힌 것이니
오직 보시의 한 가지만이 다만 이구二句가 있을[380] 뿐 아직 나머지 바라밀을 이루지 못하여[381] 이구二句가 빠진[382] 까닭이니,
말하자면 이 바라밀이고 보시가 아니라 한 것과 그리고 보시도 아니고 바라밀도 아니라고 한 것이다.
나머지 지계 등 다섯 가지는 사구가 있음을 얻나니
앞에 보시바라밀이 있었기에 이 바라밀이고 지계가 아니라는 등을 얻는 까닭이다.
말하자면 첫 번째는 이 계戒이고 바라밀이 아니니
말하자면 일곱 가지 최승으로 더불어 함께 상응하지 않는 까닭이요,

---

380 다만 이구二句가 있다고 한 것은 첫 번째 구절과 세 번째 구절이다.
381 아직 나머지 바라밀을 이루지 못하여라고 한 등은, 이미 이 차례로 수행한즉 오직 보시만이 처음 二句를 이루고, 나머지는 다 아직 바라밀을 이루지 못하여 상대하는 바가 없는 까닭으로 두 번째와 네 번째의 두 구절이 없는 것이다. 역시 『잡화기』의 말이다. 처음 二句란 첫 번째와 세 번째 구절이다.
382 이구二句가 빠졌다고 한 것은 두 번째 구절과 네 번째 구절이다.

두 번째는 이 바라밀이고 계가 아니니
곧 앞에 보시바라밀이 일곱 가지 최승을 갖춘 까닭이요,
세 번째는 또한 계이고 또한 바라밀이니
일곱 가지 최승을 갖추어 계를 가지는 까닭이요,
네 번째는 계도 아니고 바라밀도 아니니
말하자면 앞에 보시가 일곱 가지 최승을 갖추지 못한 까닭이다.
인욕바라밀은 지계바라밀을 바라보며,
정진바라밀은 인욕바라밀을 바라보면 차례가 지계바라밀과 같음을 알 것이다.

세 번째는 차례로 수행하지 아니함으로[383] 모든 바라밀이 각각 사구를 갖춤[384]을 얻나니,
보시가 지계·인욕 등의 바라밀을 바라봄을 얻는다면 이 바라밀이고,
보시가 아니라는 등의 구절이 있음을 얻는 것과 같은 까닭이니 가히 생각하여 기준할 것이다.
이상[385]에서 바라밀을 해석한 것은 곧 저 『유식론』 소疏에서 상문相門

---

383 세 번째는 차례로 수행하지 않는다고 한 등은, 앞에 두 四句(一에 四句와 二에 四句)는 다 보시행을 수행하는 것이요, 여기에 한 사구(三에 四句)는 이 가운데 지계 등 五바라밀을 동시에 수행한 까닭으로 각각 四句를 이루는 것은 앞에 제 두 번째 차례로 수행하는 가운데와 동일하지만, 그러나 그 처음에 보시가 四句를 갖추는 것이 유독 앞에서와 다를 뿐이다. 역시 『잡화기』의 말이다.
384 원문에 구시具施라 한 시施 자는 연衍 자이다.
385 이상이란, 일곱 가지 최승과 세 가지 四句文을 모두 가리키는 것이라고

을 밝힌 것이니,[386]
말하자면 바라밀다의 모습(相)을 나타낸 까닭이다.
그런 까닭으로 이 『유식론』 처음에[387] 말하기를 이 십바라밀 모습은 일곱 가지 최승을 요망하는 등이라 하였다.

疏

四에 建立者는 爲十地中에 對治十障하야 證十眞如일새 故但有十이요 爲對六蔽하며 漸修佛法하며 漸熟有情일새 故但說六이라 六中前三은 增上生道니 感大財體와 及眷屬故요 後三은 決定勝道니 能伏煩惱하며 成熟有情과 及佛法故니라 又前三은 饒益有情이니 施財不惱하며 忍彼惱故요 後三은 對治煩惱니 勤修加行하며 永伏永滅故니라 又由前三故로 不住涅槃하고 由後三故로 不住生死니 能爲無住涅槃의 資糧이니라 後唯四者는 助六令滿이니 方便은 助前三하고 願은 助精進하고 力은 助靜慮하고 智는 助般若니 如深密說하니라

『잡화기』는 말한다.
386 저 『유식론』 소疏에서 상문相門을 밝힌 것이라고 한 것은, 『유식론술기』 제십권에 이명삼종異名三種을 해석하여 말하기를 一은 십삼문十三門이니 세 가지 십바라밀이 있는 까닭으로 십삼문이다. 二는 출체성出體性이고, 三은 이상문離相門이고, 四는 부증감문不增減門이라 하였다. 그러나 여기서는 三에 변상辨相이니 십바라밀을 말하고 있다.
387 이 『유식론』 처음이라고 한 것은 『유식론』 제구권 초初에 있다.

네 번째 건립이라고 한 것은 십지 가운데 십장十障을 상대하여 다스려[388] 십진여를 증득하기 위하기에 그런 까닭으로 다만 십바라밀이 있을 뿐이요,

육폐六蔽를 상대하며 점차 불법을 수행하며 점차 유정을 성숙케 하기 위하기에 그런 까닭으로 다만 육바라밀만을 설하였을 뿐이다.

육바라밀 가운데 앞에 삼바라밀은 증상하여 생기는 도(增上生道)이니 대재大財[389]와 대체大體와 대권속大眷屬을 감득하는 까닭이요,

뒤에 삼바라밀은 결정코 수승한 도(決定勝道)이니

능히 번뇌를 조복하며[390] 유정과 그리고 불법을 성숙케 하는 까닭이다.

또 앞에 삼바라밀은 유정을 요익케 하는(饒益有情) 것이니

재물을 베풀어 주며[391] 뇌롭지 않게 하며 저들의 뇌로움을 참아 감수하는 까닭이요,

뒤에 삼바라밀은 번뇌를 상대하여 다스리는(對治煩惱) 것이니

---

388 십장十障을 상대하여 다스린다고 한 것과 바로 아래 육폐를 상대한다고 한 것은, 『화엄경』 오십팔권 이세간품 삼십팔의 육권 일장 하下에 다 청정하다고(십종청정시十種淸淨施) 말한 것은 폐장蔽障을 떠난 까닭이니, 세간의 보시(施)와 지계(戒) 등과는 같지 않는 까닭이다 하였다. 십장과 육폐는 바로 아래 초문에 있다.

389 대재라고 한 등은, 대재大財는 보시이고, 대체大體는 지계이고, 대권속大眷屬은 인욕이다. 대체란 위대함 몸, 존귀한 몸이다.

390 번뇌 운운은, 번뇌 조복은 정진이고, 유정 성숙은 선정이고, 불법 성숙은 지혜이다.

391 재물 운운은, 재물을 베풀어 주는 것은 보시이고, 뇌롭지 않게 하는 것은 지계이고, 저들의 뇌로움을 참는 것은 인욕이다.

부지런히 가행으로 수행하며 영원히 조복하고 영원히 끊어 없애는 까닭이다.

또 앞에 삼바라밀을 인유한 까닭으로 열반에도 머물지 아니하고, 뒤에 삼바라밀을 인유한 까닭으로 생사에도 머물지 아니하나니 능히 무주열반의 자량資糧[392]이 되는 것이다.

뒤에 오직 사바라밀은[393] 앞의 육바라밀을 도와 하여금 만족케 하는 것이니

방편은 앞의 삼바라밀을 도우고,

서원은 정진을 도우고,

역力은 선정(靜慮)을 도우고,

지智는 반야를 도우나니 『해심밀경』[394]에 설한 것과 같다.

鈔

四에 建立等者는 即彼第四에 無增減門이라 疏文有三하니 一은 明十無增減이니 即建立十度之所以也라 對治十障者는 即異生性等十無明也니 至十地具明하고 今略列名호리라 一은 異生性障이요 二는 邪行障이요 三은 暗鈍障이요 四는 微細煩惱現行障이요 五는 於下乘般涅槃障이요 六은 麤相現行障이요 七은 細相現行障이요 八은 無相中作加行障이요 九는 利他中不欲行障이요 十은 於諸法中未得自在

---

392 자량資糧은 원인이다.
393 뒤에 오직 사바라밀이라고 한 것은 십바라밀 가운데 뒤에 사바라밀이다.
394 『해심밀경』은 현장 번역으로 오권 중 사권에 있다.

障이라 若準對法十二云인댄 所知障等이 皆度所治라하니 故云對治障故라하니라 爲對六蔽下는 第二에 立六度所以라 於中有六門하니 一은 對治六蔽門이니 卽上一句라 言六蔽者는 一은 慳悋蔽요 二는 犯戒蔽요 三은 嗔恚蔽요 四는 懈怠蔽요 五는 散亂蔽요 六은 惡慧蔽라 亦有師言호대 離惡慧가 爲五일새 成十度障이라하니 大乘法師가 不許此義니라 上來十度와 及與六度는 皆是第四無增減門이라 漸修佛法者는 卽第二에 漸修佛法門이니 故唯識云호대 漸次修行諸佛法故니 諸佛法者는 謂十力等이라하니라 攝論云호대 前之四度는 不散動因이요 第五에 一種은 不散動成熟이요 第六은 依是하야 如實覺知라 하니라 漸熟有情者는 卽第三에 漸熟有情門이니 故唯識云호대 漸次成熟諸有情故라하며 攝論云호대 由施能攝受하고 由戒能不害하고 由忍雖遭苦나 能受하고 由勤助彼所作하고 由定心未定者로 令定하고 由慧已定者로 令得解脫이라하니라

네 번째 건립이라고 한 등은 곧 저 『유식론』의 제 네 번째 무증감문無增減門[395]이다.
소문에 세 가지가 있나니
첫 번째는 십바라밀이 증감이 없음을 밝힌 것이니
곧 십바라밀을 건립하는 까닭이다.

---

395 제 네 번째 무증감문無增減門이라고 한 것은, 『유식론술기』 제십권에 바라밀의 이름 세 가지를 해석하여 말하기를 一은 십삼문十三門이요, 二는 출체성出體性이요, 三은 이상문離相門이요, 四는 부증감문不增減門이라 하였다. 一에 십삼문은 삼종三種 바라밀이 십삼十三이다. 이미 앞에서 설명한 바 있다.

십장을 상대하여 다스린다고 한 것은 곧 중생(異生)³⁹⁶의 성품이 장애인 등 열 가지 무명³⁹⁷이니,
십지에 이르러 갖추어 밝히고 지금에는 간략하게 이름만 열거하겠다.
첫 번째³⁹⁸는 중생의 성품이 장애요,
두 번째는 삿된 행이 장애요,
세 번째는 암울하고 우둔한 것이 장애요,
네 번째는 미세한 번뇌가 현행現行하는 것이 장애요,
다섯 번째는 저 하승下乘³⁹⁹이 반열반하는 것이 장애요,
여섯 번째는 거친 모습이 현행하는 것이 장애요,
일곱 번째는 작은 모습이 현행하는 것이 장애요,
여덟 번째는 모습이 없는 가운데 가행加行을 짓는 것이 장애요,
아홉 번째는 이타利他 가운데 실행하고자 하지 않는 것이 장애요,
열 번째는 저 모든 법 가운데 아직 자재함을 얻지 못한 것이 장애이다.
만약『대법론』⁴⁰⁰ 십이권을 기준하여 말한다면 소지장 등이 다 바라밀

---

396 이생異生은 중생을 말하는 것이니, 성자와 다른 생류라는 뜻이다.
397 열 가지 무명이란,『불교사전』에는 십중장十重障이라 했으니 참고할 것이다.
398 첫 번째 운운은 이 십장을 끊고 십지에 들어가는 것이니, 즉 첫 번째 장애를 끊고 초지에 들어가고, 두 번째 장애를 끊고 이지에 들어가고, 세 번째 장애를 끊고 삼지에 들어가고, 이와 같이 차례로 하여 제 열 번째 장애를 끊고 제 십지에 들어가는 것이다.
399 하승下乘은 소승이다.
400『대법론』은『아비달마잡집론』의 다른 이름이니,『대법론』십이권에 말하기를 일체 바라밀다의 섭수할 바 선법에 저 상대하여 다스릴 바와 그리고

의 다스릴 바라 하였으니,
그런 까닭으로 말하기를[401] 십장을 상대하여 다스리는 까닭이라 하였다.

육폐를 상대한다고 한 아래는 두 번째 육도를 건립하는 까닭이다.
저 가운데 육문이 있나니
첫 번째는 대치육폐문對治六蔽門이니 곧 위에 한 구절[402]이다.
육폐라고 말한 것은
첫 번째는 아끼는 것이 폐단이요,
두 번째는 계를 범하는 것이 폐단이요,
세 번째는 성을 내는 것이 폐단이요,
네 번째는 게으른 것이 폐단이요,
다섯 번째는 산란한 것이 폐단이요,
여섯 번째는 나쁜 지혜가 폐단이다.
또한 어떤 스님이 말하기를 나쁜 지혜를[403] 떠나는 것이 다섯이

소지장이 다 이 바라밀다의 다스릴 바다 하였다. 저 상대라 한 저는 바라밀다이다.

[401] 그런 까닭으로 말하였다고 한 등은, 『잡화기』에 그 뜻이 소문을 가리킨다 하였다.

[402] 위에 한 구절이란, 一은 대치육폐, 二는 점수불법, 三은 점숙유정 이 셋 가운데 첫 번째이다.

[403] 나쁜 지혜를 운운은, 여섯 번째 나쁜 지혜에 다섯을 열어 앞에 오폐와 합하면 십도장이 된다는 것이다. 따라서 악폐를 떠난다 한 이離 자는 개開 자가 좋다 하겠다. 그러나 나는 이離 자로 해석하였다.

되기에 십도장十度障을 이룬다 하니,
대승법사가 이 뜻을 허락하지 아니하였다.
상래에 십바라밀과 그리고 육바라밀은 다 이『유식론』의 제 네 번째 무증감문이다.
점차 불법을 수행한다고 한 것은 곧 제 두 번째 점수불법문漸修佛法門이니,
그런 까닭으로『유식론』[404]에 말하기를 점차 모든 불법을 수행하는 까닭이니 모든 불법이라고 한 것은 말하자면 십력 등이라 하였다.
『섭대승론』에 말하기를 앞의 사바라밀은 산동散動하지 않는 원인이요,
제 다섯 번째 한 바라밀은 산동하지 않는 것이 성숙한 것이요,
제 여섯 번째 한 바라밀은 이것을 의지하여 여실하게 깨달아 아는 것이라 하였다.
점차 유정을 성숙케 한다고 한 것은 곧 제 세 번째 점숙유정문漸熟有情門이니,
그런 까닭으로『유식론』[405]에 말하기를 점차 모든 유정을 성숙케 하는 까닭이라 하였으며,
『섭대승론』에 말하기를 보시를 인유하여 능히 섭수하고,
지계를 인유하여 능히 손해케 하지 않고,
인욕을 인유하여 비록 고통을 만나지만 능히 감수하고,

---

404 『유식론』은 제구권이다.
405 『유식론』은 역시 제구권이다.

정근을 인유하여 저들의 소작所作을 도우고,
선정을 인유하여 마음에 결정하지 못한 이로 하여금 결정하게 하고,
지혜를 인유하여 이미 결정한 이로 하여금 해탈을 얻게 한다 하였다.

六中前三下는 第四에 二道之因門이라 施感大財니 謂多饒財寶요 戒感大體니 謂尊貴身이요 忍感眷屬이니 有情歸附라 由富勝形과 及多眷屬하야 趣中增上일새 名增上生道니 道亦卽因이라 能伏煩惱者는 謂修善方便이요 定熟有情者는 依此發通故요 慧成佛法者는 佛法由慧故니 有此三德일새 名決定勝이니라 諸菩薩道가 唯有此二하니 若闕一種인댄 道不成故니라 又前三種은 饒益有情者는 第五에 利生斷惑門이니 故瑜伽論七十八과 解深密等說호대 由二因緣일새 是故六度가 不增不減이라하니 卽其義也니라 施財攝彼하고 戒不惱害하고 忍受彼惱하는 此三은 皆通有饒益故니라 後三은 言勤修加行者는 瑜伽云호대 由精進故로 雖未永斷煩惱하고 永害隨眠이나 而能勇猛修諸善品일새 彼諸煩惱가 不能傾動善品加行이라하니라 故唯識云호대 雖未伏滅이나 而能勤修善法加行이라하니라 由靜慮故로 永伏煩惱하고 由般若故로 永斷隨眠일새 是故疏云호대 永伏永滅이라하니 對法十一도 亦有此解하니라 又由前三者는 第六에 爲無住涅槃因故니 以前三은 是大悲로 饒益有情故요 後三은 是大智로 斷滅諸惑故니라 故爲無住涅槃因也니 翻彼凡小之雙住也니라 又復三學으로 攝於六度일새 故不增減이니 瑜伽四十九說호대 前四는 是戒요 後二는 是定慧二學故라하니라 由上七義일새 故立六度니 此第七義는 疏略不明하니라

육바라밀 가운데 앞에 삼바라밀이라고 한 아래는 제 네 번째 이도[406]
의 인문(二道之因門)이다.
보시는 대재大財[407]를 감득하나니
말하자면 많고도 넉넉한 재보財寶요,
지계는 대체大體를 감득하나니
말하자면 존귀한 몸이요,
인욕은 권속을 감득하나니
유정들이 돌아와 따르는 것이다.
대부大富와 수승한 형체와 그리고 수많은 권속을 인유하여 제취諸
趣 가운데 증상하기에 이름을 증상하여 생기하는 도(增上生道)라
하나니
도道는 또한 곧 원인(因)이다.[408]
능히 번뇌를 조복한다고[409] 한 것은 말하자면 선善을 수행하는 방편
이요,
선정으로 유정을 성숙케 한다고[410] 한 것은 이것을 의지하여 신통을

---

406 이도란, 증상생도와 결정승도이다.
407 보시는 대재大財라고 한 이하는 증상생도이다.
408 도는 또한 곧 원인(因)이라고 한 것은, 이 위에는 곧 도가 과보에 속한다. 증상하여 생기는 것이 곧 도이니 도는 취향하는 것이어니와, 여기는 곧 도가 원인에 속한다. 증상하여 생기는 도이니 도는 원인이라고 『잡화기』는 말한다.
409 능히 번뇌를 조복한다고 한 이하는 결정승도이다.
410 선정으로 유정을 성숙케 한다고 한 등은 뜻으로 인용한 것이니, 유정과 불법을 성숙케 한다고 한 것을 배속한다면 유정은 선정이고, 불법은 지혜라

일으키는 까닭이요.
지혜로 불법을 성숙케 한다고 한 것은 불법이 지혜를 인유한 까닭이니
이 세 가지 공덕이 있기에 이름을 결정코 수승한 도(決定勝道)라 하는 것이다.
모든 보살의 도가 오직 이 이문二門[411]만 있나니,
만약 하나라도 빠진다면 도道를 이룰 수 없는 까닭이다.

또 앞에 삼바라밀[412]은 유정을 요익케 하는(饒益有情) 것이라고 한 것은 제 다섯 번째 이생단혹문利生斷惑門이니,
그런 까닭으로『유가론』칠십팔권과『해심밀경』[413] 등에 설하기를 두 가지 인연을 인유하기에 이런 까닭으로 육바라밀이 부증불감이라 하였으니
곧 그 뜻이다.
재물을 베풀어 저들을 섭수하고 지계로 뇌롭거나 해롭지 않게 하고 인욕으로 저들의 뇌로움을 감수하는 이 삼바라밀[414]은 다 유정을 요익케 함에 통하는 까닭이다.

할 것이다.
411 이문二門이라고 한 것은 증상생도와 결정승도이다. 혹 三門이라 한 것은 잘못이다.
412 원문에 삼종三種이라 한 종種 자는 소문에는 없다.
413 『해심밀경』은 제사권이다.
414 이 삼바라밀이란, 앞에 삼바라밀이다.

뒤에 삼바라밀은 부지런히 가행으로 수행한다고 말한 것은, 『유가론』[415]에 말하기를 정진을 인유한 까닭으로 비록 아직도 영원히 번뇌를 끊지 못하고 영원히 수면이 방해하지만 그러나 능히 용맹하게 모든 선품善品을 수행하기에 저 모든 번뇌가 능히 선품을 가행加行으로 수행하는 사람을 경동傾動하지 못한다 하였다.

그런 까닭으로 『유식론』에 말하기를 비록 아직도 번뇌를 조복하고 수면을 끊어 없애지 못하였지만 그러나 능히 선법을 가행으로 부지런히 수행한다 하였다.

정려靜慮를 인유한 까닭으로 영원히 번뇌를 조복하고, 반야를 인유한 까닭으로 영원히 수면을 끊기에 이런 까닭으로 소문에 말하기를 영원히 조복하고 영원히 끊어 없앤다 하였으니,

『대법론』 십일권에도 또한 이런 해석이 있다.

또 앞에 삼바라밀을 인유한 까닭이라고 한 것은 제 여섯 번째 무주열반의 원인이 되는 까닭이니

앞에 삼바라밀은 이 대비로 유정을 요익케 하는 까닭이요,

뒤에 삼바라밀은 이 대지로 모든 의혹을 끊어 없애는 까닭이다.

그런 까닭으로 무주열반의 원인이 되나니,

저 범부와 소승이 생사와 열반에 함께 머무는[416] 것을 번복하는 것이다.

---

415 『유가론』은 칠십팔권이다.
416 함께 머문다고 한 것은, 범부는 생사에 머물고 소승은 열반에 머무나니 이것은 유주열반有住涅槃이다.

또 다시 삼학으로[417] 육도를 섭수하기에 그런 까닭으로 증감이 없나니,

『유가론』사십구권에 말하기를 앞에 사四바라밀은 이 계학이요, 뒤에 이二바라밀은 이 정·혜 이학二學인 까닭이라 하였다.

이상에 일곱 가지 뜻을 인유하기에 그런 까닭으로 육바라밀을 건립하나니,

여기 제 일곱 번째 뜻은 소문에서는 생략하고 밝히지 않았다.

後唯四者下는 第三에 重顯十義라 謂有問言호대 六度旣爾인댄 後四云何닛고 此答意云호대 四屬六攝일새 義隨六異라하니라 於中分二호리니 先總明이요 後에 方便은 助前三下는 別顯이라 大論七十八云호대 由前三種하야 所攝有情을 以諸攝事인 方便善巧로 而攝受故라하니 意云호대 巧用施等하야 以攝物也라하니라 願助精進者는 大論云호대 由正願故로 能破羸劣意樂하고 煩惱微薄하야 起精進修라하니라 力助靜慮者는 深密云호대 若諸菩薩이 親近善士하야 聽聞正法하고 如理作意가 爲因緣故로 轉劣意樂하야 成勝意樂하며 亦得上界勝解하면 名力波羅蜜多니 由此力故로 於內心住하야 有所堪能일새 故說호대 力度助於定也라하니라 智助般若者는 彼經云호대 若諸菩薩이 已能聞法이 爲緣하야 善修習故로 能發靜慮하면 如是名智니 由此智故로 堪能引發出世間慧일새 故說호대 智爲慧助라하니라 是以後四는 助於前六하야 令前六度로 修習圓滿거니와 前六은 不能助於後四

---

417 또 다시 삼학이라 한 아래는, 제칠에 부증감문이다.

니라

뒤에 오직 사바라밀이라고 한 아래는 제 세 번째 거듭 십바라밀의 뜻을 나타낸 것이다.
말하자면 어떤 사람이 물어 말하기를 육바라밀이 이미 그러하다면 뒤에 사바라밀은 어떠합니까,
여기에 답한 뜻에 말하기를 사바라밀을 육바라밀에 배속하여 섭수하였기에 그 뜻이 육바라밀을 따라 다르다 하였다.
그 가운데 두 가지로 분류하리니
먼저는 한꺼번에 밝힌 것이요.
뒤에 방편은 앞에 삼바라밀을 도운다고 한 아래는 따로 나타낸 것이다.
『대론』[418] 칠십팔권에 말하기를 앞에 삼바라밀을 인유하여 섭수할 바 유정을 모든 섭수할 일인 방편선교[419]로써 섭수하는 까닭이라 하였으니,
그 뜻에 말하기를 선교로 보시 등을 이용하여 중생을 섭수하는 것이다 하였다.
서원은 정진을 도운다고 한 것은, 『대론』에 말하기를 올바른 서원을 인유한 까닭으로 능히 약하고[420] 하열한 의락意樂을 깨뜨리고 번뇌를 작고 엷게 하여 정진을 일으켜 수행한다 하였다.

---

418 『대론』이란, 『유가론』을 말한다.
419 모든 섭수할 일인 방편선교는 곧 사섭법 등이다.
420 羸는 약할 리이다.

역力은 정려를 도운다고 한 것은, 『해심밀경』[421]에 말하기를 만약 모든 보살이 부처님(善士)을 친근하여 정법을 듣고 이치와 같이 생각을 지은 것이 인연이 된 까닭으로 하열한 의락을 전轉하여 수승한 의락을 이루며, 또한 상계上界의 수승한 지혜를 얻는다면 이름이 역바라밀다니,

이 역바라밀을 인유한 까닭으로 안으로 마음에 머물러 감당하여 능하는 바가 있기에 그런 까닭으로 말하기를 역바라밀이[422] 선정을 도운다 하였다.

지智는 반야를 도운다고 한 것은, 저 『해심밀경』에 말하기를 만약 모든 보살이 이미 능히 법문을 들은 것이 인연이 되어 잘 닦아 익힌 까닭으로 능히 정려를 일으킨다면 이와 같은 것은 이름이 지바라밀다니,

이 지바라밀을 인유한 까닭으로 능히 출세간의 반야(慧)를 이끌어냄을 감당하기에 그런 까닭으로 말하기를 지智는 반야(慧)를 도운다[423] 하였다.

이런 까닭으로 뒤에 사바라밀은 앞에 육바라밀을 도와서 앞에 육바라밀로 하여금 닦아 익혀 원만케 하거니와, 앞에 육바라밀은 능히

---

421 『해심밀경』은 역시 제사권이다.
422 그런 까닭으로 말하기를 역바라밀 운운은, 『해심밀경』제사권에 말하기를 이런 까닭으로 내가 말하기를 역바라밀다가 정려바라밀다로 더불어 조반助伴이 된다 하였다.
423 지智는 반야(慧)를 도운다고 한 것은, 여기서 혜慧 자로 표현하여 지혜智慧라 하지만, 혜慧는 반야般若를 말하는 것이다.

뒤에 사바라밀을 도우지 못하는 것이다.

疏

五에 次第者는 謂由前前하야 引發後後하며 及由後後하야 持淨前前하며 又前前麁하고 後後細하며 易難修習하니 次第如是니라

다섯 번째 차례라고 한 것은 말하자면 앞에 앞(前前)을 인유하여 뒤에 뒤(後後)를 이끌어내며,
그리고 뒤에 뒤를 인유하여 앞에 앞을 지정持淨하며,
또 앞에 앞은 거칠(麁)고 뒤에 뒤는 세밀(細)하며,
쉽게 닦아 익히기도 하고 어렵게 닦아 익히기도 하나니
차례가 이와 같은 것이다.

鈔

五에 次第門은 此曲有四하니 謂由前前下는 卽初에 引發門이니 謂由行施하야 引發持戒하고 由持戒故로 引發於忍等이라 二는 攝持門이니 布施는 本欲益他요 持戒는 不惱於彼일새 彌令施淨等이니 故云호대 及由後後하야 持淨前前이라하니라 三은 麁細門이니 布施則麁하고 持戒則細하며 戒望於忍에 戒則爲麁요 忍則爲細等이니 故云호대 前前麁하고 後後細라하니라 前九는 並爲前前이요 從戒至智는 並名後後니 一一相望일새 故致重言이라 初一은 唯前이요 後一은 唯後요 中間八度는 遞爲前後니라 四는 卽難易門이니 亦結通上三也라 上之

四門은 並如瑜伽와 對法所辯이라

다섯 번째 차례문[424]이라고 한 것은 여기에 자세하게 말하면 네 가지가 있나니
말하자면 앞에 앞을 인유하여라고 한 아래는 곧 처음에 인발문引發門이니
말하자면 보시를 행함을 인유하여 지계를 이끌어내고, 지계를 인유한 까닭으로 인욕을 이끌어내는 등이다.
두 번째는 섭지문攝持門이니[425]
보시는 본래 다른 사람을 이익케 하고자 하는 것이고, 지계는 저들을 뇌롭지 않게 하고자 하는 것이기에 더욱 보시로 하여금 청정케 하는 등이니,
그런 까닭으로 말하기를 그리고 뒤에 뒤를 인유하여 앞에 앞을 지정持淨한다 하였다.
세 번째는 추세문麤細門이니[426]
보시는 곧 거칠고 지계는 곧 세밀하며,
지계로 인욕을 바라봄에 지계는 거칢이 되고 인욕은 곧 세밀함이 되는 등이니,
그런 까닭으로 말하기를 앞에 앞에는 거칠고 뒤에 뒤에는 세밀하다 하였다.

---

424 문門이란, 소문에는 이 문門 자가 없고 자者 자로 되어 있다.
425 두 번째 섭지문은 소문에 급유후及由後 이하이다.
426 세 번째 추세문은 소문에 우전전又前前 이하이다.

앞에 구바라밀은 아울러 앞에 앞(前前)이 되고
지계로 좇아 지智에 이르기까지는 아울러 이름이 뒤에 뒤에가 되는 것이니,
낱낱이 서로 바라보기에 그런 까닭으로 중중重重이라는 말을 이루는 것이다.
처음에 한 바라밀은 오직 전前뿐이요,
뒤에 한 바라밀은 오직 후後뿐이요,
중간에 여덟 바라밀은 번갈아 전도 되고 후도 되는 것이다.
네 번째는 난이문難易門이니[427]
또한 위에 세 가지 문을 맺어 회통한 것이다.
이상에 사문四門은 아울러 『유가론』과 『대법론』에서 분별한 바와 같다.

疏

六에 相攝者는 此十一一이 皆攝一切波羅蜜多하야 互相順故니라 般若論云호대 檀義攝於六이니 資生無畏法等이라하며 智論云호대 有未莊嚴波羅蜜하니 卽不攝者요 有已莊嚴波羅蜜하니 卽相攝者라하니 今此經文은 必具攝十이라 若但說六인댄 六攝後四거니와 若開爲十인댄 第六은 唯攝無分別智하고 後四는 皆是後得智攝이라

---

[427] 네 번째 난이문은 소문에 이난수습易難修習 이하이다.

여섯 번째 서로 섭수한다고 한 것은 이 십바라밀이 낱낱이 다 일체 바라밀다를 섭수하여 서로서로 수순하는 까닭이다.

『반야론』[428]에 말하기를 보시의 뜻이 여섯 가지를 섭수하나니 자생시資生施와 무외시無畏施와 법시法施 등이라 하였으며,

『지도론』에 말하기를 아직 장엄하지 못한 바라밀이 있나니 곧 서로 섭수하지 못하는 것이요,

이미 장엄한 바라밀이 있나니 곧 서로 섭수하는 것이다 하였으니, 지금 여기『화엄경』문文[429]은 반드시 십바라밀을 갖추어 섭수하는 것이다.

만약 다만 육바라밀만 설한다면 육바라밀이 뒤에 사바라밀을 섭수하거니와, 만약 열어서 십바라밀로 한다면 제 육바라밀은 오직 무분별지[430]만 섭수하고, 뒤에 사바라밀은 다 후득지도 섭수하는 것이다.

資生無畏法等者는 等取下半云호대 此中一二三을 名爲修行住라하니 謂施有三種하니 一은 財요 二는 無畏요 三은 法施라 財卽資生이니 正是檀度일새 故云此中一也라하니라 無畏攝二니 謂尸不惱彼하고 忍受彼惱가 皆無畏相일새 故云二也라하니라 法施攝三이니 謂進定

---

428 『반야론』은 곧『무착론無着論』이다.
429 지금 여기『화엄경』문文이라고 한 것은, 이 이전은 타종他宗의 뜻이고, 여기는 이 화엄종의 뜻이다.
430 무분별지는 근본지라고도 하고 근본무분별지라고도 한다.

及慧인 決定勝道니 漸熟佛法이 是法施相일새 故云三也라하니라 卽十八住中에 修行住也니라 今此經文下는 會釋今意니 是圓敎故로 非唯要約相順相類니라 以理融故로 法爾一攝一切行也니라 若但說六下는 第二에 明六十相攝이니 若六度攝十度인댄 第六은 攝後四이요 若十度攝六度인댄 第六은 但攝第六의 少分하고 有所未盡이니 不攝後得과 加行智故니라 故兼後四하야사 方攝第六하리니 是故疏云호대 若開爲十인댄 第六은 唯攝無分別智라하니라

자생시·무외시·법시 등이라고 한 것은, 하반下半[431]에 말하기를 이 가운데 일一·이二·삼三을 이름하여 수행주修行住라고 함을 등취한 것이니,
말하자면 보시가 세 가지가 있나니
첫 번째는 재시財施요,
두 번째는 무외시無畏施요,
세 번째는 법시法施이다.
재시는 곧 자생시니
바로 보시바라밀이기에 그런 까닭으로 말하기를 이 가운데 일一이라 하였다.
무외시는 두 가지를 섭수하나니
말하자면 지계는 저들을 뇌롭지 않게 하고 인욕은 저들의 뇌로움을

---

431 하반下半이란, 『반야론』에 단의섭어육檀義攝於六이니 자생무위법資生無爲法이라 한 아래 반게송이다.

받아들이는 것이 다 무외상無畏相이기에 그런 까닭으로 말하기를 이 가운데 이二라 하였다.
법시는 세 가지를 섭수하나니
말하자면 정진과 선정과432 그리고 지혜인 결정코 수승한 도(決定勝道)이니,
점점 불법을 성숙케 하는 것이 이 법시상法施相이기에 그런 까닭으로 말하기를 이 가운데 삼三이라 하였다.
곧 십팔주十八住 가운데 수행주修行住이다.433

지금 여기『화엄경』문文이라고 한 아래는 지금의 뜻을 회석한

---

432 정진과 선정 운운은, 앞에서 이미 이 세 가지는 결정코 수승한 도라 하였다. 영인본 화엄 3책, p.332, 1행이다.
433 십팔주十八住 가운데 수행주修行住라고 한 것은『금강경오가해』에 무착의 십팔주라면『금강경오가해』에는 수행주가 없다. 단 여기 설명이 바라밀의 설명이기에 제 두 번째 바라밀상응행주波羅密相應行住에 속한다 할 것이다.『오가해』를 기준으로 십팔주의 이름만 열거하겠다. 一은 발심주, 二는 바라밀상응행주, 三은 욕득색신주欲得色身住, 四는 욕득법신주欲得法身住, 五는 어수도득승중무만주於修道得勝中無慢住, 六은 불리불출시주不離佛出時住, 七은 원정불토주願淨佛土住, 八은 성숙중생주成熟衆生住, 九는 원리수순외론산란주遠離隨順外論散亂住, 十은 색급중생신박취중관파상응행주色及衆生身搏取中觀破相應行住, 十一은 공양급시여래주供養給侍如來住, 十二는 원리이양급피핍열뇌고遠離利養及疲乏熱惱故로 불기정진급퇴실주不起精進及退失住, 十三은 인고주忍苦住, 十四는 이적정미주離寂靜味住, 十五는 어증도시원리희동주於證道時遠離喜動住, 十六은 구불교수주求佛敎授住, 十七은 증도주證道住, 十八은 상구불지주上求佛地住이다.

것이니,

이것은 원교인 까닭으로 오직 서로 수순하고 서로 같은 유형을 잡는 것만 요망하지 않는 것이다.

이치가 원융한 까닭으로 법이 그렇게 한 행이 일체행을 섭수하는 것이다.

만약 다만 육바라밀만 설한다고 한 아래는 두 번째 육바라밀과 십바라밀이 서로 섭수함을 밝힌 것이니,

만약 육바라밀이 십바라밀을 섭수한다면 제 육바라밀은 뒤에 사바라밀을 섭수할 것이요,

만약 십바라밀이 육바라밀을 섭수한다면 제 육바라밀은 다만 제 육바라밀의 소분少分만 섭수하고 아직 다 섭수하지 못하는 바가 있나니,

후득지와 가행지加行智를 섭수하지 못하는 까닭이다.

그런 까닭으로 뒤에 사바라밀을 겸하여야 바야흐로 제 육바라밀을 섭수할 것이니,

이런 까닭으로 소문에 말하기를 만약 열어서 십바라밀로 한다면 제 육바라밀은 오직 무분별지만 섭수한다[434] 하였다.

---

[434] 오직 무분별지만 섭수한다고 한 것은, 후득지와 가행지는 섭수하지 않는다는 것이다.

疏

七에 修證者는 五位通修하야 佛方究竟이라 十約因位인댄 總有三名하니 謂初無數劫엔 施等勢力이 尙微하야 被煩惱伏일새 但名波羅蜜多요 第二劫去엔 勢力漸增하야 能伏煩惱일새 名近波羅蜜多요 第三僧祇엔 勢力轉增하야 能畢竟伏一切煩惱일새 名大波羅蜜多니 故上下文中에 屢言廣大波羅蜜也니라

일곱 번째 닦아 증득한다고 한 것은 오위五位[435]를 모두 닦아 부처를 비로소 증득(究竟)하는 것이다.

십바라밀은 인위因位를 잡는다면 모두 세 가지 이름이 있나니 말하자면 처음 무수겁(아승지겁)에는 보시 등의 세력이 오히려 미약하여 번뇌에 절복 당함을 입기에 다만 바라밀다라고만 이름하는 것이요,

제이 아승지겁 이후에는 세력이 점점 증장하여 능히 번뇌를 절복하기에 가까운 바라밀다라고 이름하는 것이요,

제삼 아승지겁에는 세력이 더욱[436] 증장하여 능히 필경에 일체 번뇌를 절복하기에 광대한 바라밀다라고 이름하나니,

그런 까닭으로 상·하의 문장 가운데에 자주[437] 광대한 바라밀다를 말하였다.

---

435 오위五位란, 자량위와 가행위와 통달위와 수습위와 구경위이다.
436 轉: 더욱 전이다.
437 屢: 자주 루, 여러 루이다.

鈔

第七에 修證者는 謂此一門이 亦名爲位나 今云修者는 以五位通修일새 故名爲修요 佛方究竟일새 故名爲證이니 故二十一種功德之中에 有波羅蜜多成滿功德이라 然唯識云호대 五位皆具나 修習位中에 其相最顯하나니 通漏無漏하야 廣修行故라하니 故十地中에 各一圓滿이라하니라 十約因位下는 卽分位分別이니 顯於三劫에 得名不同이라 初에 但名波羅蜜多者는 以一行中에 修一行故요 二에 名近者는 一行之中에 修一切行하야 近菩提故요 三에 廣大者는 一切行中에 修一切行하야 體包博故라 然未入劫은 同於第一하고 已成佛竟은 同於第三이라

일곱 번째 닦아 증득한다고 한 것은 말하자면 이 한 문門이 또한 이름이 지위가 되지만, 지금에 닦는다고 말한 것은 오위五位를 모두 닦기에 그런 까닭으로 이름을 닦는다고 한 것이요,
부처를 비로소 증득하기에 그런 까닭으로 이름을 증득한다고 한 것이니,
그런 까닭으로 이십일 종의 공덕 가운데 바라밀다 성만공덕成滿功德이 있는 것이다.
그러나 『유식론』에 말하기를 오위를 다 갖추었지만 수습위修習位 가운데 그 모습이 가장 현현하나니,
유루와 무루를 간통하여[438] 널리 수행하는 까닭이라 하였으니,

---

438 유루와 무루를 간통한다고 한 것은, 가행위는 유루이고, 근본지는 무루이고,

그런 까닭으로 십지 가운데 각각 한 지위씩 원만히 한다 하였다.

십바라밀은 인위를 잡는다면이라고 한 아래는 곧 지위를 나누어 분별한 것이니,
삼 아승지겁에 이름을 얻는 것이 같지 아니함을 나타낸 것이다.
첫 번째 다만 바라밀다라고만 이름한다고 한 것은 일행一行 가운데 일행一行을 닦는 까닭이요,
두 번째 가깝다고 이름한 것은 일행 가운데 일체행을 닦아서 보리에 가까운 까닭이요,
세 번째 광대하다고 이름한 것은 일체행 가운데 일체행을 닦아서 포함하고 광박함을 체득한 까닭이다.
그러나 아직 겁에도 들지 못한[439] 것은 제일 아승지겁과 같고 이미 성불하여 마친 것은 제삼 아승지겁과 같다 할 것이다.

疏

八에 約敎者는 諸敎可思어니와 此敎는 要須一一融攝하야 徹果該因이라

후득지는 유루와 무루의 두 가지를 다 갖추었으되 그러나 무루가 더 수승하다고 『잡화기』는 말한다.

439 그러나 아직 겁劫에도 들지 못했다고 한 것은, 소가가 이미 다만 삼겁三劫만 잡아서 논하였기에 곧 처음에 믿음과 끝에 과보를 거두지 못한 바가 있기에 그런 까닭으로 여기에 그것을 밝히는 것이다고 『잡화기』는 말한다. 즉 아직 겁에도 들지 못한 것은 운운이라고 지금 밝히고 있다는 것이다.

여덟 번째 교를 잡았다고 한 것은 제교諸敎는 가히 생각하면 알 것이거니와, 이 화엄교는 요컨대 낱낱이 융섭함을 수구하여 과보(果)를 사무치고 원인(因)을 갖추는 것이다.

鈔

八에 約敎者는 謂小乘은 不成波羅蜜多니 無七最勝故니라 始敎는 要是菩薩種性人하야사 方有故며 又各有體性하며 或說俱空이라 終敎는 一一皆從眞如性功德起라 頓敎는 一一皆不可說이니 謂不施不慳하며 不戒不犯하며 不忍不恚하며 不進不怠하며 不定不亂하며 不智不愚等의 一切皆絶하며 若十若六도 皆悉亡言하니라 圓敎如文하니라

여덟 번째 교를 잡았다고 한 것은, 말하자면 소승교는 바라밀다를 성취하지 못하였나니
일곱 가지 최승[440]이 없는 까닭이다.
시교는 보살의 종성인種性人을 요망하여야 바야흐로 있는[441] 까닭이며,
또 각각 체성도 있으며,[442] 혹 구공俱空도 설하고 있다.

---

[440] 일곱 가지 최승이라고 한 것은, 영인본 화엄 3책, p.328, 2행에 이미 말한 바 있다.
[441] 바야흐로 있다고 한 것은, 바야흐로 일곱 가지 최승이 있다는 것이다.
[442] 또 각각 체성도 있다고 한 등은, 『잡화기』에 말하기를 이 위에는 능히 수행하는 사람이 공과 상相에 통함을 밝혔지만 그러나 공은 겸하여 밝힌

종교는 낱낱이 다 진여의 자성공덕을 좇아 일어난다고만 설하고 있다.
돈교는 낱낱이 다 가히 설할 수 없나니
말하자면 보시도 설할 수 없고 아낌도 설할 수 없으며,
지계도 설할 수 없고 훼범도 설할 수 없으며,
인욕도 설할 수 없고 성냄도 설할 수 없으며,
정진도 설할 수 없고 해태도 설할 수 없으며,
선정도 설할 수 없고 산란도 설할 수 없으며,
지혜도 설할 수 없고 어리석음도 설할 수 없는 등 일체를 다 끊었으며,
혹 십바라밀과 혹 육바라밀도 다 말을 떠난 것이다.
원교는 소문疏文과 같다.[443]

疏

九에 觀心者는 可以意得이라

아홉 번째 마음을 관찰한다고 한 것은 가히 뜻으로써 감득할 것이다.

것이고 상은 바로 밝힌 것이거니와, 여기는 수행하는 바 법이 처음에는 상이고 뒤에는 공임을 밝힌 것이다 하였다. 각각 체성이 있다고 한 것은 상相이고 혹 구공을 설했다고 한 것은 공空이다.

[443] 원교는 소문疏文과 같다고 한 것은, 낱낱이 융섭하여 과보를 사무치고 원인을 갖춘다고 한 것이다.

鈔

九에 觀心者는 謂一念相應心捨하면 則具十度리니 捨而不取가 爲施요 不爲過非의 所汚가 卽戒요 忍可非有가 爲忍이요 離身心相이 爲進이요 寂然不動이 爲定이요 決了無生이 爲慧요 雖空이나 不礙知相이 爲方便이요 希齊佛果가 是願이요 思擇不動이 爲力이요 決斷分明이 爲智이라 一念方等에 十度頓圓하며 縱七最勝도 亦在一念이니 可以思準이니라 欲令行者로 卽之於心일새 是故로 結云何以意得이라 하니라

아홉 번째 마음을 관찰한다고 한 것은, 말하자면 한 생각 상응하는[444] 마음을 버리면 곧 십바라밀을 구족하리니
버리고 취하지 않는 것이 보시가 되는 것이요,
허물과 잘못에 물든 바가 되지 않는 것이 곧 지계가 되는 것이요,
있지 않다고 인가忍可하는 것이 인욕이 되는 것이요,
몸과 마음의 모습을 떠나는 것이 정진이 되는 것이요,
고요하여 동요하지 않는 것이 선정이 되는 것이요,
결정코 무생無生을 요달하는 것이 지혜가 되는[445] 것이요,

---

444 한 생각 상응한다고 한 것은, 허망한 마음이니 마음과 경계가 상응하여 일어나는 마음이다. 『잡화기』는 마음과 경계, 심왕과 심소가 상응하여 일어나는 마음이라 하였다.

445 지혜가 된다고 한 것은, 여섯 번째는 혜慧이고 열 번째는 지智이다. 지는 혜의 구체적인 앎이다. 즉 반야의 혜와 반야의 지로 구분한다. 앞에서 지智는 혜慧를 돕는다고 한 바 있다. 영인본 화엄 3책, p.337, 6행에 『해심밀경』의

비록 공하였지만 공한 줄 아는 모습(相)에 걸리지 않는 것이 방편이
되는 것이요,
불과佛果와 같기를 희망하는 것이 이 서원이 되는 것이요,
사택思擇하여 동요하지 않는 것이 힘이 되는 것이요,
결단코 분명한 것이 지智가 되는 것이다.
한 생각이 바야흐로 평등함에[446] 십바라밀이 문득 원만하며,
비록 일곱 가지 최승도 또한 한 생각에 있나니
가히 생각하여 기준할 것이다.
수행하는 사람으로 하여금 곧 마음에 나아가게 하고자 하기에 이런
까닭으로 맺어 말하기를 가히 뜻으로써 감득할 것이라고 하였다.

말이다.
[446] 바야흐로 평등하다고 한 것은 바야흐로 겨우 평등하다고 『잡화기』는 말한다.

經

昔於衆生起大悲하사 修行布施波羅蜜일새
以是其身最殊妙하야 能令見者生歡喜이니다

옛날에 중생에게 대비심을 일으켜
보시바라밀을 수행하셨기에
이런 까닭으로 그 몸이 가장 수승하고 미묘하여
능히 보는 사람으로 하여금 환희를 내게 하십니다.

疏

十에 釋文中에 第一偈는 明施度라 輟己惠人을 名之爲施니 卽以無貪과 及所起三業으로 而爲其性이라 此有三種하니 謂財法無畏니라

열 번째 경문을 해석한다고 한 가운데 제일 첫 번째 게송은 보시바라밀을 밝힌 것이다.
자기를 버리고[447] 다른 사람에게 은혜를 베푸는 것을 이름하여 보시라 하나니,
곧 무탐無貪과 그리고 일으킨 바 삼업으로써 그 자체성을 삼는다.
여기에 세 가지가 있나니

---

447 輟은 버릴 철이다.

말하자면 재시와 법시와 무외시이다.

鈔

十에 釋文中은 ——偈疏에 多皆有四하니 一은 釋名이요 二는 出體요 三은 辯相이요 四는 釋文이라 唯識엔 併在一處하야 出體하니 謂施는 以無貪과 及所起三業으로 爲性하고 戒는 以受學菩薩戒時에 三業으로 爲性하고 忍은 以無嗔과 精進審慧와 及彼所起의 三業으로 爲性하고 精進은 以勤及所起의 三業으로 爲性하고 靜慮는 但以等持로 爲性하고 後五는 皆以擇法으로 爲性하나니 謂是根本과 後得智故니라 辯相도 亦併居一處어니와 今엔 隨文配屬하니 以相映易了耳니라 卽以下는 出體니 無貪은 卽善十一中에 一法이니 要由無貪相應思하야사 於自身財를 方能惠捨니라 然三施體는 大意多同하니라

열 번째 경문을 해석한 가운데라고 한 것은 낱낱 게송의 소문에 다분히 다 네 가지가 있나니
첫 번째는 이름[448]을 해석한 것이요,
두 번째는 자체[449]를 설출한 것이요,
세 번째는 모습[450]을 분별한 것이요,
네 번째는 경문을 해석한 것이다.

---

448 이름이란, 바라밀의 이름이다.
449 자체란, 바라밀의 자체이다.
450 모습이란, 역시 바라밀의 모습이다.

『유식론』⁴⁵¹에는 아울러 한 곳에 두어서 자체를 설출하였으니
말하자면 보시는 무탐과 그리고 일으킨 바 삼업으로써 자체성을 삼고,

지계는 보살의 계를 받아 배울 때에 삼업으로써 자체성을 삼고,

인욕은 무진無瞋과 정진과 심혜審慧와 그리고 저의 일으킨 바 삼업으로써 자체성을 삼고,

정진은 정근과 그리고 일으킨 바 삼업으로써 자체성을 삼고,

정려는 다만 등지等持⁴⁵²로써 자체성을 삼고,

뒤에 오바라밀은 다 택법擇法으로써 자체성을 삼았으니

말하자면 이것은 근본지와 후득지인 까닭이다.

모습을 분별한 것도 또한 아울러 한 곳에 두었거니와⁴⁵³ 지금에는 문장을 따라 배속하였으니

서로 비추어 보면 쉽게 알 수 있을 것이다.

곧 무탐이라고 한 아래는 자체를 설출한 것이니

무탐은 곧 선법 열 가지 가운데 한 법이니,

반드시 무탐으로 상응하는 생각을 인유하여야 자신의 재물을 바야흐로 능히 은혜롭게 보시할 수 있는 것이다.

그러나 세 가지 보시의 자체는 대의大意가 다분히 같다.⁴⁵⁴

---

451 『유식론』이란, 제구권이다.
452 등지等持라고 한 것은, 곧 삼매이다. 바로 앞에 정려는 선정이다.
453 모습을 분별한 것도 아울러 한 곳에 두었다고 한 것은, 『유식론』제구권에서는 제 세 번째 모습을 분별한 것도 한곳에 모아두었다는 것이다.
454 세 가지 보시의 자체는 대의大意가 다분히 같다고 한 것은, 재시가 무탐으로

疏

上半은 因中에 大悲行施호대 已該此三하며 此悲가 亦是七最勝中에 前三最勝이라 下半은 果中에 財能資身하고 無畏益心하고 法資法身일새 故得果身호대 身最殊妙하며 三皆悅物일새 故로 見者必喜케하며 亦由具七最勝일새 故로 身殊妙也니라

위에 반 게송은 옛날 인연 가운데 대비로 보시를 행하되 이미 이 세 가지 보시를 갖추어 행하였으며,
이 대비가 또한 일곱 가지 최승 가운데 앞에 세 가지 최승이다.
아래 반 게송은 과덕 가운데 재시는 능히 몸을 도우고, 무외시는 마음을 이익케 하고, 법시는 법신을 도우기에 그런 까닭으로 과신果身을 얻되 몸이 가장 수승하고 미묘하며,
세 가지 보시가 다 중생을 기쁘게 하기에 그런 까닭으로 보는 사람으로 하여금 반드시 환희케 하며,
또한 일곱 가지 최승을 갖춤을 인유하였기에[455] 그런 까닭으로 몸이 수승하고 미묘한 것이다.

자체를 삼듯이 법시와 무외시도 무탐으로 자체를 삼는다는 것이다.
455 또한 일곱 가지 최승을 갖춤을 인유하였다고 한 것은, 『잡화기』에 말하기를 오직 세 가지 보시로써 과신果身이 수승하고 미묘함을 얻었을 뿐만 아니라 또한 일곱 가지 최승을 인유하여 과신을 얻는 것도 또한 수승하고 미묘한 것이다 하였다. 여기는 또 역亦 자에 묘가 있다 하겠다.

經

昔在無邊大劫海하사　修治淨戒波羅蜜일새
故獲淨身遍十方하야　普滅世間諸重苦하니다

옛날에 끝없는 큰 세월의 바다에 있으면서
청정한 지계바라밀을 닦아 다스렸기에
그런 까닭으로 청정한 몸을 얻어 시방에 두루하게 하여
널리 세간에 모든 무거운 고통을 멸제하십니다.

疏

二는 戒度라 防非止惡을 名之爲戒니 卽受學菩薩戒時에 三業爲性이니라 戒有三種하니 律儀攝善은 得淨身果하고 攝衆生戒는 能除物苦니라 遍十方者는 無作戒身을 等衆生故니라

두 번째는 지계바라밀이다.
그릇된 것을 막고 악한 것을 그치는 것을 이름하여 계戒라 하나니,
곧 보살의 계를 받아 배울 때에 삼업으로 자체성을 삼는 것이다.
계에 세 가지가 있나니
섭율의계와 섭선법계는 청정한 몸의 결과를 얻게 하고,
섭중생계는 능히 중생의 고통을 멸제케 하는 것이다.
시방에 두루하게 하였다고 한 것은 무작계無作戒[456]의 몸을 중생과 같게 한 까닭이다.

鈔

二戒中에 初名이니 防其未起非하고 止已起惡故라 卽受學下는 次出體니 大論에 律儀는 以七衆의 別解脫戒와 在家出家戒로 爲體일새 卽唯二業이니 謂表無表니 不說語故니라 若攝善法戒者인댄 謂諸菩薩이 受律儀後에 一切所作은 爲大菩提니 由身語意하야 積集諸善으로 以爲其體라하니 今疏는 通三聚와 及與受隨일새 故云三業이라하니라 攝衆生戒는 居然通三이라 戒有三種下는 三釋文이니 卽當辯相이라 律者는 法律이요 儀者는 儀式이니 於不善法에 而能遠離하며 及防護故니라 故攝論에 名爲依持戒라하니 依是하야 能有集諸佛法하며 無罪益生故니라

두 번째 지계바라밀 가운데 처음에는 계의 이름이니
아직 일어나지 아니한 그릇된 것을 막고 이미 일어난 악을 그치게 하는 까닭이다.
곧 보살의 계를 받아 배울 때라고 한 아래는 다음에 계의 자체를 설출한 것이니,
『대론』에 율의는 칠부대중[457]의 별해탈계[458]와 재가계와 출가계[459]로

---

456 무작계無作戒라고 한 것은 곧 이상계離相戒로서, 곧 모습을 떠난 계이다. 역시 『잡화기』의 말이다.
457 칠부대중이란, 비구와 비구니와 우바새와 우바이와 사미와 사미니와 식차마나이다.
458 별해탈계라고 한 것은, 별별에 두 가지 뜻이 있나니 첫 번째는 정공계와

써 자체를 삼기에 곧 오직 두 가지 업뿐이니,
말하자면 표업과 무표업[460]이니
어업語業을 말한 것이 아닌[461] 까닭이다.
만약 섭선법계라면 말하자면 모든 보살이 율의를 받은 이후에 일체 소작은 대보리大菩提가 되나니
신·어·의를 인유하여 모든 선법을 쌓아 모음으로써 그 자체를 삼는다 하였으니,
지금에 소문은 삼취정계와 그리고 계를 받고 그 계체를 따라 수행[462]함에 통하기에 그런 까닭으로 삼업三業으로 자체성을 삼는다

도공계 등을 간별하는 까닭으로 별別이라 하고, 두 번째는 삼업과 칠지七支가 각각 다른 까닭으로 別이라 하나니, 현자권玄字卷 46장을 볼 것이다. 역시 『잡화기』의 말이다.

459 재가계와 출가계라고 한 것은, 별해탈계 밖에 스스로 이 계가 있는 것이니, 오신채를 먹는 등과 같은 것은 재가와 출가를 제제함에 통하고, 재가에 온전히 설주가 될 수 없다고 한 것과 같은 것은 오직 재가만 제제하며, 이익을 위하여 스승이 되지 말라고 한 등과 같은 것은 오직 출가만 제제하는 것이니, 『보살계경의소義疏』를 볼 것이다. 역시 『잡화기』의 말이다.

460 표업과 무표업이라고 한 것은, 표업은 몸으로 행동하는 신업身業과 입으로 말하는 구업口業을 말한다. 『잡화기』는 다만 표업은 곧 신업이고 무표업은 의업이라고만 하였다. 무표업은 이 신업과 구업으로 그 업의 과보를 받을 원인을 몸 안에 훈발하는 것이니 그것은 볼 수도 들을 수도 없는, 즉 표현 불가능한 것을 말한다.

461 어업語業을 말한 것이 아니라고 한 것은, 말로 표현(表業)하고 표현하지 않는(無表業) 어업을 말한 것이 아니라는 것이다.

462 원문에 수수受隨라고 한 것은, 수受는 처음에 계체를 받아 오신吾身을 구족하

하였다.

섭중생계는 거연히 삼업에 통하는 것이다.

계에 세 가지가 있다고 한 아래는 세 번째 문장을 해석한 것이니, 곧 계의 모습을 분별함에 해당하는 것이다.

율律이라고 한 것은 법률이요,

의儀라고 한 것은 의식이니

불선한 법에서 능히 멀리 떠나며 그리고 막아 보호하는[463] 까닭이다.

그런 까닭으로『섭론』에 이름을 의지계依持戒라 하였으니,

는 것이요, 수隨는 뒤에 그 계체를 따라 여법하게 수행하는 것이다.『잡화기』에는 수수受隨라고 한 것은 바로 계를 받을 때가 수受가 되고, 이미 받은 이후에 따라 받들어 가지는 것이 수隨가 되는 것이니, 삼취정계는 계를 받고 따라 받들어 가지는 법이고, 계를 받고 따라 받들어 가지는 것은 곧 능히 계를 받고 따라 받들어 가지는 사람을 말하는 것이다 하였다.

463 그리고 막아 보호한다고 한 등은, 불선한 법을 멀리 떠나는 것은 바로 제일취第一聚인 섭선법계이지만 그러나 이미 그 악을 떠났다면 스스로 그 선을 이루는 것이니 제이취인 섭율의계를 겸하여 포함하는 것이요, 유정을 막아 보호하는 것이라고 한다면 곧 이것은 제삼취인 섭중생계(요익유정계)이다. 그렇다면 곧 제일취를 의지하여 제이취·제삼취가 있다 할 것이다. 바로 아래『섭론』을 인용하여 이 뜻을 성립하였으니 조자권調字卷 상권 27장을 볼 것이다. 혹자는 원리급방호遠離及防護라고 한 것을 이미 일어난 것을 멀리 떠나고 아직 일어나지 아니한 것을 막는 것이다 하니, 그러한즉 그런 까닭으로『섭론』이라 한 그 고故 자는 없는 것이 좋다. 역시『잡화기』의 말이다.

＊막아 보호한다고 한 것은 두 가지 뜻을 가지고 있다. 하나는 불선한 법에서 막아 보호하고, 하나는 유정을 막아 보호하는 것이다.

이것을 의지하여 능히 모든 불법을 유지하고 모으며 죄도 없고 중생도 이익케 하는 까닭이다.

經

往昔修行忍淸淨하사 信解眞實無分別일새
是故色相皆圓滿하야 普放光明照十方이니라

지나간 옛날에 인욕의 청정한 바라밀을 수행하여
믿고 아는 마음이 진실하여 분별이 없기에
이런 까닭으로 색상이 다 원만하여
널리 광명을 놓아 시방을 밝게 비추십니다.

疏

三은 忍度라 堪受諸法하야 未能忘懷를 名之爲忍이니 此約生忍이
요 又忍卽忍可인댄 忍卽是慧니 雙忍事理니라 卽以無瞋과 精進審
慧와 及彼所起三業으로 爲性이라 忍亦有三하니 謂耐怨害忍과 安
受苦忍과 諦察法忍이라

세 번째는 인욕바라밀이다.
모든 법을 감수하여 능히 생각에 잊지 않는 것을 이름하여 인忍이라
하나니,
이것은 생인生忍을 잡은 것이요,[464]

---

[464] 이것은 생인을 잡은 것이라고 한 것은, 강사가 말하기를 생生 자는 응당
법法 자라 할 것이다. 논에 이미 말하기를 인忍에 두 가지가 있나니 첫
번째는 보살이 저 중생 가운데 능히 인지하는 것이 이름이 생인이고, 두

또 인忍이 인가忍可라면 인忍은 곧 지혜이니
사실(事)과 진리(理)를 함께 아는 것이다.
곧 무진과[465] 정진과 십혜와 그리고 저의 일으킨 바 삼업으로써
자체성을 삼는 것이다.

번째는 보살이 저 모든 법 가운데 능히 인지하는 것이 이름이 법인이다 하였으니, 지금에 이미 모든 법을 감수한다 말한즉 그 뜻이 법인에 해당하는 것이 분명하다 하였다. 그러나 어리석은 내가 자세히 살펴보니 이 가운데 우인(又忍-영인본 화엄 3책, p.346, 9행)이라 한 글자 이상은 곧 논의 생인이고, 우인이라는 글자 이하는 곧 논의 법인이다. 그러한즉 처음 가운데 말한 바 모든 법(이 3책, p.346, 8행)이라고 한 것은 내원해인과 그리고 안수고인이 다 이 법인 까닭이다.

논에는 곧 법으로써 사람을 좇는 까닭으로 중생이라 말하고, 지금에는 곧 사람으로써 법을 좇는 까닭으로 모든 법이라 말한 것뿐이다. 뒤에 가운데(又忍 이하) 말한 바 사실과 진리라고 한 것은 곧 논 가운데 말한 바 모든 법이니, 이것은 사실과 진리로써 모든 법을 한꺼번에 이름한 것이다. 소문 초두에 안수고인 등(사기주主의 생각)으로 모든 법이라 이름한 것과는 같지 않는 것이다. 하물며 처음 가운데 모든 법을 감수하여 인지하는 것으로 법인을 해석하니 어찌 이 앞에 두 가지(내원해인, 안수고인)가 아니며, 뒤(又忍 이하)에 가운데 인가로써 해석하니 어찌 이 뒤에 한 가지(제찰법인)가 아니겠는가.

능히 생각에 잊지 않는다고 한 것은, 비록 능히 고통을 인지하였으나 오히려 그 모습이 생각에서 떠나지 않는 까닭이다. 역시 『잡화기』의 말이다. 여기에 논이란 초문에 『대론』이라 하였으니 『대론』은 『대지도론』이다. 『유망기』는 『지도론』이라 하였다. 앞에서 『대론』은 『유가론』이라 한 바 있다. 영인본 화엄 3책, p.336, 7행에 있다.

[465] 무진 운운은 영인본 화엄 3책, p.344, 2행에 이미 말한 바 있다.

인욕에 또한 세 가지가 있나니
말하자면 내원해인耐怨害忍과 안수고인安受苦忍과 제찰법인諦察法忍[466]이다.

鈔

卽以下는 出體니 無瞋精進은 卽善十一中二요 審慧는 卽別境五中慧라 所以有此三者는 大論云호대 自無憤勃하며 不報他怨하며 亦不隨眠의 流注相續이 是名菩薩耐怨害忍이니 卽以無瞋과 及三業으로 爲性이요 若安受苦忍인댄 卽精進과 三業으로 爲性이요 若諦察法忍인댄 卽審慧와 三業으로 爲性이라하니 故此三業이 通於三忍이라 餘三도 各配其一일새 故有三耳니라

곧 무진이라고 한 아래는 자체를 설출한 것이니
무진과 정진이라고 한 것은 선법의 열한 가지 가운데 두 가지이고, 심혜라고 한 것은 곧 별경別境의 다섯 가지 가운데 혜慧이다. 그런 까닭으로 여기에 세 가지가 있다고 한 것은, 『대론』[467]에 말하기를 스스로 분노하거나[468] 발끈한 마음이 없으며, 다른 이의 원수를

---

466 내원해인耐怨害忍 운운은, 내원해인은 원수의 해침을 참는 것이고, 안수고인은 고통을 편안히 감수하는 것이고, 제찰법인은 모든 법을 자세히 관찰하는 것이다.
467 『대론大論』은 『대지도론』의 약칭이다. 앞에서는 『유가론』이라 하였다. 영인본 화엄 3책, p.336, 7행이다.
468 원문에 분발憤勃은 현행이다. 발勃은 발教과 같나니 발끈할 발이다.

갚으려고도 아니하며, 또 수면[469]이 흘러들어 상속치도 않게 하는 것이 이 이름이 보살의 내원해인이니
곧 무진과 그리고 삼업으로써 자체성을 삼는 것이요,
만약 안수고인이라면 곧 정진과 삼업으로써 자체성을 삼는 것이요,
만약 제찰법인이라면 곧 심혜와 삼업으로써 자체성을 삼는 것이다 하였으니,
그런 까닭으로 이 삼업이 저 삼인에 통하는 것이다.
나머지 삼바라밀도[470] 각각 그 하나씩 배속하였기에 그런 까닭으로 세 가지가 있는 것이다.

疏

偈云호대 信解眞實은 卽諦察法也요 色相圓滿은 前二忍果요 放淨光明은 第三忍果니라

게송에 말하기를 믿고 아는 마음이 진실하다고 한 것은 곧 제 세 번째 제찰법인이요,

---

469 수면은 종자이다. 다 『잡화기』의 말이다.
470 나머지 삼바라밀이라고 한 등은, 육바라밀 가운데 뒤에 삼바라밀에도 앞에 삼바라밀과 같이 각 바라밀마다 내원해인 등 세 가지로 배속하였다는 것이다. 그러나 십바라밀 가운데는 뒤에 사바라밀은 각각 두 가지뿐이다. 이 아래(此下) 소문에 자세히 설명되어 있다. 즉 영인본 화엄 3책, p.353, 4행에 이 아래 사바라밀은 다만 각각 두 가지뿐이니, 지금 처음에 (今初) 방편은 회향방편廻向方便과 발제방편拔濟方便이라 한 등이다.

색상이 원만하다고 한 것은 앞에 두 법인[471]의 결과요,
청정한 광명을 놓았다고 한 것은 제 세 번째 법인의 결과이다.

鈔

偈云下는 釋文이라 然無性云호대 初忍은 是諸有情成熟轉因이요 二는 是成佛因이니 寒熱等法을 皆堪忍故요 三은 是前二之所依處니 堪忍甚深廣大法故라하니라 今言色相圓滿은 前二忍果者는 由忍他辱하야 生端正故로 得於色相이라 言皆圓滿者는 究竟成佛하야 具諸相故니 故此四字는 是二忍果요 光은 通智光이니 故是第三果니라

게송에 말하기를이라고 한 아래는 경문을 해석한 것이다.
그러나『무성섭론』에 말하기를 처음 법인[472]은 이것은 모든 유정이 성숙하여 옮기는 원인이요,
두 번째 법인은 이것은 성불하는 원인이니
춥고 더운 등의 법을 다 감인堪忍하는 까닭이요,
세 번째 법인은 이것은 앞에 두 가지 법인의 의지할 바 처소이니
깊고도 광대한 법을 감인堪忍하는 까닭이라 하였다.

지금에 말하기를 색상이 원만하다고 한 것은, 앞에[473] 두 법인의

---

471 앞에 두 법인이란, 내원해인과 안수고인이다.
472 처음 법인이라고 한 등은, 스스로 세친이 해석한 바가 있나니 조자권調字卷 상권 39장을 볼 것이다. 역시『잡화기』의 말이다.

결과라고 한 것은 다른 사람이 욕함을 참음으로 인유하여 단정함이 생기는 까닭으로 저 색상을 얻는 것이다.

다 원만하다고 말한 것은 구경에 성불하여 모든 상호를 구족한 까닭이니

그런 까닭으로 이 네 글자[474]는 이것은 앞에 두 법인의 결과요,

광명이라고 한 것은 지광智光에 통하는 것이니

그런 까닭으로 이것은 제 세 번째 법인의 결과[475]이다.

---

473 원문에 시전是前이라 한 시是 자는 소문에는 없다.
474 이 네 글자라고 한 것은 색, 상, 원, 만이다.
475 원문 제삼第三이라 한 아래에 과果 자가 빠졌다.

經

往昔勤修多劫海하사　能轉衆生深重障일새
故能分身遍十方호대　悉現菩提樹王下하니다

지나간 옛날에 정진(勤)을 수많은 세월의 바다에서 닦아
능히 중생의 깊고도 무거운 장애를 옮기려 하였기에
그런 까닭으로 능히 몸을 나누어 시방에 두루하게 하되
다 보리수나무왕 아래에서 나타내셨습니다.

疏

四는 精進이라 練心於法을 名之爲精이요 精心務達을 目之爲進이
니 以勤과 及所起三業으로 爲性이라 亦有三種하니 一은 被甲이요
二는 攝善이요 三은 利樂이라

네 번째는 정진바라밀이다.
마음을 진리에서 단련하는 것을 이름하여 정精이라 하고,
정심精心으로 힘써 요달하는 것을 명목名目하여 진進이라 하나니,
정진(勤)과 일으킨 바 삼업으로써 자체성을 삼는 것이다.
정진에 역시 세 가지가 있나니
첫 번째는 피갑被甲[476] 정진이요,

---

[476] 피갑被甲이라는 이름은 조자권調字卷 상권 48장을 볼 것이다고 『잡화기』는

두 번째는 섭선攝善 정진이요,
세 번째는 이락利樂 정진이다.

鈔

亦有下는 三에 辯相이라 被甲은 卽大誓願이요 攝善은 卽方便進趣요 利樂은 卽勤化衆生이라

정진에 역시[477] 세 가지가 있다고 한 아래는 세 번째 정진의 모습을 분별한 것이다.
피갑 정진이라고 한 것은 곧 큰 서원이요,
섭선 정진이라고 한 것은 곧 방편으로 나아가는 것이요,
이락 정진이라고 한 것은 곧 부지런히 중생을 교화하는 것이다.

疏

初句는 通前二니 以被甲精進은 瑜伽釋云호대 設千大劫을 爲一日夜하야 處於地獄이라도 唯爲脫一衆生故라하니라 次句는 卽第三이라 下半은 通三果也니 因旣離身心相일새 故로 果能身遍十方이라

말한다.
477 원문에 삼역三亦이라 한 삼三 자는 남장경과 북장경 초문에도 없기에 빼고 번역하였다.

경문에 처음 구절은 앞의 두 정진에 통하는 것이니
피갑 정진은 『유가론』에 해석하여 말하기를 설사 일천 대겁을 하룻날 밤을 삼아 지옥에 거처할지라도 오직 한 중생을 해탈케 하기 위한 까닭이라 하였다.
다음 구절은 곧 제 세 번째 이락 정진이다.
아래에 반 게송은 세 가지 정진의 결과에 통하는 것이니,
원인[478]이 이미 몸과 마음의 모습을 떠났기에 그런 까닭으로 결과가 능히 몸을 시방에 두루하게 하는 것이다.

鈔

初句下는 釋文이니 通前二者는 勤修二字는 故是攝善이요 多劫海言은 卽是被甲이니 被甲相隱일새 故引論釋하니라

경문에 처음 구절이라고 한 아래는 경문을 해석한 것이니
앞의 두 정진에 통한다고 한 것은, 정진을 닦는다(勤·修)는 두 글자는 본래 이것은 섭선 정진이요,
수많은 세월의 바다라고 말한 것은 곧 이것은 피갑 정진이니, 피갑의 모습이 숨었기에 그런 까닭으로 『유가론』을 인용하여 해석한 것이다.

---

478 원인이란, 경문에서 말한 왕석의 원인이다.

經

佛久修行無量劫하사　　禪定大海普淸淨일새
故令見者心歡喜케하야　　煩惱障垢悉除滅하니다

부처님이 오래도록 한량없는 세월에 수행하여
선정의 큰 바다를 널리 청정케 하였기에
그런 까닭으로 보는 사람으로 하여금 마음을 환희케 하여
번뇌의 장애와 때를 다 제멸케 하십니다.

疏

五는 禪那라 梵云禪那는 此云靜慮니 卽以等持로 爲性이라 亦有
三種하니 謂安住와 引發과 辨事라

다섯 번째는 선나바라밀이다.
범어에 선나라고 말한 것은 여기서 말하면 정려靜慮이니,
곧 삼매(等持)로써 자체성을 삼는 것이다.
선나에 역시 세 가지가 있나니,
말하자면 안주安住선나와 인발引發선나와 판사辨事선나이다.

鈔

五에 禪那中에 初는 釋名이라 靜은 揀散心이요 慮는 揀無慧니 止觀均

故니라 卽以下는 出體니 卽三摩地라 雖是別境心所之一이나 今約定
說하고 不通散心일새 故로 不說三業거니와 對法論云호대 起三業의
自在用時에 所有一切種이 常安住라하니 卽通三業이니 以約用故니
라 亦有三種下는 辯相이라 言安住者는 安住現法樂住故니 無性云호
대 離見慢等하야 得淸淨故라하니라 言引發者는 引神通故니라 言辦
事者는 辦利有情事故니라

다섯 번째 선나바라밀 가운데 처음에는 이름을 해석한 것이다.
정靜이라는 것은 산란한 마음을 가리는 것이요,
려慮라는 것은 지혜가 없음을 가리는 것이니
지止와 관觀이 균등한 까닭이다.
곧 삼매로써라고 한 아래는 두 번째 자체를 설출한 것이니
곧 삼마지三摩地이다.
비록 이것이 별경심소別境心所의⁴⁷⁹ 하나이지만 지금에는 삼매(定)를
잡아 설하고 산란심에는 통하지 않기에 그런 까닭으로 삼업을 설하
지 아니하였거니와, 『대법론』⁴⁸⁰에는 말하기를 삼업의 자재한 작용

---

479 비록 이것이 별경심소라 한 등은, 대개 별경 가운데 삼매(定)인즉, 삼매(定)와
산란(散)에 통하는 까닭으로 그렇게 말한 것이다.
480 『대법론』 운운은 『대법론』 제십일권이니, 일체 신어의업의 자재한 작용을
일으킬 때에 있는 바 일체 마음이 항상 안주한다 하였다. 그 원문은 기일체신
어의업起一切身語意業의 자재용시自在用時에 소유일체심所有一切心이 항안
주恒安住라 하였다. 여기 초문에 인용한 『대법론』 제십일권의 말은 『유식론술
기』에 인용한 것을 의지한 것이니, 『유식론술기』에는 일체종一切種이라
한 종種 자 아래 심心 자가 있다.

을 일으킬 때에 있는 바 일체 종류의 마음이 항상 안주한다 하였으니,
곧 삼업에 통하는 것이니
작용을 잡은 까닭이다.

선나에 역시 세 가지가 있다고 한 아래는 세 번째 선나의 모습(相)을 분별한 것이다.
안주安住선나라고 말한 것은 현재 법락에 안주(現法樂住)[481]하는 까닭이니,
『무성섭론』에 말하기를 아견·아만 등을 떠나 청정을 얻는 까닭이라 하였다.
인발引發선나라고 말한 것은 신통을 이끌어 일으키는 까닭이다.
판사辦事선나라고 말한 것은 유정을 이익케 하는 일을 갖추는 까닭이다.

疏

旣引起神通하고 辦利生事일새 故見者深喜케하며 現法樂住일새 諸惑不行케하며 又資慧斷惑일새 故見者惑滅케하나니라

이미 신통을 이끌어 일으키고 중생을 이익케 하는 일을 갖추었기에 그런 까닭으로 보는 사람으로 깊이 환희케 하며,

---

481 원문에 현법낙주現法樂住란, 『잡화기』에 말하기를 현세의 법에 안락하게 머무름을 얻는 것을 말하는 것이다 하였다.

현재의 법락에 안주하기에 모든 번뇌(惑)가 행하지 않게 하며, 또 지혜를 도와 번뇌를 끊기에[482] 그런 까닭으로 보는 사람으로 번뇌를 제멸케 하는 것이다.

鈔

旣引發下는 釋文이니 取上辯相하야 以釋經文이라

이미 신통을 이끌어 일으켰다고 한 아래는 경문을 해석한 것이니, 이 위에 모습(相)을 분별한다고 함을 취하여 경문을 해석한 것이다.

---

[482] 또 지혜를 도와 번뇌를 끊는다고 한 등은, 이 위에는 곧 자기의 번뇌를 제멸함을 잡은 것이고, 여기는 곧 다른 사람의 번뇌를 제멸케 함을 잡은 것이라고 『잡화기』는 말한다.

經

如來往修諸行海하사　具足般若波羅蜜일새
是故舒光普照明하야　克殄一切愚癡暗하니다

여래가 지나간 옛날에 모든 행의 바다를 닦아서
반야바라밀을 구족하였기에
이런 까닭으로 광명을 펴 널리 비추어 밝혀서
능히 일체 어리석음의 어둠을 진멸殄滅[483]하십니다.

疏

六은 般若라 般若는 梵言이니 此翻爲慧니 推求諦理를 名之慧也니
라 此及後四는 皆擇法으로 爲體라 亦有三種하니 一은 生空無分別
이요 二는 法空無分別이요 三은 俱空無分別이라 攝論에 以加行과
正體와 後得으로 爲三은 約六度說이요 瓔珞에 以照有照無와 及照
中道로 而爲三者는 唯約法空의 三觀之義니 至下當明호리라

여섯 번째는 반야바라밀이다.
반야는 범어이니
여기말로 번역하면 혜慧가 되는 것이니
진리(諦理)를 추구하는 것을 이름하여 혜라 하는 것이다.

---

[483] 진멸殄滅에서 殄은 끊을 진, 멸한 진이다.

이 반야와 그리고 뒤에 사바라밀은 다 택법擇法으로 자체성을 삼는 것이다.
반야에 역시 세 가지가 있나니
첫 번째는 생공生空의 무분별이요,
두 번째는 법공法空의 무분별이요,
세 번째는 구공俱空의 무분별이다.
『섭대승론』에 가행加行과 정체正體와 후득지로써 세 가지를 삼는다고 한 것은 육바라밀을 잡아서 설한 것이요,
『보살영락경』에 조유照有와 조무照無와 그리고 조중도照中道로써 세 가지를 삼는다고 한 것은 오직 법공 삼관의 뜻을 잡은[484] 것이니, 아래에 이르러 마땅히 밝히겠다.[485]

鈔

此及下는 二에 出體니 以後五는 體同故라 故唯識云호대 後五는 皆以擇法으로 爲體니 說是根本과 後得智故라하니라 意云호대 以根本智로 爲第六體하고 後之四體가 皆後得故라하니 此依勝說이라 若對法과 及瑜伽四十三인댄 同以出世間의 加行과 正智와 後得으로 爲體라

---

484 오직 법공 삼관의 뜻을 잡았다고 한 것은, 비록 삼관이 있으나 이미 조무照無로 정석을 삼고 나머지 둘인 조유와 조중도인즉, 겸석인 까닭으로 여기서는 다만 그 정석을 삼는 것만 가리켜 말하였을 뿐이다. 역시 『잡화기』의 말이다.
485 아래에 이르러 마땅히 밝히겠다고 한 것은, 십행품 조자권調字卷 22장을 말한다.

하며 唯識下文에도 亦云호대 十度가 皆通漏無漏故라하니 依此實義
니라 亦有三種下는 三에 辯相이니 總有三說이라 唯識은 依十度하야
唯取根本하고 攝論三智는 約六度說하고 纓絡三觀은 亦約十度호대
約兼正說이라 故로 有照空과 照有와 照中하니 是以疏云호대 三觀之
義라하니라 至下當明은 謂十行當會라

이 반야와 그리고 뒤에 사바라밀이라고 한 아래는 두 번째 자체를
설출한 것이니,
뒤에 오바라밀은 자체가 같은 까닭이다.
그런 까닭으로『유식론』[486]에 말하기를 뒤에 오바라밀은 다 택법으로
써 자체성을 삼나니,
근본지와 후득지를 설하는 까닭이라 하였다.
그 뜻에 말하기를 근본지로써 제 여섯 번째 반야의 자체를 삼고,
뒤에 사바라밀은 자체가 다 후득지인 까닭이라 하니
이것은 수승함을 의지하여 설한[487] 것이다.
만약『대법론』과 그리고『유가론』사십삼권이라면 다 같이 출세간의
가행과 정지와 후득지로써 자체성을 삼는다 하였으며,
『유식론』그 아래 문장[488]에도 또한 말하기를 십바라밀이 다 유루와

---

486 『유식론』운운은『유식론』제구권이다.
487 이것은 수승함을 의지하여 설하였다고 한 것은, 말하자면 증승增勝함을
    좇아 설한 것이다고『잡화기』는 말한다.
488 『유식론』그 아래 문장이라고 한 것은, 바로 네 줄 앞에 인용한『유식론』
    제구권 후득지고後得智故라 한 아래 문장이다.

무루에 통하는 까닭이라 하였으니,
이것은 진실한 뜻을 의지하여 설한 것이다.

반야에 역시 세 가지가 있다고 한 아래는 세 번째 반야의 모습을 분별한 것이니,
모두 세 가지 학설이 있다.
『유식론』은 십바라밀을 의지하여 오직 근본지만 취하였고,
『섭대승론』의 삼지三智는 육바라밀을 잡아서 설하였고,
『영락경』의 삼관三觀은 역시 십바라밀을 잡았지만 겸兼과 정正[489]을 잡아서 설하였다.
그런 까닭으로 조공照空과 조유照有와 조중照中이 있나니,
이로써 소문에 말하기를 삼관의 뜻이라 하였다.
아래에 이르러 마땅히 밝히겠다고 한 것은 십행품의 당회[490]를 말하는 것이다.

疏

慧導萬行일새 故云修諸行海라하니라 言具足者는 具上三也니 因如有目일새 故果獲身智二光하야 能滅諸闇이라

---

[489] 겸兼과 정正이라고 한 것은, 겸이란 뒤에 사바라밀을 겸하였다는 것이고, 정이란 앞에 근본 육바라밀을 말하는 것이다.
[490] 십행품의 당회라고 한 것은 조자권 22장을 말하는 것이다.

지혜로 만행을 인도하기에 그런 까닭으로 말하기를 모든 행의 바다를 닦았다 하였다.
반야바라밀을 구족하였다고 말한 것은 위에 세 가지[491] 반야를 구족하였다는 것이니
원인이 마치 눈이 있는 것과 같기에 그런 까닭으로 결과가 신·지의 두 광명을 얻어서 능히 모든 어둠을 진멸하는 것이다.

鈔

慧導萬行下는 四에 釋文이니 謂萬行이 不得般若의 照體空寂하고는 不成彼岸故니라 因如有目者는 智論云호대 五度는 如盲人하고 般若는 如有眼일새 故見夷途하야 開導萬行하며 御心中道하야 至一切智城이라하니 卽其義也니라

지혜로 만행을 인도한다고 한 아래는 네 번째 경문을 해석한 것이니, 말하자면 만행이 반야의 조체照體가 공적함을 얻지 않고는 피안을 이룰 수 없는 까닭이다.
원인이 마치 눈이 있는 것과 같다고 한 것은, 『지도론』에 말하기를 앞에 오바라밀은 마치 맹인과 같고 여섯 번째 반야바라밀은 마치 눈이 있는 것과 같기에 그런 까닭으로 평탄한 길을 보여 만행을 열어 인도하며,

---

491 위에 세 가지란, 곧 세 가지 반야이니 여기서 세 가지 반야는 생공무분별, 법공무분별, 구공무분별 반야이다. 『잡화기』는 다만 空이라 하였다.

마음 가운데 도를 제어하여 일체 지혜의 성에 이르게 한다 하였으니 곧 그 뜻이다.

經

種種方便化衆生하사　　令所修治悉成就일새
一切十方皆遍往하사대　無邊際劫不休息하니다

가지가지 방편으로 중생을 교화하여
하여금 닦아 다스릴 바를 다 성취하셨기에
일체 시방에 다 두루 왕래하시되
끝없는 세월토록 쉬지 않으십니다.

疏

七은 方便이라 卽善巧也니 方은 謂方法이요 便은 謂便宜라 下四는
但各二種이니 今初는 謂迴向方便과 拔濟方便이라

일곱 번째는 방편바라밀이다.
곧 선교방편이니
방方이라는 것은 방법을 말하는 것이요,
편便이라는 것은 편의를 말하는 것이다.
이 아래에 사바라밀은 다만 각각 두 가지뿐이니,
지금은 처음으로 말하자면 회향방편과 발제방편拔濟方便이다.

鈔

下四下는 次에 辯相이라 先은 總顯下四니 此依唯識이라 若約本業인

댄 亦各有三하니 至十行品說호리라 今初下는 別明此度니 謂由大智故로 迴前六度하야 向大菩提하고 由大悲故로 迴前六度하야 拔濟有情이라 故無性云호대 不捨生死하고 而求菩提라하니라

이 아래에 사바라밀이라고 한 아래는 다음에 방편의 모습을 분별한 것이다.
먼저는 한꺼번에 아래에 사바라밀을 나타낸 것이니
이것은 『유식론』을 의지하여 설한 것이다.
만약 『보살영락본업경』을 잡는다면 또한 각각 세 가지가 있나니[492]
십행품에 이르러 설하겠다.

지금은 처음이라고 한 아래는 따로 이 방편바라밀을 밝힌 것이니, 말하자면 큰 지혜를 인유한 까닭으로 앞에 육바라밀을 돌이켜 대보리에 향하게 하고,
큰 자비를 인유한 까닭으로 앞에 육바라밀을 돌이켜 유정을 빼내어 제도하는 것이다.
그런 까닭으로 『무성섭론』에 말하기를 생사를 버리지 않고[493] 보리를 구하는 것이다 하였다.

---

492 각각 세 가지가 있다고 한 것은 양자권陽字卷 1장 이하를 볼 것이다. 역시 『잡화기』의 말이다.
493 생사를 버리지 않는다고 한 등은 자비와 지혜를 함께 증거한 것이라고 『잡화기』는 말한다.

疏

文云호대 種種化生은 卽拔濟善巧요 所修成就는 兼於迴向菩提라 所化無邊일새 果得十方而橫遍하고 爲物取果일새 豎窮來際而不休니라

경문에 말하기를 가지가지 방편으로 중생을 교화한다고 한 것은 곧 빼내어 제도하는 선교방편이요,
닦아 다스릴 바를 성취하였다고 한 것은 보리에 회향하는 것도 겸하였다.
교화할 바가 끝이 없기에 결과[494]가 일체 시방에 횡橫으로 두루하고, 중생을 위하여 결과를 취하기에 수竪로 미래 세월이 다하도록 쉬지 아니함을 얻는 것이다.

---

494 결과라고 한 것은, 번역의 통일성을 기하기 위하여 결과라 하였으나 그 뜻은 과보불을 말하는 것이다.

> 經

佛昔修行大劫海하사 淨治諸願波羅蜜일새
是故出現遍世間하사 盡未來際救衆生하니다

부처님이 옛날에 큰 세월(大劫)의 바다에서 수행하여
모든 서원의 바라밀을 청정하게 닦아 다스렸기에
이런 까닭으로 출현하여 세간에 두루하사
미래 세월이 다하도록 중생을 구제하십니다.

> 疏

八은 願度라 卽希求要誓니 有義가 以欲과 勝解及信으로 爲性이라
亦有二種하니 謂求菩提願과 利樂他願이라

여덟 번째는 서원바라밀이다.
곧 구하기를 희망하는 중요한 서원이니,
뜻이 욕망과 수승한 지해(解)와 그리고 믿음으로써 자체성을 삼음에 있다.
서원에도 역시 두 가지가 있나니
말하자면 보리를 구하는 서원[495]과 다른 사람을 이익케 하고 즐겁게 하는 서원이다.[496]

---

[495] 보리를 구하는 서원이라고 한 것은, 자리自利의 서원이다.
[496] 다른 사람을 이익케 하고 즐겁게 하는 서원이라고 한 것은, 이타利他의

鈔

有義下는 次에 出體니 前雖總出이나 此一은 有異일새 故復別用此三하야 爲性하니 三法이 正是願之性故니라 謂願者는 希求요 希求는 卽欲이니 要於前境에 正信印持하야사 方希求故니라 其後得智는 但是所依니 依此起願耳니라

뜻이 욕망과 수승한 지혜라고 한 아래는 다음에 자체를 설출한 것이니,
앞에서 비록 한꺼번에 설출하였지만 이 한 바라밀[497]은 다름이 있기에 그런 까닭으로 다시 이 세 가지[498]를 따로 써서 자체성을 삼았나니, 세 가지 법이 바로 이 서원의 자체성인 까닭이다.
말하자면 서원(願)이라는 것은 곧 구하기를 희망하는 것이요, 구하기를 희망한다는 것은 곧 욕망이니
앞의 경계에 바로 믿고 인지印持하기를[499] 요망하여야 바야흐로 구하기를 희망하는 까닭이다.
그 후득지는 다만 이것의 의지할 바일 뿐이니,
이 후득지를 의지하여 서원을 일으키는 것이다.

서원이다.
[497] 이 한 가지 바라밀이란, 서원바라밀이다.
[498] 이 세 가지라고 한 것은, 욕망과 수승한 지혜와 믿음이다.
[499] 앞의 경계란, 욕망의 경계이다. 인지한다고 한 것은, 수승한 지혜이다.

疏

由初願故로 出現世間이요 由後願故로 救生不息이라

처음에 서원[500]을 인유한 까닭으로 세간에 출현하는 것이요,
뒤에 서원[501]을 인유한 까닭으로 중생을 구호하되 쉬지 않는 것이다.

---

500 처음에 서원이라고 한 것은, 보리를 구하기를 서원하는 것이다.
501 뒤에 서원이라고 한 것은, 다른 사람을 이익케 하고 즐겁게 하는 서원이다.

經

佛無量劫廣修治　　一切法力波羅蜜일새
由是能成自然力하야　普現十方諸國土하니다

부처님이 한량없는 세월에 널리
일체법의 역力바라밀을 닦아 다스렸기에
이로 인유하여 능히 자연스레 힘을 성취하여
널리 시방의 모든 국토에 나타나십니다.

疏

九는 力度라 不可屈伏故니 隨思隨修하야 任運成就라 亦有二種하니 謂思擇修習이라 今言法力은 卽思擇諸法하야 而修習이니 故로 攝論에 由此二力하야 令前六度로 無間現前이라하니라 經云成自然力은 卽無師而成하며 不習而無不利니 何能壞哉아

아홉 번째는 역力바라밀이다.
가히 굴복치 않는 까닭이니
사택思擇을 따르고 수습修習을[502] 따라 자연(任運)스레 성취한 것이다.
역力에도 역시 두 가지가 있나니
말하자면 사택思擇과 수습修習이다.

---

502 사택이라고 한 것은 사혜思慧이고, 수습이라고 한 것은 수혜修慧이다.

지금에 말하기를 일체법의 역力이라고 한 것은 곧 모든 법을 사택하여 수습하는 것이니,

그런 까닭으로 『섭론』에 이 두 가지 힘을 인유하여 앞에 육바라밀로 하여금 간단없이 앞에 나타나게 한다 하였다.

경에 말하기를 자연스레 힘을 성취하였다고 한 것은 곧 스승이 없었지만 성취하였으며,

닦아 익히지 않았지만 이익케 아니함이 없나니 어찌 능히 괴멸하겠는가.[503]

鈔

今言下는 三에 釋文이니 初는 即無性釋論之言이요 故攝論下는 本論之語라

지금에 말하기를이라고 한 아래는 세 번째 경문을 해석한 것이니 처음에는 곧 『무성석론』의 말이요,

그런 까닭으로 『섭론』이라고 한 아래는 본 『섭론』의 말이다.

---

503 어찌 능히 괴멸하겠는가 한 것은, 이 아래 제 열 번째 지바라밀의 초문 가운데 일체 마군과 원수가 능히 무너뜨릴 수 없는 것은 역力이라 한다고 한 말에 비견하여 볼 수 있겠다.

經

佛昔修治普門智하사대　一切智性如虛空일새
是故得成無礙力하야　舒光普照十方刹하니다

부처님이 옛날에 보문의 지혜를 닦아 다스리되
일체 지혜의 성품을 허공과 같이 하셨기에
이런 까닭으로 걸림이 없는 힘을 성취함을 얻어서
광명을 펴 널리 시방의 국토를 비추십니다.

疏

十은 智度라 決斷名智니 謂如實覺了니라 亦有二種하니 謂受用法
樂智와 成熟有情智라 無性論云호대 由施等六하야 成此智하고 復
由此智하야 成立六種을 名受法樂이며 由此妙智하야 能正了知此
施戒等하야 饒益有情이라하니라

열 번째는 지智바라밀이다.
결단하는 것을 이름하여 지智라 하나니
말하자면 여실하게 깨달아 아는 것이다.
지智에도 역시 두 가지가 있나니
말하자면 법락을 수용하는 지智와 유정을 성숙케 하는 지智이다.
『무성석론』에 말하기를[504] 보시 등의 육바라밀을 인유하여 이 지智를
성취하고, 다시 이 지智를 인유하여 여섯 가지 바라밀을 성립하는

것을 이름하여 법락을 수용하는 것이라 하며,
이 묘지妙智를 인유하여 능히 바로 이 보시·지계 등을 요달하여
아는 것을 유정을 요익케 하는 것이라 한다 하였다.

鈔

亦有下는 次에 辯相이니 此相難見일새 故引論釋호대 但引釋論이라
本論但云호대 謂由前六하야 成立妙智하야 受用法樂하며 成熟有情
이라하니라 若天親云인댄 由般若波羅蜜의 無分別智故로 成立後得
智하고 復由此智하야 成立前六波羅蜜多하나니 由此하야 自爲與同
法者로 受用法樂하며 成熟有情이라하니 大意亦同하니라 瑜伽四十
九云호대 於一切法에 如實安立淸淨妙智가 名智波羅蜜多니 當知
能取勝義가 名慧요 能取安立이 名智라하니라 又四十九云호대 謂無
量智는 當知方便波羅蜜多요 希求後後殊勝性은 名願이요 一切魔
怨이 不能壞는 名力이요 如實覺了所知境은 名智라하니 大意皆同하
니라 然上辯體는 約剋實性體이어니와 若兼助伴인댄 一一皆以一切
를 俱行한 功德으로 爲性이니라

지智에도 역시 두 가지가 있다고 한 아래는 다음에 지智의 모습을
분별한 것이니
이 모습은 보기 어렵기에 그런 까닭으로 논을 인용하여 해석하되

---

504 『무성석론』에 말하였다고 한 것은, 십행품 조자권 39장을 자세히 보라고
『잡화기』는 말한다.

다만 『무성석론』만을 인용하였다.
본론[505]에는 다만 이르기를 말하자면 앞에 육바라밀을 인유하여
묘지妙智를 성립하여 법락을 수용하며
유정을 성숙케 한다고만 하였다.
만약 『천친석론』에 말한 것이라면 반야바라밀의 무분별지를 인유한
까닭으로 후득지를 성립하고
다시 이 후득지를 인유하여 앞에 육바라밀을 성립하나니,
이것을 인유하여 스스로 작위하여 동법자同法者로 더불어 법락을
수용하며
유정을 성숙케 한다 하였으니
대의大意는 또한 같다.
『유가론』 사십구권에 말하기를 일체법에 청정한 묘지를 여실히
안립하는 것이 이름이 지智반야바라밀다이니
능히 승의勝義를 취하는 것이[506] 이름이 혜慧요, 능히 안립安立[507]을
취하는 것이 이름이 지智인 줄 마땅히 알아야 할 것이다 하였다.
또 『유가론』 사십구권에 이르기를 말하자면 한량없는 지혜(智)는
방편바라밀다요,
후후後後에 수승한 자체성을 구하기를 희망하는 것은 이름이 서원
이요,

---

505 본론이란, 『섭대승론』을 말한다.
506 능히 승의勝義를 취하는 것이 운운한 아래는, 제 여섯 번째 혜慧와 제 열 번째 지智와는 다름을 가리는 것이다.
507 안립을 『유가론』에 세속이라 하였다고 『잡화기』는 말한다.

일체 마군과 원수가 능히 무너뜨릴 수 없는 것은 이름이 역力이요, 알 바의 경계를 여실하게 깨달아 아는 것은 이름이 지智인 줄 마땅히 알아야 할 것이다 하였으니

대의는 다 같다.

그러나 위에서 자체를 분별한 것[508]은 반드시 진실한 자성의 자체[509]를 잡은 것이거니와, 만약 조반助伴[510]을 겸한다면 낱낱[511]이 다 일체를 함께 수행한 공덕[512]으로 자체성을 삼는다 할 것이다.

疏

經云普門智는 總含二智라 別配인댄 卽初句는 成熟有情이요 次句는 卽受用法樂이니 此二無二일새 故로 成無礙力하야 舒光普照라 하니라

경에 말하기를 보문의 지혜라고 한 것은 함께 두 가지 지혜를 다 포함하고 있는 것이다.

따로 배속한다면 곧 처음 구절은 유정을 성숙케 하는 지혜이고, 다음 구절은 곧 법락을 수용하는 지혜이니,

---

508 위에서 자체를 분별한 것이라고 한 것은, 바라밀의 자체를 말하는 것이니, 앞에 육바라밀의 자체이다.
509 진실한 자성의 자체라고 한 것은, 근본지根本智이다.
510 조반이라고 한 것은, 방편과 서원과 힘과 지혜(智)인 뒤에 사바라밀이다.
511 낱낱이란, 낱낱 바라밀이다.
512 함께 수행한 공덕이란, 후득지後得智이다.

이 두 지혜가 둘이 없기에 그런 까닭으로 걸림이 없는 힘을 성취하여 광명을 펴 널리 비춘다 한 것이다.

⦿ 鈔

經云下는 三에 釋文이니 可知라 若廣分別인댄 如唯識疏第十과 及瑜伽四十二이라

경에 말하기를이라고 한 아래는 세 번째 경문을 해석한 것이니 가히 알 수가 있을 것이다.
만약 폭넓게 분별한다면 『유식론소』[513] 제십권과 그리고 『유가론』 사십이권에 말한 것과 같다.

---

[513] 『유식론소』라고 한 것은 규기법사의 『유식론술기』이다.

經

爾時에 雲音淨月菩薩摩訶薩이 承佛威力하야 普觀一切道場衆
會海하고 卽說頌言호대

神通境界等虛空을　十方衆生靡不見하며
如昔修行所成地를　摩尼果中咸具說하니다

그때에 운음정월 보살마하살이 부처님의 위신력을 받아 널리 일체
도량에 대중의 바다를 관찰하고 곧 게송을 설하여 말하기를,

신통의 경계가 허공과 같음을
시방에 중생이 보지 아니함이 없으며
옛날에 수행함과 같이 성취한 바 지위를
마니 과보 가운데 다 갖추어 연설하십니다.

疏

第九에 雲音頌은 述菩提樹摩尼果中에 歎佛往修十地行果라 十
一頌을 分二호리니 初一은 總擧니 謂佛果大用이 由昔地行과 及結
說處니라 餘十은 次第各述一地니 地義는 當品廣明일새 今皆略述
而已니라

제 아홉 번째 운음 보살의 게송은 보리수 마니 과보 가운데 부처님이

지나간 옛날에 수행한 십지행의 과보를 찬탄한 것을 진술한 것이다.
열한 게송을 두 가지로 분류하리니
처음에 한 게송은 한꺼번에 거론한 것이니,
말하자면 불과佛果의 큰 작용이 옛날에 수행한 십지행을 인유한 것과 그리고 설한 처소를 맺는 것이다.
나머지 열 게송은 차례로 각각 한 지위씩 진술한 것이니,
그 십지十地의 뜻은 당품(十地品)에서 폭넓게 밝힐 것이기에 지금에는 다 간략하게 진술하여 마친다.

經

淸淨勤修無量劫하사　入於初地極歡喜하며
出生法界廣大智하사　普見十方無量佛하니다

청정하게 한량없는 세월에 부지런히 수행하여
초지의 지극히 환희함에 들어갔으며
법계의 광대한 지혜를 출생하여
널리 시방의 한량없는 부처님을 보았습니다.

疏

初地에 略述四義호리라 一은 加行多劫이니 諸論에 皆說호대 地前이 爲一僧祇라하니 已爲無量이라 更有異說이나 恐厭繁文이라 二는 標入地名이요 三은 出生廣智니 謂生如來家하야 見法實性하야 得妙觀察과 平等性智故라 四는 普見佛海니 同下願智果中하니라

초지에 간략하게 네 가지 뜻을 진술하겠다.
첫 번째는[514] 수많은 세월에 가행加行한 것이니
모든 논에 다 말하기를 초지 이전이 일 아승지겁이라 하였으니
이미 한량없는 세월이 되는 것이다.
다시 다른 학설이 있지만 번잡한 문장을 싫어할까 염려하여 그만

---

514 첫 번째 운운은, 경문의 첫 번째 구절이다.

둔다.

두 번째는 초지에 들어간 이름을 표한 것이요,[515]

세 번째는[516] 광대한 지혜를 출생한 것이니

말하자면 여래의 집에 출생하여 법의 실성을 보아 묘관찰지와 평등성지를 얻는 까닭이다.

네 번째는[517] 널리 부처님의 바다를 본 것이니

아래에 서원과 지혜의 과보(智果) 가운데 설한 것과 같다.

鈔

恐厭繁文者는 謂仁王下卷의 奉持品에 說伏忍下中上호대 下忍은 初賢이니 一僧祇요 中忍은 次賢이니 兩僧祇요 上忍은 亞聖이니 三僧祇요 初地는 四僧祇요 乃至七地는 有十이요 八地는 千이요 九地는 萬이요 十地는 百萬阿僧祇라하니 故地前에 已經三阿僧祇이라 經中에 多說三阿僧祇成佛者는 以下中忍位는 菩薩相隱하고 上賢之位는 菩薩相顯일새 所以로 特言經三僧祇라하니라 地前菩薩과 二乘聖者는 見初入地하고 皆謂究竟일새 故說三祇에 成等正覺이라하니 亦佛隨宜니라 故로 寶雲經云호대 實經無量阿僧祇劫이라하니 華藏品初에 當廣會釋호리라 得妙觀察等者는 由破分別我執하야 第七이 不與

---

515 두 번째 운운은, 경문의 제 두 번째 구절이다. 초지에 들어간 이름이란, 초지의 지극히 환희함이라 한 것이다.
516 세 번째 운운은, 경문의 제 세 번째 구절이다.
517 네 번째 운운은, 경문의 제 네 번째 구절이다.

四惑相應일새 成平等性이요 已證眞如하야 於多百門에 已得自在일새 成妙觀察이요 未捨異熟識體일새 不得大圓鏡智요 異熟旣存인댄 眼等五根이 是異熟生故로 亦未得成所作智니 此二는 直至佛果라야 方得이니라

번잡한 문장을 싫어할까 염려하여 그만둔다고 한 것은, 말하자면 『인왕경』하권 봉지품에 복인伏忍[518]의 상·중·하를 설하기를
하인下忍은 처음 현인이니 일 아승지겁이요,
중인中忍은 다음 현인이니 이 아승지겁이요,
상인上忍은 성인과 버금가나니 삼 아승지겁이요,
초지는 사 아승지겁이요,
내지 칠지는 십 아승지겁이 있는 것이요,
팔지는 일천 아승지겁이요,
구지는 일만 아승지겁이요,
십지는 백만 아승지겁이라 하였으니,
그런 까닭으로 초지 이전에 이미 삼 아승지겁을 지났다는 것이다.
모든 경전 가운데[519] 다분히 삼 아승지겁에 성불한다고 설한 것은

---

518 복인伏忍이라고 한 것은 오인五忍의 하나이다. 삼현보살은 번뇌를 끊었으나 완전히 끊지 못하여 잠복하는 번뇌가 남아 있기에 복인이라 하는 것이다.
519 모든 경전 가운데라고 한 등은, 어떤 사람이 말하기를 만약 『인왕경』을 의지한다면 십지 이전에 이미 삼 아승지겁을 지났다 하고, 모든 경론 가운데는 통틀어 말하기를 삼 아승지겁을 지나 성불한다 하니 어떻게 회통해야 하는가 할까 염려하기에 그런 까닭으로 여기에 그것을 해석한 것이다.

하인과 중인의 지위에는 보살의 모습이 숨고, 상현[520]의 지위에는 보살의 모습이 나타나기에 그런 까닭으로 다만 말하기를 삼 아승지겁을 지나야 성불한다고 한 것이다.

초지 이전 보살과 이승의 성자는 처음 지위(初地)에 들어감을 보고 다 구경究竟이라고 말하기에 그런 까닭으로 삼 아승지겁에 등정각을 성취한다고 설한 것이다 하였으니

또한 부처님이 방편으로 마땅함을 따라 설한 것이다.

그런 까닭으로 『보운경』에 말하기를 진실로 한량없는 아승지겁을 지난다 하였으니

화장세계품 초에 마땅히 다시 회석하겠다.

묘관찰지 등[521]을 얻었다고 한 것은 분별아집을 깨뜨림을[522] 인유하여

그 가운데 처음에는 모든 경론에 설한 것을 첩석하고, 바로 아래 하인·중인이라 한 이하는 『인왕경』의 뜻을 밝히고, 그 다음 줄에 초지 이전 보살이라고 한 이하는 모든 경론의 뜻을 설출한 것이니, 이미 초지 이전과 그리고 이승의 소견을 따른 까닭으로 우선 삼 아승지겁을 지나 성불한다고 말하였으나, 진실로는 무량 아승지겁을 지난 까닭으로 또한 『인왕경』에 십지 이전에 삼 아승지겁을 지났다는 뜻에 어긋남이 있지 않다는 것이니, 다시 이설異說을 늘어놓지 말 것이다. 역시 『잡화기』의 말이다.

520 상현은 상인上忍의 아성亞聖을 말한다.
521 『잡화기』에 등等 자가 있어야 한다 하였다.
522 분별아집을 깨뜨린다고 한 등은, 곧 유식종의 제육식과 제칠식의 원인 가운데 전轉하는 뜻이니, 이미 제칠식을 전하여 평등성지가 되고 제육식을 전하여 묘관찰지가 된다 하였거늘, 곧 이 가운데는 평등성지는 곧 제칠식을 깨뜨림을 밝히고 묘관찰지는 곧 제육식의 분별을 깨뜨린다고 말하지 아니한

제칠식이 사혹四惑[523]으로 더불어 상응하지 않기에 평등성지를 이루는 것이요,
이미 진여를 증득하여 수많은 백문百門에 이미 자재함을 얻었기에 묘관찰지를 이루는 것이요,
아직 이숙식[524]의 자체를 버리지 않았기에 대원경지를 얻지 못하는 것이요,
이숙식이 이미 존재한다면 안근 등 오근이 이 이숙에서 생겨나는 까닭으로 역시 아직 성소작지를 얻지 못하는 것이니,
이 두 가지는 바로 불과위에 이르러야 바야흐로 얻는 것이다.

것은 그 뜻이 심오함이 있는 것이다. 말하자면 평등성지로써 제칠식을 바라본즉 오직 염분染分을 전하여 정분淨分이 될 뿐만 아니라 또한 이에 차별을 돌이켜 평등을 이루는 것이니, 곧 그 문세가 서로 번복하는 까닭으로 반드시 아집을 깨뜨림을 인유하여 제칠식이 사혹으로 더불어 상응하지 않는다 말한 것이다. 묘관찰지로써 제육식을 바라본즉 다만 이 염분을 전하여 정분이 되는 것일지언정 모든 법을 분별하는 것은 다 같나니, 곧 그 문세가 서로 순하는 까닭으로 다만 수많은 백문百門에 이미 자재함을 얻었다고 말하는 것이다. 역시 『잡화기』의 말이다.

523 사혹四惑이란, 아치我痴와 아견我見과 아만我慢과 아애我愛이다.
524 이숙식이란, 제팔식이다.

經

一切法中離垢地에　　等衆生數持淨戒하며
已於多劫廣修行하며　　供養無邊諸佛海하니다

일체법 가운데 때를 떠난 지위(離垢地)에서
중생의 수와 같이 청정한 계를 가지며
이미 수많은 세월에 널리 수행하였으며
끝없는 모든 부처님의 바다에 공양하였습니다.

疏

二地에 四義하니 一은 擧法標名이요 二는 別地行相이요 三은 修行時分이요 四는 供佛多少라

이지二地에 네 가지 뜻이 있나니
첫 번째는[525] 법을 거론하여 이구지라는 이름을 표한 것이요,
두 번째는 별지別地의 행상行相[526]이요,
세 번째는 수행한 시간이요,
네 번째는 끝없는[527] 부처님께 공양한 것이다.

---

525 첫 번째 운운은, 차례와 같이 경문의 각각 한 구절을 말하고 있다.
526 별지別地의 행상行相이라고 한 것은, 말하자면 별지의 행상을 분별하는 것이니, 초지는 보시가 행상이 되고 이지는 지계가 행상이 되는 등이다. 역시 『잡화기』의 말이다.

527 원문에 다소多少를 경문을 의지하여 끝이 없다(無邊)고 해석하였으나 직역하면 부처님께 공양한 것이 많고 적은 것이라 해석할 것이다.

經

積集福德發光地에　　奢摩他藏堅固忍과
法雲廣大悉已聞하고　摩尼果中如是說하니다

복덕을 쌓아 모아 빛을 발한 지위(發光地)에서
사마타의 창고와 견고한 인욕과
진리의 구름이 광대한 것을 다 이미 듣고
마니의 과보 가운데서 이와 같이 연설하십니다.

疏

三地에 四義하니 一은 擧法標名이요 世間中極을 云積福德이요
二는 修諸禪定이요 三은 忍度偏多요 四는 聞持廣博이라

삼지에 네 가지 뜻이 있나니
첫 번째는 법을 거론하여 발광지라는 이름을 표한 것이니
세간 가운데 가장 극진함을 복덕을 쌓아 모은다고 말하는 것이요,
두 번째는 모든 선정을 닦는 것이요,
세 번째는 인욕바라밀이 특히(偏) 많은 것이요,
네 번째는 듣고 가지는 것이 넓고도 넓은 것이다.

鈔

世間中極者는 前三地가 寄同世間故니라

세간 가운데 가장 극진하다고 한 것은 앞에 삼지가 세간을 의지함에 같은 까닭이다.

經

焰海慧明無等地에　善了境界起慈悲하며
一切國土平等身을　如佛所治皆演暢하시다

불꽃 바다에 지혜의 광명이 같을 수 없는 지위(焰慧地)에서
경계를 잘 알고 자비를 일으키며
일체 국토와 평등한 몸을
부처님이 다스린 바와 같이 다 연창하십니다.

疏

四地에 四義하니 一은 歎慧標名이니 世無等故요 二는 了道品境이
니 異凡夫故요 三은 起慈悲니 異小乘故요 四는 淨身土니 離身見
故니라

사지에 네 가지 뜻이 있나니
첫 번째는 지혜를 찬탄하여 염혜지라는 이름을 표한 것이니
세간에서 같을 수 없는 까닭이요,
두 번째는 도품道品의 경계를 잘 아는 것이니
범부와 다른 까닭이요,
세 번째는 자비를 일으키는 것이니
소승과 다른 까닭이요,
네 번째는 청청한 몸과 국토이니

신견身見을 떠난 까닭이다.

離身見者는 寄出世間인댄 初에 同須陀洹故니라 又初地엔 斷分別身見하고 四地엔 斷俱生身見이라

신견을 떠났다고 한 것은 출세간을 의지한다면 처음에 수다원과 같은 까닭이다.
또 초지에서는[528] 분별신견을 끊고
사지에서는 구생신견을 끊는 까닭이다.

---

[528] 또 초지에서는이라고 한 등은, 이 위에는 지위를 의지함을 잡은 까닭으로 신견이 분별에 해당하고, 지금에는 근본위를 잡은 까닭으로 신견이 구생俱生에 해당하나니, 사지에 바야흐로 구생신견을 끊는다면 곧 이는 자비와 지혜가 평등한 보살이다. 역시 『잡화기』의 말이다.

經

普藏等門難勝地에　動寂相順無違反하며
佛法境界悉平等을　如佛所淨皆能說하니다

넓은 창고와 평등한 문의 이기기 어려운 지위(難勝地)에서
움직임(動)과 고요함(寂)이 서로 수순하여 위반함이 없으며
불법의 경계가 다 평등함을
부처님이 청정히 하신 바와 같이 다 능히 연설하십니다.

疏

五地에 四義하니 一은 標入地니 謂積集福智일새 故云普藏이라하
고 十平等心일새 故曰等門이라하니라 二는 標地名이요 三은 眞俗
極違를 會令相順이요 四는 諦法俗境을 無不等觀이라

오지에 네 가지 뜻이 있나니
첫 번째는 지위에 들어감을 표한 것이니
말하자면 복덕과 지혜를 쌓아 모으기에 그런 까닭으로 말하기를
넓은 창고라 하고,
열 가지 평등한 마음이기에 그런 까닭으로 말하기를 평등한 문이라
하는 것이다.
두 번째는 난승지라는 이름을 표한 것이요,
세 번째는 진·속[529]이 지극히 위반함을 회합하여 하여금 서로 수순하

게 하는 것이요,
네 번째는 진제의 법과 속제의 경계를 평등하게 관찰하지 아니함이 없는 것이다.

鈔

十平等心者는 三十六經에 入五地에 有十心하니 一은 過去佛法에 平等淸淨心이요 二는 未來요 三은 現在요 四는 戒요 五는 心이요 六은 除見疑悔요 七은 道非道智요 八은 修行智見이요 九는 於一切菩提分法을 上上觀察이요 十은 敎化一切衆生이라하니 皆有平等淸淨心하니라 四에 諦法俗境者는 良以十重으로 觀四諦故니라 四地出世하고 五地却入일새 云觀俗境이라하니라

열 가지 평등한 마음이라고 한 것은, 화엄 삼십육경에 오지에 들어감에 열 가지 마음이 있나니
첫 번째는 과거의 불법에 평등한 청정심이요,
두 번째는 미래요,
세 번째는 현재요,
네 번째는 계戒요,

---

529 진·속이라고 한 등은, 말하자면 앞에 세 가지 뜻은 속제에 막혀 진제를 어기는 것이고, 제 네 번째 뜻은 진제에 막혀 속제를 어기는 것이어늘, 지금에 오지인즉 중생을 교화하되 집착이 없고, 출세간의 지혜를 증득하되 작용을 일으키는 까닭이다. 역시 『잡화기』의 말이다.

다섯 번째는 마음이요,
여섯 번째는 소견과 의혹과 후회를 제거하는 것이요,
일곱 번째는 도道와 비도非道의 지혜요,
여덟 번째는 수행한 지혜를 보는 것이요,
아홉 번째는 일체 보리분법을 상상上上으로 관찰하는 것이요,
열 번째는 일체중생을 교화하는 것이다 하였으니
다 평등한 청정심이라는 말이 있다.

네 번째 진제의 법과 속제의 경계라고 한 것은 진실로 십중十重530으로써 사제를 관찰하는 까닭이다.
사지四地에서 세간을 벗어나고 오지五地에서 도리어 세간에 들어가기에 속제의 경계를 관찰한다 말한 것531이다.

---

530 십중十重이라고 한 것은 곧 사제이니, 거자권巨字卷 18장을 볼 것이다. 역시 『잡화기』의 말이다.

531 속제의 경계를 관찰한다 말한 것이라 한 것은, 소문에 진제의 법과 속제의 경계를 관찰하지 아니함이 없다 한 것을 분리하여 말한 것이다. 단 소문에는 반설反說로 말하고, 여기 초문에는 순설順說로 말한 것만 다를 뿐이다. 즉 관찰하지 아니함이 없다(반설) 하고, 관찰한다(순설)는 차이일 뿐이라는 것이다.

> 經

廣大修行慧海地에　一切法門咸遍了하며
普現國土如虛空하사　樹中演暢此法音하니다

광대하게 수행한 지혜 바다의 지위(慧海地)에서
일체 법문을 다 두루 알며
널리 국토를 앞에 나타내되 허공과 같이 하여
보리수 가운데서 이 법음을 연창하십니다.

> 疏

六地에 有四하니 一은 歎行이요 二는 標名이요 三은 正顯行相이니
卽了緣起法이요 四는 明地用이니 得十空三昧故니라

육지에 네 가지 뜻이 있나니
첫 번째는 수행을 찬탄한 것이요,
두 번째는 혜해지의 이름[532]을 표한 것이요,
세 번째는 바로 수행의 모습을 나타낸 것이니
곧 연기의 법을 아는 것이요,
네 번째는 지위의 작용을 밝힌 것이니
십공十空의 삼매를 얻은 까닭이다.

---

[532] 두 번째는 혜해지의 이름이라고 한 것은, 보통은 현전지現前地라 하나니 차라리 그 현전지의 뜻은 제삼구에 있다 할 것이다.

鈔

得十空三昧者는 卽六地末云호대 佛子야 菩薩이 住此現前地하야 得入空三昧와 自性空三昧와 第一義空三昧와 第一空三昧와 大空과 合空과 起空과 如實不分別空과 不捨離空과 離不離空이라하니 句句에 皆有三昧之言이며 結云호대 得如是十空三昧門이 爲首하야 百千空三昧門이 皆悉現前이라하니라

십공의 삼매를 얻은 까닭이라고 한 것은, 곧 육지 끝에 말하기를 불자야, 보살이 이 현전지에 머물러서 공삼매와
자성공 삼매와
제일의공 삼매와
제일공 삼매와
대공大空과
합공合空과
기공起空과
여실히 분별하지 않는 공과
버려 떠나지 않는 공과
떠나되 떠나지 않는 공에 들어감을 얻는다 하였으니
구절구절마다 다 삼매라는 말이 있으며,
맺어서 말하기를 이와 같은 십공의 삼매를 얻은 것이 으뜸이 되어 백천공 삼매문이 다 앞에 나타난다(現前) 하였다.

經

周遍法界虛空身과　普照衆生智慧燈과
一切方便皆淸淨과　昔所遠行今具演하니다

법계에 두루한 허공신과
널리 중생을 비추는 지혜등과
일체 방편이 다 청정함과
옛날에 멀리 행한 바(遠行地)를 지금에 갖추어 연설하십니다.

疏

七地에 有四하니 一은 先標果用이요 二는 照達群機요 三은 雙行巧
攝이요 四는 寄行標名이라

칠지에 네 가지 뜻이 있나니
첫 번째는 먼저 과신果身의 작용을 표한 것이요,
두 번째는 중생의 근기를 비추어 통달한 것이요,
세 번째는 신身·지智를 쌍행[533]하여 방편(巧)으로 섭수한 것이요,
네 번째는 행을 의지하여 원행지라는 이름을 표한 것이다.

---

533 쌍행이라고 한 것은, 『잡화기』에는 공 가운데 방편행과 유 가운데 수승한
행이 이것이니, 경문에 말한 청정이 곧 수승한 행과 같다 하였다. 그러나
나는 신身·지智의 쌍행으로 보나니 신身은 경문에 제일구이고, 지智는 경문에
제이구이다.

經

一切願行所莊嚴하며　無量刹海皆淸淨하며
所有分別無能動을　此無等地咸宣說하니다

일체 서원행[534]으로 장엄한 바이며
한량없는 국토의 바다가 다 청정하며
있는 바 분별로 능히 움직일 수 없음을
이 비등할 수 없는 지위(無等地)에서 다 선설하십니다.

疏

八地에 四義하니 一은 別地行相이요 二는 明淨土果요 三은 略釋地
名이요 四는 歎地結說이라

팔지에 네 가지 뜻이 있나니
첫 번째는 별지別地의 행상行相[535]이요,
두 번째는 정토과를 밝힌 것이요,
세 번째는 부동지의 이름을 간략하게 해석한 것이요,
네 번째는 지위를 찬탄하고 맺어서 말한 것이다.

---

534 서원행이란, 원願과 행행이 아니라 원행願行이다. 십바라밀 가운데 제 여덟
번째 부동지는 원행에 속한다.
535 별지의 행상이라고 한 것은, 별지別地는 일체행원一切行願이고, 행상行相은
소장엄所莊嚴이다.

經

無量境界神通力과　善入敎法光明力은
此是淸淨善慧地니　劫海所行皆備闡하다

한량없는 경계에 신통의 힘과
교법에 잘 들어간 광명의 힘은
이것은 청정한 선혜의 지위(善慧地)이니
수많은 세월(多劫)의 바다에 행한 바를 다 갖추어 밝히십니다.

疏

九地에 四義하니 一은 標地作用이요 二는 善達敎法이요 三은 標示地名이요 四는 廣行多劫이라

구지에 네 가지 뜻이 있나니
첫 번째는 지위의 작용을 표한 것이요,
두 번째는 교법을 잘 통달한 것이요,
세 번째는 선혜지의 이름을 표시한 것이요,
네 번째는 수많은 세월에 널리 수행한 것이다.

> 經

法雲廣大第十地에　　含藏一切遍虛空하며
諸佛境界聲中演하시니　此聲是佛威神力이니다

진리의 구름이 광대한 제 십지(法雲地)에서
일체를 포함하고 감추어 허공에 두루하게 하며
모든 부처님의 경계를 음성 가운데 연설하시니
이 음성은 부처님의 위신력입니다.

> 疏

十地에 有四하니 一은 標起地名이요 二는 含藏法雨요 三은 能蔽如空麁重이요 四는 深廣難測이니 故云佛境이라하니라 諸偈에 多有結說하니 文並可知니라

십지에 네 가지 뜻이 있나니
첫 번째는 법운지의 이름을 표기(標起)한 것이요,
두 번째는 진리의 비를 포함하고 감추고 있는 것이요,
세 번째는 능히 허공과 같아 거칠고 큰[536] 것을 가리는 것이요,
네 번째는 깊고도 넓어 측량하기 어려운 것이니

---

536 허공과 같아 거칠고 큰(麁)이라고 한 것은, 이 가운데 허공은 끝이 없다는 뜻을 취한 것이다. 역시 『잡화기』의 말이다.

그런 까닭으로 말하기를 부처님의 경계라 한 것이다.

모든 게송에 다분히 맺는말이 있나니[537]
문장은 아울러 가히 알 수가 있을 것이다.[538]

---

537 모든 게송에 다분히 맺는말이 있다고 한 것은, 모든 게송에 다 있다는 말은 아니다.
538 문장은 아울러 가히 알 수가 있을 것이라고 한 것은, 마지막 구절이 다 맺는말임을 알 수 있을 것이라는 것이다.

經

爾時에 善勇猛光幢菩薩摩訶薩이 承佛威神하야 觀察十方하고 而說頌言호대

그때에 선용맹광당 보살마하살이 부처님의 위신력을 받아 시방을 관찰하고 게송을 설하여[539] 말하기를,

疏

第十에 善勇猛의 說頌儀中에 前文은 多觀衆會어니와 此觀十方者는 觀衆은 表無偏心이요 觀方은 表說周遍이니 二文影略이라 十頌은 歎佛體用이 應機自在德이라 文分爲三호리니 初一은 總顯이요 次八은 別明이요 後一은 結歎歸佛이라 一一頌中에 各有四義하니라

제 열 번째 선용맹 보살이 게송을 설하는 의식 가운데 이 앞에 경문[540]에서는 다분히 모인 대중을 관찰한다고 하였거니와, 여기에서는 시방을 관찰한다고 한 것은, 대중을 관찰한다고 한 것은 치우침이 없는 마음을 표한 것이요,
시방을 관찰한다고 한 것은 설함이 두루함을 표한 것이니
두 문장이 그윽이 생략된 것이다.

---

539 이설而說이라 한 이而 자는 앞에서는 즉卽 자로 되어 있었다.
540 앞에 경문이라고 한 것은, 영인본 화엄 3책, p.358, 1행에 보관일체도량중해보普觀一切道場衆海라 한 것이 그 한 예이다.

열 가지 게송은 부처님의 자체와 작용이 근기에 응하는 자재한 공덕을 찬탄한 것이다.
문장을 나누어 세 가지로 하리니
처음에 한 게송은 한꺼번에 나타낸 것이요,
다음에 여덟 게송은 따로 밝힌 것이요,
뒤에 한 게송은 그 공덕을 찬탄함을 맺어 부처님께 돌리는 것이다.
낱낱 게송 가운데 각각 네 가지 뜻이 있다.

經

無量衆生處會中호대　　種種信解心淸淨할새
悉能悟入如來智케하시며　了達一切莊嚴境케하니다

한량없는 중생들이 회중에 거처하되
가지가지 믿고 이해하는 마음이 청정하기에
다 능히 여래지에 깨달아 들어가게 하시며
일체 장엄한 경계를 요달하게 하십니다.

疏

今初는 總歎佛이 令物悟入福智라 有四義者는 一은 多衆이요 二는 心異요 三은 悟智요 四는 了福이라 莊嚴은 卽福也니 亦通二嚴이라 皆佛令爾일새 故顯衆德이 卽爲歎佛이라

지금은 처음으로 부처님이 중생으로 하여금 복덕과 지혜에[541] 깨달아 들어가게 하는 것을 한꺼번에 찬탄한 것이다.
네 가지 뜻이 있는 것은
첫 번째는 수많은 대중이요,
두 번째는 믿고 이해하는 마음이 다른 것이요,
세 번째는 지혜에 깨달아 들어가게 하는 것이요,

---

[541] 중생 운운은, 중생은 제일구이고, 복덕은 제사구이고, 지혜는 제삼구이다.

네 번째는 복덕을 요달하게 하는 것이다.
장엄이라고 한 것은 곧 복덕이니
또한 두 가지 장엄에 통하는 것이다.
다 부처님이 하여금 그렇게 하게 한 것이기에 그런 까닭으로 중덕衆德[542]이 곧 부처님을 찬탄한 것을 나타낸 것이다.

---

542 중덕衆德이란, 수많은 공덕을 갖춘 보살을 말한다.

經

各起淨願修諸行하야　昔曾供養無量佛일새
能見如來眞實體와　　及以一切諸神變하니다

각각 청정한 서원을 일으키고 모든 행을 닦아서
옛날에 일찍이 한량없는 부처님께 공양하였기에
능히 여래의 진실한 자체와
그리고 일체 모든 신통변화를 봅니다.

疏

別中一은 見佛體用이라 亦四義니 一은 起願이요 二는 具行이요
三은 見體요 四는 見用이라

따로 나타내는 가운데 첫 번째 게송은 부처님의 자체와 작용을
보는 것이다.
또한 네 가지 뜻이 있나니
첫 번째는 서원을 일으킨 것이요,
두 번째는 행을 구족한 것이요,
세 번째는 여래의 자체를 보는 것이요,
네 번째는 여래의 작용을 보는 것이다.

經

或有能見佛法身이　無等無礙普周遍하며
所有無量諸法性이　悉入其身無不盡하니다

혹 어떤 사람은 능히 부처님의 법신이
비등할 수도 없고 걸림도 없고 널리 두루하며
소유한 한량없는 모든 법성이
다 그 몸 안에 들어가되 다함이 없음을 봅니다.

疏

二는 見法身이니 一은 勝故無等이요 二는 淨故無礙이요 三은 大故周遍이요 四는 深廣故包含이라

두 번째 게송은 법신을 보는 것이니
첫 번째는 그 법신은 가장 수승한 까닭으로 비등할 수 없는 것이요,
두 번째는 그 법신이 청정한 까닭으로 걸림이 없는 것이요,
세 번째는 그 법신이 큰 까닭으로 두루하는 것이요,
네 번째는 그 법신이 깊고도 넓은 까닭으로 포함하는 것이다.

經

或有見佛妙色身이 　 無邊色相光熾然하며
隨諸衆生解不同하야 　 種種變現十方中하니다

혹 어떤 사람은 부처님의 묘한 색신이
색상이 끝이 없고 광명이 치연하며
모든 중생이 아는 것이 같지 아니함을 따라서
가지가지 신통변화를 시방 가운데 나타내심을 봅니다.

疏

三은 見佛色身이니 一은 色妙니 謂如金等이요 二는 相具니 十華藏相等이요 三은 光盛이니 謂常放等이요 四는 隨機變이니 謂三尺無邊等이라

세 번째 게송은 부처님의 색신을 보는 것이니
첫 번째는 색신이 묘한 것이니
말하자면 금색과 같은 등이요,
두 번째는 색상을 구족한 것이니
십화장상十華藏相[543] 등이요,

---

[543] 십화장상十華藏相이라고 한 것은, 멀리는 화장세계품이고, 가까이는 영인본 화엄 3책, p.377, 6행을 참고할 것이다.

세 번째는 광명이 치성한 것이니
말하자면 상방常放 등이요,
네 번째는 근기를 따라 변화를 나타내는 것이니
말하자면 삼척三尺의 몸과 끝없는 몸544 등이다.

---

544 삼척의 몸이라고 한 것은 구사라瞿師羅 장자를 상대하여 시현한 바이고, 끝없는 몸이라고 한 것은 끝없는 보살을 상대하여 시현한 바이다. 역시 『잡화기』의 말이다.

經

或見無礙智慧身이　　三世平等如虛空하며
普隨衆生心樂轉하야　　種種差別皆令見하니다

혹 어떤 사람은 걸림 없는 지혜의 몸이
삼세에 평등하여 허공과 같으며
널리 중생의 마음에 즐거워함을 따라 전하여
가지가지로 차별함을 다 하여금 보게 하심을 봅니다.

疏

四는 見佛智身이니 一은 無礙니 眞俗無礙故요 二는 等空이니 稱法性故요 三은 知根이요 四는 巧現이라

네 번째 게송은 부처님의 지신智身을 보는 것이니
첫 번째는 걸림이 없는 것이니
진·속이 걸림이 없는 까닭이요,
두 번째는 허공과 같나니
법성에 칭합한 까닭이요,
세 번째는 중생의 근기를 아는 것이요,
네 번째는 방편으로 나타내는 것이다.

經

或有能了佛音聲이　　普遍十方諸國土하며
隨諸衆生所應解하야　爲出言音無障礙하니다

혹 어떤 사람은 능히 부처님의 음성이
널리 시방의 모든 국토에 두루하며
모든 중생이 응당 아는 바를 따라서
말과 음성을 내시지만 걸림이 없음을 압니다.

疏

五는 了佛音聲이니 一은 音普遍이요 二는 說應器요 三은 言同類요
四는 應無礙라

다섯 번째 게송은 부처님의 음성을 아는 것이니
첫 번째는 음성이 널리 두루한 것이요,
두 번째는 설하심이 근기에 응하는 것이요,
세 번째는 말이 그 부류와 같은 것이요,
네 번째는 응하심이 걸림이 없는 것이다.

經

或見如來種種光이　　種種照耀遍世間하며
或有於佛光明中에　　復見諸佛現神通하니다

혹 어떤 사람은 여래의 가지가지 광명이
가지가지로 비추어 세간에 두루함을 보며
혹 어떤 사람은 부처님의 광명 가운데서
다시 모든 부처님이 신통을 나타내심을 봅니다.

疏

六은 見佛光明이니 一은 多種이요 二는 遍照요 三은 見佛이요 四는 現變이라

여섯 번째 게송은 부처님의 광명을 보는 것이니
첫 번째는 광명이 여러 종류요,
두 번째는 두루 비추는 것이요,
세 번째는 부처님을 보는 것이요,
네 번째는 신통변화를 나타내는 것이다.

經

或有見佛海雲光이　　從毛孔出色熾然하며
示現往昔修行道하야　　令生深信入佛智하니다

혹 어떤 사람은 부처님의 바다에 구름 광명이
털구멍으로 좇아 치연한 색을 내며
지나간 옛날에 수행한 도를 시현하여
중생으로 하여금 깊이 믿어 부처님의 지혜에 들어가게 함을 봅니다.

疏

七은 見佛毛光이니 一은 顯光名이요 二는 明出處요 三은 示往因이요 四는 令信悟라

일곱 번째 게송은 부처님의 털구멍에 광명을 보는 것이니
첫 번째는 광명의 이름[545]을 나타낸 것이요,
두 번째는 광명이 나온 곳[546]을 밝힌 것이요,
세 번째는 지나간 인연을 시현한 것이요,
네 번째는 하여금 믿어 깨닫게 하는 것이다.

---

545 광명의 이름이란, 부처님의 바다에 구름 광명(佛海雲光)이다.
546 광명이 나온 곳이란, 부처님의 털구멍이다.

經

或見佛相福莊嚴하며　及見此福所從生하며
往昔修行諸度海를　皆佛相中明了見하니다

혹 어떤 사람은 부처님이 상호와 복덕으로 장엄함을 보며
그리고 이 복덕을 좇아 출생하는 바를 보며
지나간 옛날에 모든 바라밀 바다를 수행한 것을
다 부처님의 상호 가운데서 명료하게 봅니다.

疏

八은 見佛福相이니 一은 見福相이요 二는 了福因이요 三은 示因體
요 四는 明見處라

여덟 번째 게송은 부처님의 복덕과 상호를 보는 것이니
첫 번째는 복덕과 상호를 보는 것이요,
두 번째는 복덕의 원인을 요달한 것이요,
세 번째는 원인의 자체를 시현한 것이요,
네 번째는 보는 처소를 밝힌 것이다.

經

如來功德不可量과　充滿法界無邊際와
及以神通諸境界를　以佛力故能宣說하니다

여래의 공덕이[547] 가히 헤아릴 수 없는 것과
법계에 충만하여 끝이 없는 것과
그리고 신통의 모든 경계를
부처님의 힘을 사용한 까닭으로 능히 선설하였습니다.

疏

後一은 結歎德廣이니 一은 數多요 二는 深廣이요 三은 用普요 四는
結說이니 謂推功歸佛하고 謙己無能이라 上來의 總明第八大段에
座內衆流는 竟이라

뒤에 한 게송은 공덕이 넓은 것을 맺어 찬탄한 것이니
첫 번째는 여래의 공덕의 수가 많은 것이요,
두 번째는 여래의 공덕이 깊고도 넓은 것이요,
세 번째는 신통 작용이 넓은 것이요,
네 번째는 맺어서 설한 것이니

---

547 여래 공덕 운운한 이 한 게송은, 선용맹광당 보살이 부처님의 힘을 빌려
　　설하였다고 토로하고 있는 것이다.

말하자면 공덕을 미루어 부처님께 돌리고 자기는 능한 것이 없다고 겸손해하는 것이다.

상래의 제 여덟 번째 큰 단락에 사자의 자리 안에 수많은 부류의 대중을 모두 밝힌 것을 마친다.

經

爾時에 華藏莊嚴世界海가

그때에 화장장엄세계의 바다가

疏

自下는 第九에 明天地徵祥이니 謂動地興供이 卽是顯證이라 上來에 佛成正覺하시니 衆海雲集하야 各申慶讚하야 顯佛高深이나 而下稱機情하고 上協佛願일새 故로 世主가 爲之興供하고 天地가 爲之呈祥이라 就文分二호리니 先은 動地요 後는 興供이라 前中三이니 一은 動處요 二는 動因이요 三은 動相이라 今初는 自陝之寬일새 且云華藏거니와 約下結通인댄 實周法界니라

이 아래부터는 제 아홉 번째 하늘과 땅의 상서로운 징조를 밝힌 것이니,
말하자면 땅을 진동하고 공양을 일으킨 것이 곧 이 증거를 나타낸 것이다.
상래에 부처님이 정각을 성취하시니 대중들(衆海)이 구름처럼 모여 각각 경사하고 찬탄함을 펴서 부처님이 높고도 깊으시지만, 아래로는 중생의 마음에 칭합하고 위로는 부처님의 서원에 도움을 나타내기에 그런 까닭으로 세주世主가 그를 위하여[548] 공양을 일으키고 하늘과 땅이 그를 위하여 상서를 나타낸 것이다.

경문에 나아가 두 가지로 분류하리니
먼저는 땅을 진동하고,
뒤에는 공양을 일으킨 것이다.
앞에 땅을 진동하는 가운데 세 가지가 있나니
첫 번째는 진동하는 처소요,
두 번째는 진동하는 원인이요,
세 번째는 진동하는 모습이다.
지금은 처음으로 좁은 곳으로부터 넓은 곳으로 나아가기에 우선 화장세계라 말하였거니와, 아래에 맺어 통설함을 잡는다면 진실로 법계에 두루한다 할 것이다.

鈔

自狹之寬者는 娑婆爲狹하고 華藏爲寬也라

좁은 곳으로부터 넓은 곳으로 나아간다고 한 것은 사바세계로 좁은 곳을 삼고 화장세계로 넓은 곳을 삼는 것이다.

疏

諸天重重이 並華藏之內일새 故云其地라하니 何所不該리요

___

548 세주 운운은 영인본 화엄 3책, p.375, 7행에 있다.

모든 하늘의 중중무진한 것이 화장세계 안에 병합하여 있기에 그런 까닭으로 말하기를 그 땅이라 하였으니,[549] 어찌 해라該羅하지 못할 바이겠는가.

諸天重重下는 通妨難이라 難云호대 旣言華藏地動인댄 華藏之地는 乃在大蓮華地面하고 今娑婆界는 當第十三重하나니 曾何是地리요 設若是地라도 是娑婆地요 卽非華藏이라할새 故로 今通云호대 乃有 二意하니 一은 以本該末이니 謂擧華藏하야 總該刹網故라 二는 十重 皆華藏內어든 況第十三下가 豈非地耶아

모든 하늘의 중중무진한 것이라고 한 아래는 방해하여 비난함을 통석한 것이다.

비난하여[550] 말하기를 이미 화장세계의 땅이 진동한다고 말하였다면

---

549 그 땅이라 말한 것은 영인본 화엄 3책, p.373, 4행 그 땅(其地)이라 한 것이다.
550 비난한다고 한 것은, 곧 위에 좁은 것으로 좇아 넓은 곳에 이른다(4행 앞에 今初는 自狹之寬이라고 했다)고 한 것을 밟아 비난함을 생기한 것이다. 그러나 두 가지 뜻을 포함하고 있나니, 첫 번째는 말하기를 이미 화장세계의 땅은 가장 하면下面에 있고 사바세계는 그 제십삼중에 해당하나니, 곧 사바세계가 화장세계의 땅을 바라봄에 스스로 응당 이 하늘이어늘 일찍이 어찌 이 땅이겠는가 하기에 곧 근본이 그 지말을 갖추고 있는 것으로써 통석한 것이다. 이미 근본이 지말을 갖추고 있는 까닭으로 사바세계도 또한 이 땅이 되는 것이다.
두 번째는 말하기를 설사 사바세계가 이 땅이라고 할지라도 스스로 이

화장세계의 땅은 이에 대연화장세계의 땅 표면에 있고, 지금의 사바세계는 제십삼중重에 해당하나니 일찍이 어찌 이 땅이겠는가. 설사 만약 이 땅이라 할지라도 이 사바세계의 땅이고, 곧 화장세계의 땅은 아니다 하기에 그런 까닭으로 지금에 통석하여 말하기를 이에 두 가지 뜻이 있나니
첫 번째는 근본으로써 지말을 해라 하는 것이니
말하자면 화장세계를 거론하여 국토 그물 세계를 모두 해라 하는 까닭이다.
두 번째는 십중 제천이 다 화장세계 안에 있거든 하물며 제 십삼중 아래 세계가 어찌 이 땅이 아니겠는가.

疏

又染淨融故로 雖標摩竭이나 而地震華藏이라

또 염·정의 세계가 융합한 까닭으로 비록 마갈타의 땅을 표하였지만 그러나 그 땅이 화장세계를 진동하는 것이다.

사바세계의 땅이요 곧 화장세계의 땅이 아니다. 곧 지금에 다만 화장세계의 땅만 진동하거니, 어찌 가히 사바세계의 땅이 또한 진동하겠는가 하기에 곧 염토가 정토로 더불어 융합하는 것으로써 통석한 것이다. 이미 염토가 곧 정토인 까닭으로 정토가 진동함에 염토도 또한 진동하는 것이다. 역시 『잡화기』의 말이다.

鈔

二에 又染淨融故下는 染淨交徹이니 通摩竭之地가 便是金剛이라 染淨旣融일새 是故로 一動一切動也니라

두 번째[551] 또 염·정의 세계가 융합한 까닭이라고 한 아래는 염정의 세계가 서로 사무치는 것이니,
마갈타의 땅이 곧 금강의 땅에 통하는 것이다.
염·정의 세계가 이미 융합하였기에 이런 까닭으로 한 세계가 진동함에 일체 세계가 진동하는 것이다.

---

551 두 번째라고 한 이자二字는, 소문에는 없다.

經

以佛神力으로

부처님의 신통력으로써

疏

二에 動因中에 就主顯勝일새 但明佛力거니와 感應道交인댄 亦由物機니라 然이나 汎明動因에 總有其十하니 今엔 當轉法輪하며 亦兼成道니라 餘如別章하니라

두 번째 진동하는 원인 가운데는 주主에 나아가 수승함을 나타내기에 다만 부처님의 신통력만을 밝혔거니와
감·응하는 도道가 서로 사무침에 나아간다면 또한 중생의 근기를 인유한 것이라 할 것이다.
그러나 보통 진동하는 원인을 밝힘에 모두 그 열 가지가 있나니 지금에는 법륜을 전할 때에 진동함에 해당하며
또한 성도할 때에 진동함도 겸하였다.
나머지는 별장別章과 같다.

鈔

餘如別章者는 卽敎義分齊中明이니 謂智論에 引長阿含第二云호대

有八因緣하니 一은 大水動時動이요 二는 尊神試力時動이요 三은 如來入胎時動이요 四는 出胎요 五는 成道요 六은 轉法輪이요 七은 息敎요 八은 涅槃時요 九는 依增一二十八하야 更加大神足比丘가 心得自在하고 乃至觀地無相일새 故令地動이라 十은 智論云호대 授菩薩記하야 當於此界에 作佛之時에 地神喜故로 所以動也라하니라

나머지는 별장과 같다고 한 것은 곧 『교의분제장』[552] 가운데 밝힌 것이니,

말하자면 『지도론』에서 『장아함경』 제이권을 인용하여 말하기를 여덟 가지 인연이 있나니

첫 번째는 큰물이 움직일 때에 진동하는 것이요,

두 번째는 존엄한 신神이 힘을 시험할 때 진동하는 것이요,

세 번째는 여래가 태중에 들어갈 때에 진동하는 것이요,

네 번째는 태중에서 나올 때에 진동하는 것이요,

다섯 번째는 성도할 때에 진동하는 것이요,

여섯 번째는 법륜을 전할 때에 진동하는 것이요,

일곱 번째는 가르침을 쉴 때에 진동하는 것이요,

여덟 번째는 열반할 때에 진동하는 것이요,

아홉 번째는 『증일아함경』 이십팔권을 의지하여 다시 대신족 비구가 마음에 자재를 얻고 내지 땅이 무상無相함을 관찰하기에 그런 까닭으

---

552 『교의분제장』이라고 한 것은 현수스님의 『화엄일승교의분제장』이니, 『오교장』 또는 『화엄오교장』이라고도 한다.

로 땅으로 하여금 진동하게 한다고 함을 더하였다.

열 번째는 『지도론』에 말하기를 보살에게 수기를 주어 마땅히 이 세계에서 부처가 될 때에 지신地神들이 환희하는 까닭으로 진동하는 바라 하였다.

經

其地一切가 六種 十八相으로 震動하니 所謂 動과 遍動과 普遍動이며 起와 遍起와 普遍起며 踊과 遍踊과 普遍踊이며 震과 遍震과 普遍震이며 吼와 遍吼와 普遍吼며 擊과 遍擊과 普遍擊이니다

그 땅의 일체가 여섯 가지[553]에 열여덟 모습으로 진동하였으니, 말하자면 움직이는 것과 두루 움직이는 것과 널리 두루 움직이는 것이며,
일어나는 것과 두루 일어나는 것과 널리 두루 일어나는 것이며,
솟는 것과 두루 솟는 것과 널리 두루 솟는 것이며,
진동하는 것과 두루 진동하는 것과 널리 두루 진동하는 것이며,
으르렁거리는 것과 두루 으르렁거리는 것과 널리 두루 으르렁거리는 것이며,
치는 것과 두루 치는 것과 널리 두루 치는 것이었습니다.

疏

三에 動相者는 其地下가 是라 震은 卽是聲이요 動은 卽是形이니 聲은 兼吼擊하고 形은 兼起踊일새 故有六種하니 此六各三일새 成十八相이라 搖颺不安이 爲動이요 自下漸高가 爲起요 忽然騰擧

---

553 여섯 가지라고 한 것은, 여섯 가지 가운데 앞에 동동과 기起와 용踊은 형상形相이고, 뒤에 진震과 후吼와 격擊은 음성音聲이다.

가 爲踊이요 隱隱出聲이 爲震이요 雄聲郁遏이 爲吼요 砰磕發響이 爲擊이라 十八相者는 唯一方動인댄 直爾名動이요 四方이 若次第어나 若一時動者인댄 名爲遍動이요 若八方이 次第어나 或一時動인댄 名普遍動이라 又四方과 八方과 十方이 如次인댄 名三相動이요 又一方獨動거나 十方次第動거나 十方同時動인댄 又爲三相이니 餘五는 例之니라 然이면 動何所爲고 依勝思惟梵天經인댄 所爲有七하니 一은 令諸魔怖故요 二는 爲說法時에 大衆心으로 不散亂故요 三은 令放逸者로 生覺知故요 四는 令衆生으로 知法相故요 五는 令衆生으로 觀說法處故요 六은 令成熟者로 得解脫故요 七은 令隨順하야 問正義故라하니 此上七緣이 正是今經의 所爲니라 地論有四하니 非當此文이라 上約外器어니와 若心地와 聖賢地와 法性地라도 亦有震動等義하니 可以虛求니라

세 번째 진동하는 모습이라고 한 것은 그 땅 아래에서 진동하는 것이 이것이다.
진震은 곧 이 소리요,
동動은 곧 이 형상이니
소리는 후吼와 격擊을 겸하였고,
형상은 기起와 용踊을 겸하였기에 그런 까닭으로 여섯 가지가 있나니,
이 여섯 가지가 각각 셋이 있기에 열여덟 모습을 이루는 것이다.
흔들어 날려[554] 불안한 것이 동動이 되고,

아래로부터 점점 높아지는 것이 기起가 되고,

홀연히 올라와 들리는 것이 용踊[555]이 되고,

은은하게 소리를 내는 것이 진震이 되고,

큰 소리[556]가 성하게 머무는[557] 것이 후吼가 되고,

돌 구르는 소리[558]가 메아리를 일으키는 것이 격擊이 되는 것이다.

열여덟 모습이라고 한 것은 오직 한 방소만 진동(動)[559]한다면 바로 그 이름을 움직인다(動) 하고,

사방이 만약 차례로 진동하거나 만약 일시에 진동한다면 그 이름을 두루 움직인다(徧動) 하고,

만약 팔방이 차례로 진동하거나 혹 일시에 진동한다면 그 이름을 널리 두루 움직인다(普徧動) 하는 것이다.

또 사방·팔방·시방이 차례와 같이 진동한다면 이름이 세 가지 모습의 진동이 되고,

또 한 방소만 오직 진동하거나 시방이 차례로 진동하거나 시방이 동시에 진동한다면 또한 이름이 세 가지 모습의 진동이 되는 것이니,

---

554 颺은 날릴 양이다.

555 여기에 용踊은 용聳(솟을 용)의 뜻이 더 강하다 하겠다. 즉 용탑踊塔은 높이 솟은 탑이고 용현踊現은 높이 나타난 것이니, 踊과 聳은 뜻이 통한다 하겠다.

556 큰 소리(雄聲)는, 수사자 소리의 비유어이다.

557 郁은 성할 욱이다. 遏은 머무를 알이다.

558 砰은 돌 구르는 소리 팽이고, 磕는 돌 구르는 소리 개다.

559 여기서 동動을 진동이라 한 것은, 통칭 육종진동이라는 관점에서 진동이라 한 것이고, 진震과 동動을 구분하여 말한 것은 아니다.

나머지 다섯 가지 진동의 모습은 이것을 비례할 것이다.

그러면 진동하는 까닭이[560] 무엇인가.
『승사유범천경』[561]을 의지한다면 그 까닭이 일곱 가지가 있나니
첫 번째는 모든 마군으로 하여금 공포에 떨게 하는 까닭이요,
두 번째는 법을 설할 때에 대중의 마음으로 하여금 산란하지 않게 하는 까닭이요,
세 번째는 방일하는 사람으로 하여금 깨달아 아는 마음을 내게 하는 까닭이요,
네 번째는 중생으로 하여금 법상을 알게 하는 까닭이요,
다섯 번째는 중생으로 하여금 설법하는 처소를 관찰하게 하는 까닭이요,
여섯 번째는 성숙한 사람으로 하여금 해탈을 얻게 하는 까닭이요,
일곱 번째는 하여금 수순하여 정의를 묻게 하는 까닭이다 하였으니,
이상의 일곱 가지 인연이 바로 이 『화엄경』에서 진동하는 까닭이다.
『십지론』에는 그 까닭이 네 가지가[562] 있나니
여기 경문에는 해당하지 않는다.

---

560 까닭(所為)이 일곱 가지가 있다고 한 등은, 『대명법수』를 볼 것이다. 『잡화기』의 말이다.
561 『승사유범천경』이란, 곧 『사익범천소문경思益梵天所問經』이니 축법호가 번역한 것을 『지심범천소문경』(4권)이라 하고, 보리유지가 번역한 것을 『승사유범천소문경』(6권)이라 한다.
562 『십지론』에는 그 까닭이 네 가지라고 한 것은 초문에 있다.

이상은 밖의 기세계器世界를563 잡아 말하였거니와, 만약 마음의 땅과 성현의 땅과 법성의 땅을 잡아 말할지라도 또한 진동 등의 뜻이 있나니
가히 빈 마음으로써 구할 것이다.

鈔

地論有四者는 第十二論云호대 器世間中에 依四種衆生聚하니 一은 依不善衆生이요 二는 依信種種天衆生이요 三은 依我慢衆生이요 四는 依呪術衆生이니 爲此衆生이 下中上의 次第差別故로 動으로 乃至 吼니 如是十八句의 異義가 應知如是生信功德이라하니라 言非當此文者는 始成正覺하사 便演一乘에 皆是海會어니 何有不善等이리요 據別行經하야 順別機故로 論爲此釋하니라

『십지론』에 그 까닭이 네 가지가 있다고 한 것은 『십지론』 제 십이론에 말하기를 기세간 가운데 네 가지 중생의 모임을 의지하나니
첫 번째는 불선한 중생을 의지하는 것이요,
두 번째는 가지가지 하늘을 믿는 중생을564 의지하는 것이요,

---

563 기세계器世界 운운은, 원문에 외기外器는 기세계器世界이고, 심지心地는 중생세계衆生世界이고, 성현지聖賢地와 법성지法性地는 지정각세계智正覺世界이다. 『잡화기』는 만약 마음의 땅이라 한 등은 그 뜻이 안과 밖이 두 가지 자체가 없음을 현시한 것이다 하였다.

564 가지가지 하늘을 믿는 중생이라고 한 것은, 가지가지 하늘이 있다고 믿는 중생이다. 역시 『잡화기』의 말이다.

세 번째는 아만 중생을 의지하는 것이요,
네 번째는 주술 중생을 의지하는 것이니,
이 중생들이 하·중·상의[565] 차례가 차별한 까닭으로 동動으로 이에 후吼에 이르나니,[566]
이와 같이 십팔 구절의 다른 뜻이 응당 이와 같이 믿음을 내는 공덕인 줄 알아야 할 것이다 하였다.

여기 경문에는 해당하지 않는다고 말한 것은 비로소 정각을 성취하여 문득 일승을 설함에 다 이 해회海會의 대중이거니 어찌 불선한 중생 등이[567] 있겠는가.
별행경(『十地經』)[568]을 의지하여 차별한 근기를 수순하는 까닭으로 『십지경론』에 이 해석을 하였다.

---

[565] 중생들이 하·중·상이라고 한 것은, 강사가 말하기를 처음에 두 가지 중생은 下이고 세 번째 아만은 中이니, 아만은 정법淨法에 통하는 까닭이고 네 번째 주술은 上이라 하니 과연 그런가. 역시 『잡화기』의 말이다.

[566] 이에 후吼에 이른다고 한 것은, 『십지론경』에는 후吼가 제 여섯 번째 해당하는 까닭이다. 역시 『잡화기』의 말이다.

[567] 이 해회海會의 대중이라고 한 것은 평등중생平等衆生이고, 불선한 중생 등이라고 한 것은 차별중생差別衆生이다.

[568] 별행경(『十地經』)이라고 한 등은, 여기에 인용한 『십지경론』에서 중생의 차별행을 설하고 있기에 증거한 것이다.

經

此諸世主가 一一皆現不思議諸供養雲하야 雨於如來道場衆海하니

이에 모든 세주들이 낱낱이 다 사의할 수 없는 모든 공양의 구름을 나타내어 여래 도량의 대중 바다에 비 내리듯 하니

疏

二에 興供中에 三이니 一은 標數라 同生之衆도 亦得稱主니 爲物依故니라

두 번째 공양을 일으키는 가운데 세 가지가 있나니
첫 번째는 공양 구름의 수를 표한 것이다.
동생同生[569] 대중도 또한 세주라고 이름함을 얻나니
중생의 의지처가 되는 까닭이다.

---

569 동생同生이란, 보살을 말한다.

經

所謂 一切香華莊嚴雲과 一切摩尼妙飾雲과 一切寶焰華網雲과 無邊種類摩尼寶圓光雲과 一切衆色寶眞珠藏雲과 一切寶栴檀香雲과 一切寶蓋雲과 淸淨妙聲摩尼王雲과 日光摩尼瓔珞輪雲과 一切寶光明藏雲과 一切各別莊嚴具雲이니 如是等諸供養雲이 其數無量하야 不可思議니이다

말하자면 일체 향과 꽃으로 장엄한 구름과
일체 마니로 묘하게 꾸민 구름과
일체 보배 불꽃에 꽃 그물의 구름과
끝없는 종류의 마니 보배에 원만한 광명의 구름과
일체 수많은 색깔에 보배 진주 창고의 구름과
일체 보배 전단향의 구름과
일체 보배 일산의 구름과
청정하고 묘한 소리가 나는 마니왕의 구름과
일광 마니에 영락 바퀴의 구름과
일체 보배에 광명창고의 구름과
일체가 각각 차별한 장엄기구의 구름이니,
이와 같은 등 모든 공양의 구름이 그 수가 한량이 없어서 가히 사의할 수가 없었습니다.

疏

二에 所謂下는 略列이라

두 번째 말하자면이라고 한 아래는 간략하게 공양의 구름을 열거한 것이다.

經

此諸世主가 一一皆現如是供養雲하야 雨於如來道場衆海하야 靡不周遍하니다

이에 모든 세주들이 낱낱이 다 이와 같은 공양의 구름을 나타내어 여래 도량의 대중 바다에 비 내리듯 하여 두루하지 아니함이 없었습니다.

疏

三에 此諸下는 結遍이라

세 번째 이에 모든 세주들이라고 한 아래는 공양의 구름이 두루함을 맺는 것이다.

經

如此世界中에 一一世主가 心生歡喜하야 如是供養인다하야

이 세계 가운데 낱낱 세주들이 마음에 환희를 내어 이와 같이 공양하는 것과 같아서

疏

第十에 如此下는 結通無盡이라 文分有二하니 一은 結華藏內요 二는 結華藏外라 前中亦二니 先擧此界라

제 열 번째 이 세계에서 공양하는 것과 같다고 한 아래는 끝이 없음을 맺어 통석한 것이다.
경문을 나눔에 두 가지가 있나니
첫 번째는 화장세계 안이 끝이 없음을 맺어 통석한 것이요,
두 번째는 화장세계 밖이 끝이 없음을 맺어 통석한 것이다.
앞의 화장세계 안에 또한 두 가지가 있나니
먼저는 이 세계를 거론한 것이다.

> 經

其華藏莊嚴世界海中에 一切世界의 所有世主도 悉亦如是하야 而爲供養하며

그 화장장엄세계 바다 가운데 일체 세계에 있는 바 세주들도 다 또한 이와 같이 공양하였으며

> 疏

二에 其華藏下는 類華藏中에 一切世界라 於中三이니 初는 類衆海興供이니 一切世界者는 謂華藏中에 有十不可說佛刹微塵數의 世界種하고 一一種中에 各有不可說不可說佛刹微塵數의 世界어든 彼等一切諸世界中에 悉有世主하야 而爲供養하니라

두 번째 그 화장장엄세계라고 한 아래는 화장세계 가운데 일체 세계를 비류比類한 것이다.
그 가운데 세 가지가 있나니
처음에는 여래 도량의 대중 바다에서 공양을 일으킨 것을 비류한 것이니
일체 세계라고 한 것은 말하자면 화장세계 가운데 열 곱절 가히 말할 수 없는 부처님 국토의 작은 티끌 수만치 많은 세계종이 있고, 낱낱 세계종에 각각 가히 말할 수 없고 가히 말할 수 없는 부처님 국토의 작은 티끌 수만치 많은 세계가 있거든,

저런 등 일체 모든 세계 가운데
다 세주가 있어서 공양하는 것이다.

> 經

其一切世界中에 悉有如來坐於道場하며

그 일체 세계 가운데 다 여래가 도량에 앉아 계셨으며

> 疏

二에 其一切下는 類佛坐道場이라 然有二義하니 一은 彼諸世主가 各供當處之佛이요 二는 彼諸世主가 亦供此佛하며 此佛도 亦坐彼界道場이라

두 번째 그 일체라고 한 아래는 부처님이 도량에 앉아 계심을 비류한 것이다.
그러나 두 가지 뜻이 있나니
첫 번째는 저 모든 세주들이 각각 그곳의 부처님께 공양한 것이요,
두 번째는 저 모든 세주들이 또한 이곳의 부처님께 공양하며 이곳의 부처님도 또한 저 세계 도량에 앉아 계시는 것이다.

經

一一世主가 各各信解하며 各各所緣하며 各各入三昧方便門하며 各各修習助道法하며 各各成就하며 各各歡喜하며 各各趣入하며 各各悟解諸法門하며 各各入如來神通境界하며 各各入如來力境界하며 各各入如來解脫境界하니다

낱낱 세주들이 각각 믿고 이해하였으며,
각각 반연하는 바가 있었으며,
각각[570] 삼매와 방편문에 들어갔으며,
각각 도를 돕는 법을 닦아 익혔으며,
각각 성취하였으며,
각각 환희하였으며,
각각 취입하였으며,
각각 모든 법문을 깨달아 알았으며,
각각 여래의 신통 경계에 들어갔으며,
각각 여래력의 경계에 들어갔으며,
각각 여래의 해탈 경계에 들어갔습니다.

---

570 각각各各이라 한 아래에 입入 자가 있어야 좋기에 삽입하였다.

疏

三에 一一下는 類結大衆得法이라 於中에 有十一句하니 爲聞法得益이라 得益有三하니 一은 聞益이니 各各信解故니 謂信其言하고 而解其義요 二는 思益이니 謂於所對에 審緣慮故요 三은 修益이라 修益有七하니 一은 修門이니 謂三昧方便故요 二는 修法이니 謂資糧助道故요 三은 修果니 契理成就故요 四는 修益이니 隨有所得하야 成法喜故요 五는 修轉이니 各各趣入無量乘門과 及衆生界故요 六은 修同이니 悟解法門이 合先聖故요 七은 修極이라 修極有三하니 一은 大悲極하야 入佛神通境이니 入佛神通境은 但爲益生故라 此成恩德이라 二는 大智極하야 入佛力境이니 如來力境은 悲智超絶하야 無能及故라 成佛智德이라 三은 自在極하야 入如來解脫門이니 盡一切障하야 心境自在라 成佛斷德이며 亦卽是前에 諸解脫門이라

세 번째 낱낱 세주들이라고 한 아래는 대중들이 법을 얻음을 비류하여 맺은 것이다.
그 가운데 열한 구절이 있나니
법문을 듣고 이익을 얻은 것이다.
이익을 얻음에 세 가지가 있나니
첫 번째는 문익聞益이니
각각 믿고 이해하는 까닭이니, 말하자면 그 말을 믿고 그 뜻을 이해하는 것이요

두 번째는 사익思益이니

말하자면 상대하는 바에 반연하는 생각을 살피는 까닭이요,

세 번째는 수익修益이다.

수익에 일곱 가지가 있나니

첫 번째는 수문修門이니

말하자면 삼매와 방편인 까닭이요,

두 번째는 수법修法이니

말하자면 자량과 조도[571]법인 까닭이요,

세 번째는 수과修果니

이치에 계합하여 성취하는 까닭이요,

네 번째는 수익修益이니

얻을 바가 있음을 따라 법희를 성취하는 까닭이요,

다섯 번째는 수전修轉이니

각각 한량없는 승문乘門과 그리고 중생의 세계에 취입하는 까닭이요,

여섯 번째는 수동修同이니

법문이 선성先聖에 부합함을 깨달아 아는 까닭이요,

일곱 번째는 수극修極이다.

수극에는 세 가지가 있나니

첫 번째는 대비가 지극하여 부처님의 신통 경계에 들어가는 것이니,

부처님의 신통 경계에 들어가는 것은 다만 중생을 이익케 하기

---

[571] 자량과 조도는 『불교사전』을 참고할 것이다.

위한 까닭이다.

이것은 부처님의 은덕恩德을 성립한 것이다.

두 번째는 대지가 지극하여 불력佛力의 경계에 들어가는 것이니, 여래력의 경계는 대비와 대지가 초절超絶하여 능히 미칠 수 없는 까닭이다.

이것은 부처님의 지덕智德을 성립한 것이다.

세 번째는 자재가 지극하여 여래의 해탈문에 들어가는 것이니, 일체 장애를 다하여 마음과 경계가 자재한 것이다.

이것은 부처님의 단덕斷德을 성립한 것이며

또한 곧 이 앞에 모든 해탈문572을 성립한 것이기도 하다.

---

572 이 앞에 모든 해탈문이란, 세주묘엄품 초두에 모든 세주들이 얻은 해탈문과 영인본 화엄 3책, p.237, 8행 이하 십보十普 보살들이 얻은 해탈문을 말한다.

經

如於此華藏世界海하야 十方盡法界와 虛空界와 一切世界海中에 悉亦如是하니다

이 화장세계의 바다와 같아서 시방의 모든 법계와 허공계와 일체 세계의 바다 가운데도 다 또한 이와 같았습니다.

疏

二에 如於此下는 結華藏外니 謂以華藏으로 例於法界에 各有此會하야 同爲一大法界會하야사 方是華嚴無盡說耳니라 上來의 十段에 總明敎起因緣分은 竟이라

두 번째 이 화장세계의 바다와 같다고 한 아래는 화장세계 밖이 끝이 없음을 맺어서 통석한 것이니,
말하자면 화장세계로써 법계에 각각 이 회회가 있어서 동일한 하나의 대법계회가 되어야 바야흐로 『화엄경』의 무진설법이 됨을 비례한 것이다.

상래의 십단에 모두 교기인연분[573]을 밝힌 것을 마친다.

---

[573] 교기인연분은 거과권락생신분의 열 가지 가운데 첫 번째이니, 이 세주묘엄품의 한 품이다. 따라서 세주묘엄품이 끝났다는 것이다. 다시 말하면 이 교기인연분 가운데 십단이 있나니, 一은 자기가 들은 것을 한꺼번에 나타내고,

---

二는 주主와 시時와 처處를 표하고, 三은 시간을 따로 밝히고, 四는 처소의 장엄을 따로 나타내고, 五는 교주의 사의하기 어려움을 나타내고, 六은 대중이 구름처럼 모이고, 七은 공덕을 칭양하여 찬송하고, 八은 사자의 자리 안에 수많은 부류의 대중이 있고, 九는 하늘과 땅이 상서로운 징조를 보이고, 十은 끝이 없음을 맺어 통석한 것이다. 이 십단이 다 교기인연분을 말하고 있는 것인데 이것이 다 끝났다는 것이다. 이 열 가지는 세주묘엄품 일자권日字卷 상권 초두에 있다.

청량 징관(淸凉 澄觀, 738~839)

중국 화엄종의 제4조.

절강성浙江省 월주越州 산음山陰 사람으로, 속성은 하후夏侯, 자는 대휴大休, 탑호는 묘각妙覺이다.

11세에 출가하여 계율, 삼론, 화엄, 천태, 선 등을 비롯, 내외전을 두루 수학하였다. 40세(777년) 이후 오대산 대화엄사에 머물면서 『화엄경』을 여러 차례 강설하였으며, 이를 토대로 『대방광불화엄경소』 60권, 『대방광불화엄경수소연의초』 90권을 저술하고 강의하였다. 796년에는 반야삼장의 『40권 화엄경』 번역에 참여하였고, 덕종에게 내전에서 화엄의 종지를 펼쳤다. 덕종에게 청량국사淸凉國師, 헌종에게 승통청량국사僧統淸凉國師라는 호를 받는 등 일곱 황제의 국사를 지냈다.

저서로 『화엄경주소華嚴經註疏』, 『화엄경수소연의초華嚴經隨疏演義鈔』, 『화엄경강요華嚴經綱要』, 『화엄경략의華嚴經略義』, 『법계현경法界玄鏡』, 『삼성원융관문三聖圓融觀門』 등 400여 권이 있다.

관허 수진貫虛 守眞

1971년 문성 스님을 은사로 출가, 1974년 수계, 해인사 강원과 금산사 화엄학림을 졸업하고, 운성, 운기 등 당대 강백 열 분에게 10년간 참문수학하였다.

1984년부터 수선안거 10년을 성만하고, 1993년부터 7년간 해인사 강원 강주로 학인들을 지도하였다.

대한불교조계종 교육위원, 역경위원, 교재편찬위원, 중앙종회의원, 범어사 율학승가대학원장 및 율주를 역임하였다.

현재 부산 승학산 해인정사에 주석하면서, 대한불교조계종 고시위원장, 단일계단 계단위원·존증아사리, 동명대학교 석좌교수, 동명대학교 세계선센터 선원장 등의 소임을 맡고 있다.

청량국사화엄경소초 17 - 세주묘엄품 ⑦

초판 1쇄 인쇄 2021년 4월 16일 | 초판 1쇄 발행 2021년 4월 26일
청량 징관 찬술 | 관허 수진 **현토역주** | 펴낸이 김시열
펴낸곳 도서출판 운주사

(02832) 서울시 성북구 동소문로 67-1 성심빌딩 3층
전화 (02) 926-8361 | 팩스 0505-115-8361

ISBN 978-89-5746-647-6 94220
ISBN 978-89-5746-592-9 (총서)   값 25,000원

http://cafe.daum.net/unjubooks 〈다음카페: 도서출판 운주사〉